Imre Marton Remenyi

HILFREICHE GESPRÄCHE

HILFREICHE GESPRÄCHE

Imre Marton
Remenyi

Praxishandbuch für
Beratung und Psychotherapie

Grafik&Layout: www.moschdesign.com
Cover-Foto: www.bruelavendl.com

Ich widme dieses Buch

meiner Gattin Dr.ⁱⁿ Doris Lutz, die mich mit Verständnis und
Geduld begleitet, mit ihren Ideen inspiriert und auch noch
auf meine Mitarbeit auf dem Acker verzichtet hat und
mich dennoch im Überfluss an den Früchten ihrer
Arbeit teilhaben ließ

Zusätzlich danke ich

meinen Lehrerinnen und Lehrern, die
mir Ihre Schatzkisten mit Wissen und Erfahrung öffneten,

meinen Studentinnen und Studenten, die mich durch ihre Fragen
immer wieder anregten, meine Überlegungen zu präzisieren

und jenen Personen, von welchen ich am meisten lernen durfte:
meinen Klientinnen und Klienten!

Inhalt

Vorwort

„Hilfreiche Gespräche" scheint auf den ersten Blick ein Allerweltsbegriff zu sein. Allerdings weist dieser Begriff auch eine gewisse Offenheit auf, der den zentralen Aspekt der Hilfestellung in sich birgt und sich damit in gewisser Weise einer vorschnellen Methodenfixierung entgegenzustellen scheint. Dies ist vor dem Hintergrund eines boomenden Therapie-/ Beratungsangebotes und – marktes von besonderer Bedeutung, vor allem wenn Personen Hilfe und Unterstützung bei jemandem suchen, von dem sie annehmen, dass sie oder er über die Kompetenz und das Fachwissen verfügt, ihr Problem und ihr damit verbundenes Leiden zu verstehen, und gleichzeitig Wege zu eröffnen vermag, dieses Problem zu beseitigen.

So ist es bei der Suche nach einer derartigen Unterstützung in der Regel nicht leicht, aus der Fülle der Angebote die passende Person mit dem dazugehörigen therapeutischen oder beraterischen Ansatz zu finden.

Imre Remenyi versucht mit seiner Arbeit und diesem Titel in methodenoffener Weise zwei Fragen zu klären. Zum einen bemüht er sich in Form einer überblicksmäßigen Darstellung die Fülle des Angebots in verständlicher Form je nach theoretischer Konzeption für die interessierte Leserin, den interessierten Leser aufzubereiten und damit die Möglichkeit einer Orientierung und Entscheidung für eine bestimmte Vorgehensweise zu erleichtern. Auf der anderen Seite wird durch die Schilderung der spezifischen Methodiken vor allem auch mittels anschaulich beschriebener Fallvignetten die spezifische Form der Gesprächsführung und Problembearbeitung in besonderer Weise transparent, sodass für Hilfesuchende sehr rasch klar wird, worauf die jeweiligen methodischen Ansätze aufbauen und abzielen, wie die jeweilige Beratung bzw. Therapie abläuft und was von Seiten der Klienten erwartet wird, damit es zu einem befriedigenden Ergebnis kommt.

Ausgehend von den Begriffsklärungen des Helfens und der Beratung über die Frage einer beraterischen Haltung hin zu den Abläufen, den Settings, den Netzwerken und der „Selbstfürsorge" wird der Bedeutung der Sprache ein besonderer Fokus zuteil. Auch die dahinterliegenden philosophischen Richtungen werden beleuchtet, um sich dann dem wesentlichen Punkt der Diagnostik im Beratungsgeschehen zu widmen. Dabei wird den Beziehungsdefinitionen im Rahmen des lösungsfokussierten Ansatzes ein besonderes Augenmerk zuteil.

In weiterer Folge werden spezifische „Techniken" des Beratungsprozesses aufgerollt, die im ersten Augenblick vielleicht missverständlich klingen mögen und Anlass zur Befürchtung geben, dass Beratung und Gesprächsführung einen mechanistisch schematischen Ablauf aufweisen könnten, ohne auf akute emotionale Äußerungen der KlientInnen einzugehen. Aus meiner Sicht wäre vielleicht der Begriff „Elemente der Prozessgestaltung" oder neudeutsch „Tools" prägnanter, um dergestalt noch stärker darauf zu verweisen, dass eben diese unterschiedlichen Elemente der Prozessgestaltung in jeweiliger Abhängigkeit von den spontanen Äußerungen der KlientInnen mit größtmöglicher Sensibilität und Flexibilität im Vorgehen zur Anwendung gelangen.

Die abschließenden Überblicksschilderungen der Besonderheiten der spezifischen, auf unterschiedlichen Theoriefundamenten aufbauenden Beratungskonzeptionen runden das Bild ab, das Imre Remenyi von „hilfreichen Gesprächen" zeichnet, wobei interessanterweise von ihm auch spirituelle und esoterische Konzepte beleuchtet werden, die ja in jüngster Zeit zunehmend an Bedeutung gewinnen und dementsprechend auch zu beachten und gleichzeitig zu hinterfragen sind..

Das Buch ist als Orientierungshilfe sowohl für Professionist*innen als auch für Hilfesuchende ein guter Wegweiser durch den Dschungel des vielfältigen Beratungsangebotes und-marktes. Ich wünsche ihm vielfältige Verbreitung, damit psychische Belastungs- und Leidenszustände durch rasche Orientierung und Hilfe entsprechend zügig effiziente Behandlung und Heilung finden mögen!

Hornstein, den 13.11.2019   Dr. Ferdinand Wolf

Anmerkung: Die Anregung von Dr. Ferdinand Wolf bezüglich der Umbenennung einiger Kapitel wurde dankbar angenommen und umgesetzt. Die Kapitel „Prozessgestaltung mit …" hießen im Entwurfstadium „Technik …".

Wien, im Februar 2020   Dr. Imre Marton Remenyi

Einleitung

Mit der Zunahme der Komplexität im Alltag unseres Lebens wächst die Notwendigkeit, Unterstützung zu bekommen. Man lässt seine Blumen gießen, seine Wohnung putzen, seine Einkäufe erledigen, seine Steuererklärung machen, bis zu den nicht zulässigen Erledigungen, dass man sich Dissertationen schreiben lässt. Die scheinbar einfachste Form der Unterstützung sind hilfreiche Gespräche. Als Gesprächspartnerinnen dienen zunächst Verwandte und Freundinnen. Bei schwierigeren Themen, und besonders bei belasteten Beziehungen mit der genannten Personengruppe wendet man sich an Außenstehende. Es gibt ein weites Feld professioneller Beratung. Die Angebote unterscheiden sich nach mehreren Kriterien. Einige stehen kostenlos zur Verfügung, andere sind zu bezahlen. Einige sind institutionalisiert, andere individuell. Einige sind gesetzlich geregelt, andere nicht. Einige sind in Berufsvereinigungen organisiert, andere nicht. Einige haben verpflichtende Ausbildungsrichtlinien und Prüfungen, andere nicht. Einige sind auf bestimmte Themen spezialisiert, andere sind für alle Fragestellungen offen. Alle haben gemeinsam, dass die Beratungen auf einer bestimmten Sichtweise des Menschen und seiner Lebensweise beruhen. Und alle haben als Grundlage das Gespräch.

Viele Personen im Berufsfeld Beratung haben mehrere Ausbildungen und können somit auch verschiedene Arten von Beratung anbieten. Streng genommen müssten sie bei jeder einzelnen Beratung im Vorfeld definieren, um welche Methode es sich handelt. Mehr noch, sie müssten bei jedem Wechsel innerhalb eines Gesprächs diesen Wechsel offenlegen. Beispielsweise kann im Rahmen eines berufsbezogenen Coachings plötzlich die private Lebenssituation der Klientin zum Thema werden. Lege artis müsste hier die Coach sagen, dass die Beratung soeben vom Coaching zur Familienberatung gewechselt habe. In der Praxis findet das selten statt. Innerlich müsste die Beraterin bei jedem solchen Übergang „ihren Hut wechseln". Ich gestehe, dass ich diese Frage – nachdem sie mich in meinen eigenen vielfältigen Ausbildungen zunehmend beschäftigt und irritiert hat (schließlich will man es richtig machen!) – heute wesentlich pragmatischer sehe und mich an die Selbstdefinition meines Lehrers Ferdinand Wolf halte: ich führe hilfreiche Gespräche! Wie man diese Gespräche gezielt hilfreich gestaltet ist der Inhalt dieses Buches. Es richtet sich aber auch an all jene Helferinnen, die aktiv Tätigkeiten für andere übernehmen, weil auch dabei das Gespräch eine wichtige Rolle spielt.

Das Ziel dieses Buches ist, für Sie hilfreich zu sein, Ihre Gespräche möglichst hilfreich zu führen.

Wien, Februar 2020

Was ist Beratung?

Es ist üblich, zu Beginn eines Buches das Thema zu definieren. Wikipedia bietet folgende Definition an:

„Unter einer Beratung – oder auch Konsultation (aus lateinisch consultatio; zugehöriges Verb konsultieren) – wird im Allgemeinen eine unverbindlich strukturierte Kommunikation, also ein Beratungsgespräch (englisch consultation) – üblicherweise mündlich und seltener wohl auch schriftlich, etwa mit Hilfe von (elektronischen) Briefen – verstanden, wobei ein Teilnehmer Information weitergibt, um damit das Wissen des Empfängers zu vergrößern. Ziel einer Beratung kann auch sein, den Adressaten zu einer bestimmten Handlung oder einem Unterlassen zu bewegen.

Personen, welche diese Handlung betreiben, werden Berater sowie Konsultant oder auch (englisch betont) Consultant (aus dem englischen consultant entlehnt) genannt."

Das Stangl-Online-Lexikon definiert:

„Eine Beratung ist ein von einer Beraterin oder von einem Berater nach psychologisch-methodischen Gesichtspunkten gestalteter Problemlösungsprozess, durch den die Eigenbemühungen und Kompetenzen des zu beratenden zur Bewältigung einer konkreten Situation oder eines Problems unterstützt und verbessert werden. Eine psychologische Beratung ist ein Zweig der angewandten Psychologie, der KlientInnen bei Problemen hilft, die sie im Leben (oft in Bezug auf Schule, Arbeit oder Ehe) oder beim Erreichen eines besseren Allgemeinzustands haben."

In meinen Lehrveranstaltungen fragte ich die Studierenden, was sie unter Beratung verstehen. Hier einige Antworten:

Kompetenzleihgabe, Hilfestellung, Informationsvermittlung, Einbeziehung von Dritten, Eingeständnis von Hilflosigkeit, Kompetenz, Kreative Lösungsmöglichkeiten, Beruf – Profession, Beziehungsangebot, es geht um ein Problem, Hilfsangebot, Gespräch, einfach zuhören, Austausch, Informationsweitergabe, Unterstützung bei der Entwicklung von Handlungsmöglichkeiten, basiert auf einer Frage, Vermittlung/Weiterverweisung, Kennenlernen der Denkweisen und Definitionen der Klienten, Klientin abholen, wo sie steht, Hilfe zur Selbsthilfe, zielgerichtet, Eröffnen von Möglichkeiten, Selbstreflexion der Beraterin, Reden, Hilfestellung, Austausch von Wissen, Aufzeigen von Möglichkeiten, Probleme des anderen wahrnehmen, Wahrgenommen werden, reden – hören – verstehen, Empathie, Möglichkeit zur Reflexion, Aufheben von Informationsdefizit, Ressourcenaktivierung, gemeinsames Durcharbeiten, Konflikte lösen, Supervision, Prävention, sich auch mal einmischen, Interaktion, Wissensgefälle ausgleichen, Kommunikation, Empathie, Hilfe zur Selbsthilfe, Information, Zuhören, Pflicht, Professionalität, Suche nach Lösungsmöglichkeiten, Blick auf den Einzelfall, Problem erkennen, Perspektiven erweitern, Orientierung geben, eine Hürde, die genommen werden muss, Begleitung, Vertrauensarbeit, Nachfragen, Fragen beantworten, Intimität, Konsequenzen aufweisen, für etwas sensibilisieren, verstehen wollen, Auseinandersetzung mit Forschung, sich fallen lassen, freiwillig/unfreiwillig, unterschiedliche Methoden, Aufklärung, ein doppeltes Mandat, Macht, Respekt + Anerkennung, Lernprozess, kollegialer Austausch, Supervision, Gespräch mit zwei oder mehr Personen, Gespräch wo sich eine Person Rat holt, Entscheidungshilfe, Problem zu verstehen versuchen, Anfang, Alltag – professionell, Verbesserungsvorschläge, Neutralität, Kommunikation verbal + nonverbal, ernstgenommenes Gespräch, verstanden werden, Konflikte lösen, motivieren, Lösungsstrategie ausarbeiten, in schwieriger Situation helfen, Lebenssituation verbessern, Halt geben, Problem feststellen, unterstützen, Angebot, Interaktion, Wissensgefälle ausgleichen, …

Ich habe für mich eine andere Definition gefunden. Ich betrachte Beratung als **Definition einer Beziehung**. Eine Person definiert sich als Beraterin, eine andere Person als zu beratende, oft Klientin genannt, und diese Beziehungsdefinition wird gegenseitig akzeptiert. Der Vollständigkeit halber sei angemerkt, dass es sich auf beiden Seiten auch um mehrere Personen handeln kann. Ebenso kann diese Beziehung auch zwischen juristischen Personen wie etwa Unternehmen bestehen.

Helfen oder hilfreich sein

Dies ist eine weitere Unterscheidung, die mir wichtig erscheint.

Unter **Helfen** verstehen wir aktive Unterstützung bei der Bewältigung des Lebensvollzuges. Das beinhaltet je nach Bedarf Tätigkeiten wie Körperpflege, Erledigung diverser Einkäufe und Amtswege, begleitende Anweisung und Handreichung bei der Ausführung verschiedener Tätigkeiten im Alltag oder organisierende Maßnahmen. Je nach dem geistigen und körperlichen Zustand der Person, der geholfen wird, bedeutet Helfen die teilweise oder vollständige Übernahme mehr oder weniger anstrengender Tätigkeiten bei angemessener Partizipation der jeweiligen Person. Solches Helfen fällt in der Regel in den Bereich von Sozialarbeit, Heimhilfe, Nachbarschaftshilfe oder spezieller Pflege, wobei es nicht immer von Professionistinnen sondern oft innerhalb der Familie geleistet wird.

Eine andere Form von Helfen gibt es beim Erlernen bestimmter Fähigkeiten und beim Verständnis von Inhalten. Hier sind eher Pädagoginnen am Zug, wobei natürlich auch Eltern, Geschwister und beispielsweise Nachhilfelehrerinnen zum Einsatz kommen.

Beim Helfen sollte man unbedingt darauf achten, nur in dem Maß zu helfen, das notwendig ist. Wenn man jemandem langfristig zu viel abnimmt kann daraus einerseits eine Abhängigkeit und andererseits erlernte Hilflosigkeit mit reduziertem Selbstwertgefühl entstehen. Schon in der Elternschulung lernt man, ein Kind nach einem Sturz nicht sofort aufzuheben, sondern ihm beim Aufstehen zu helfen, damit es lernt, nach Stürzen – die im Alltag eines Kindes unvermeidlich sind – aus eigener Kraft wieder aufzustehen. Übrigens: wir alle sind in unserem Leben – reell und metaphorisch – oft gestürzt. Jedoch wir sind nur ein einziges Mal öfter aufgestanden als hingefallen. In schwierigen Situationen geht es folglich um dieses eine Mal öfter Aufstehen!

Ich kenne drei 90-jährige Damen. Die erste wurde mit 89 Witwe. Bis dahin hatte ihr Mann alles für sie erledigt: er machte sämtliche Steuererklärungen, kaufte Öl für die Heizung, regulierte die Raumtemperatur, erledigte die Post und die Einkäufe. Wenn sie telefonieren wollte, wählte er für sie die Nummer, wenn sie fernsehen wollte, bediente er Receiver, DVD-Player und Fernseher. Kurz: er verwöhnte sie. Nach seinem Tod war sie hilflos und konnte weder telefonieren noch fernsehen. Sie bekam Essen auf Rädern und eine sehr zugewandte Nachbarschaftshilfe, die statt zweimal pro Woche täglich zu ihr kam. Eine Reinigungskraft kam zusätzlich regelmäßig zu ihr. Nach einem Jahr erkannte sie, dass sie selbst mit diesen Hilfen das Leben nicht bewältigen konnte und sandte einen Hilferuf an ihre Familie, die sie in einem Pflegeheim unterbrachte. Ein halbes Jahr später ist ihr Gedächtnis und ihre Denkfähigkeit stark reduziert. Sie fragt am Abend, ob sie jetzt frühstücken soll.

Die zweite Dame verlor ihren Mann, als sie 60 Jahre alt war. Sie wohnt allein in ihrer Zwei-Zimmer-Wohnung, die sie selbst in Schuss hält. Alle zwei Wochen geht sie mit ihrer Enkelin einkaufen und bei Bedarf auf die Bank. Ihre Restriktion liegt in einem stark reduzierten sozialen Umfeld und einer daraus resultierenden Unlust, ihre Wohngegend zu verlassen. Hin und wieder geht sie um den Häuserblock oder in ein Restaurant auf der anderen Straßenseite essen. Sie interessiert sich für Politik und putzt ihre Wohnung bevor ihre Reinigungshilfe kommt.

Die dritte Dame war nie in einer längeren Beziehung. Als Künstlerin hat sie einen großen Bekanntenkreis. Sie unterrichtet ihre Kunst und feierte ihren 90-sten Geburtstag mit einem abendfüllenden Soloprogramm auf der Bühne. Sie ist unternehmungslustig und reist immer wieder – auch mehrere Stunden – mit der Bahn, ruft sich Taxis per Handy und bucht Hotels im Internet.

Es wäre vermessen, aus diesen drei Fällen den Schluss zu ziehen, dass es für Frauen gut ist, ihre Partner möglichst früh zu verlieren oder erst gar keine zu haben (Alice Schwarzer sagte: „Eine Frau ohne Mann ist wie ein Fisch ohne Fahrrad.“). Der mir eher eingängige Schluss ist, dass man auch in Partnerschaften bewusst daran arbeiten sollte, alle sozialen und technischen Kompetenzen beiderseits auszubauen und zu pflegen. Dazu muss man allerdings auch aushalten, dass die Partnerin manche Dinge anders macht und meist auch andere Ordnungen und Systematiken anwendet als man selbst für richtig hält. Als Maxime aber sollte gelten:

Keine Hilfe ohne Auftrag! Eine Bekannte von mir formuliert es anders: „Bitte, nicht helfen! Es ist allein schon schwer genug!“

Unter **hilfreich sein** verstehen wir etwas anderes. Es geht hierbei um die Aktivierung der eigenen Potentiale und Ressourcen zur Bewältigung herausfordernder Situationen und Krisen. Dies erfolgt in der Regel durch hilfreiche Gespräche (© Ferdinand Wolf), bei welchen je nach Methode und Ansatz unterschiedliche Techniken zur Anwendung gelangen können. In der Regel ist für die meisten dieser Gespräche eine solide Beherrschung von Fragetechniken ausreichend – dazu später mehr. Die Wirksamkeit der Beraterin resultiert weniger aus ihrem Tun als ihrer Haltung. Die Grundlagen einer hilfreichen Haltung hat Carl Rogers definiert: Wertschätzung, Empathie und Authentizität. Die Aufgabe einer hilfreichen Person ist die Sicherung eines geschützten Rahmens, in welchem die Themen der Klientin ausreichend Platz finden. Es geht weniger darum, die Klientin zu verstehen als der Klientin dazu zu verhelfen, sich selbst besser zu verstehen. Ernst von Glasersfeld postulierte ja, dass Verstehen unwahrscheinlich ist.

Ob ein Gespräch für die Klientin hilfreich war kann nur diese selbst beurteilen. Die Beraterin kann hingegen am Ende eines Gesprächs erkennen, wie gut es ihr gelungen ist, zugewandt, wertschätzend, authentisch, empathisch und professionell unter Wahrung der Grenzen gewesen zu sein und vermieden zu haben, zu agieren im Sinne von „Dinge für die Klientin erledigen".

In Beratung und Therapie gilt der Grundsatz der Ärzte im alten Rom: „Nil nocere!" – nicht schaden! Das ist das Mindeste, das man von einer Beratung erwarten können sollte. Leider gibt es jedoch viele Fälle, in welchen genau das Gegenteil geschieht, und das weiß ich von mehreren meiner Klientinnen, die solche Erfahrungen gemacht haben und aus Gesprächen mit Kolleginnen, deren Klientinnen ähnliches berichteten.

Eine außereuropäische Klientin erzählte, dass sie in ihrer Heimat nach einem Klinikaufenthalt an einen Arzt verwiesen wurde, der es zur Bedingung machte, dass sie während der Behandung nackt sein müsse. Vollkommen eingeschüchtert und unter schwerer Medikation hatte sie nicht die Kraft, sich dagegen zu wehren, auch als es in der Folge zu sexuellen Übergriffen kam. Als sie endlich einer Freundin davon erzählte half ihr diese, den Arzt zu verlassen und empfahl ihr einen sehr angesehenen anderen Arzt. Nachdem sie diesem ihre Geschichte erzählt hatte, machte dieser genau dort weiter, wo der andere aufgehört hatte und ließ sie zusätzlich für sich Schreibarbeiten und ähnliches erledigen. Als es ihr endlich gelungen war, sich auch hier zu befreien, riet man ihr davon ab, den Täter zu verklagen: er war der Vorsitzende der Beschwerdekommission! Sie floh nach Europa.

Wissenschaftliche Untersuchungen zeigen einige grundlegende Ursachen für schädigende Beratungen:

- Selbstüberschätzung und Anmaßung
- Überforderung
- Mangelnde Professionalität
- Mangelnde Beherrschung der angewendeten Methodik
- Mangelnde Selbstbeherrschung
- Überstülpen eigener Interessen und Bedürfnisse
- Dogmatismus und Abwertungen

Was helfen kann und was nicht hilft

Beratung hat sich im Laufe von Jahrtausenden als hilfreich erwiesen und fest etabliert. Es hat wahrscheinlich schon in den Höhlen der Steinzeit Menschen gegeben, die – zunächst meist den Anführerinnen – beratend zur Seite standen. In Legenden, Sagen, Geschichten und Historie werden immer wieder Beraterinnen genannt:

- Mentor beriet Telemachos, den Sohn des Odysseus
- Merlin beriet König Artus
- Joseph beriet den Pharao
- Aristoteles beriet Alexander den Großen
- Richelieu beriet Ludwig XIII
- Mazarin beriet Ludwig XIII, Anna von Österreich und Ludwig XIV
- Bartenstein, Kaunitz und van Swieten berieten Maria Theresia
- Kissinger beriet Nixon

Schon sehr früh wurden zwei Formen unterschieden: einerseits gab es Einzelpersonen, die bei wichtigen Entscheidungen befragt wurden, andererseits konnten sich Herrschende ganze Gruppen von Beraterinnen leisten, die als Gremium ihre Gedanken zu einem bestimmten Thema zur Verfügung stellten. Auch heute noch halten manche Familien einen Familienrat ab, wir kennen den Stadtrat, den Bundesrat, den Nationalrat und das Rathaus.

Ein wesentlicher Aspekt von Beratung zieht sich durch die Geschichte wie ein roter Faden: es liegt immer bei der beratenen

Person, die letztgültige Entscheidung zu treffen. Dieser Aspekt sollte auch heute berücksichtigt werden.

Wie wir etwas später noch sehen werden gibt es zwei Zugänge zur Tätigkeit als Beraterin. Der eine Zugang ist die Expertise zu einem bestimmten Thema, beispielsweise Gesetze, Medizin, Technik, Elektronik, Organisation, Psychologie, … Der andere ergibt sich aus einer Expertise in der Gestaltung von Prozessen der Entwicklung und Entscheidungsfindung. Dem entsprechend spricht man von Fachberatung und Prozessberatung, beziehungsweise psychosozialer Beratung.

Zur Wirksamkeit von Beratung gibt es einige Studien, jedoch findet sich wenig zur Erklärung, warum und wie Beratung überhaupt wirkt. Meine Vorstellung dazu ist folgende:

Menschen suchen Rat immer dann, wenn sie sich in einer Situation als ratlos erleben. Das heißt, dass sie unschlüssig sind, wie sie sich verhalten sollen. Manche haben bestimmte Techniken gelernt und können mit solchen Situationen für sie zufriedenstellend umgehen. Doch selbst bei diesen Menschen kann es vorkommen, dass sie allein nicht weiterwissen. Das ist meist dann der Fall, wenn sie sich in komplexen Gemengelagen befinden. Im Kopf schwirren unterschiedliche Gedanken, Bilder und Emotionen in großer Unordnung durcheinander, und oft kommen somatische Symptome dazu, wie innere Unruhe, Schlaflosigkeit, Herzrasen und Magenverstimmung, manchmal auch Schmerzen in verschiedenen Bereichen des Körpers. Zusätzlich erlebt man meist seine Wahrnehmung eingeengt auf das „Problem" und ist darauf fixiert wie das Kaninchen vor der Schlange. Man befindet sich in einer „Problemtrance".

Gespräche helfen hier, indem das innere Chaos durch ein sehr vertrautes System strukturiert und geordnet wird: die Sprache mit ihrer Syntax und Grammatik und ihrem Vokabular. Das innere Durcheinander wird in Begriffe gefasst und in Sätzen ausgedrückt. Die Vieldeutigkeit nähert sich einer Eindeutigkeit an, und diese lässt sich hinterfragen. Die dabei hilfreichen Fragen zu stellen ist die Kunst der Beraterin. Sie unterstützt ihre Klientin bei der Suche nach dem Licht am Ende des Tunnels, das sie vielleicht noch nicht sehen kann. Sie hilft ihr, Kompetenzen, Fähigkeiten und Kenntnisse wieder zu sehen, die in der Problemtrance ausgeblendet waren. Sie lädt ihre Klientin ein, das große Ganze zu betrachten.

Man hört und liest oft, dass es wichtig sei, dass die Beraterin die Klientin und ihre Situation versteht. Abgesehen davon, dass Verstehen höchst unwahrscheinlich ist halte ich es für wesentlich zielführender und hilfreicher, dass die Klientin selbst ein Verständnis für ihre Situation entwickelt. In der Hypnotherapie nach Milton Erickson gibt es eine Technik der verdeckten Arbeit, bei der die Therapeutin nicht einmal weiß, worum es eigentlich geht. Das Ziel der Beratung ist ein Zugewinn an Handlungsfähigkeit. Heinz von Foerster nannte das den ästhetischen Imperativ: „Handle stets so, dass die Zahl der Handlungsmöglichkeiten größer wird."

Diese Erklärung kann auch für eine andere Methode des Umganges mit als schwierig erlebten Situationen gelten: das Schreiben von Tagebüchern. Auch hier hilft die Sprache, die inneren Gedanken in eine gewisse Ordnung zu bringen, doch fehlt der Blick von außen, der das Stellen der hilfreichen Fragen ermöglicht.

Was aus meiner Erfahrung nicht hilft:

Vorwürfe: Warum haben Sie das gemacht? Warum haben Sie das andere nicht gemacht? Wie konnten Sie bloß so naiv, dumm, leichtgläubig, unbedacht sein? Generell lösen Vorwürfe bei uns einen Reflex der Verteidigung oder Rechtfertigung aus, oder sie bringen uns dazu, beschämt zu verstummen. Dieser Zustand ist nicht wirklich hilfreich zum Finden von Lösungen, weil die Einengung noch größer wird.

Ratschläge: Machen Sie doch das! Als Außenstehende kann man nur schwer ermessen, was für eine andere Person stimmig ist. Diese Stimmigkeit ist aber Voraussetzung für das Funktionieren einer Lösung, weil dafür auch die innere Überzeugung der Betroffenen von entscheidender Bedeutung ist. Daher sind von Klientinnen selbst gefundene und mit Selbstvertrauen umgesetzte Aktionen in jedem Fall wirksamer als die besten Empfehlungen. Wenn man sich zu einer bestimmten Vorgehensweise selbst entschlossen hat und diese zum erwünschten Ziel führt stärkt dies das Gefühl der Eigenkompetenz, während das Erreichen des gleichen Ergebnisses auf Grund eines Ratschlages lediglich die Auswahl der „richtigen" Ratgeberin bestätigt, den Selbstwert hingegen eher senkt als hebt. Wenn man mit dem Resultat nicht zufrieden ist und selbst entschieden hat kann man daraus lernen. Wenn man hingegen bloß einen Rat befolgt hat kann man nur lernen, in Zukunft keine Ratschläge mehr zu befolgen. In diesem Zusammenhang sei noch ein weit verbreiteter Irrglaube erwähnt. Wenn das Ergebnis den Erwartungen nicht entspricht spricht man von einem Fehler und nimmt an, dass eine andere Entscheidung, ein anderes Verhalten, eine andere Vorgehensweise eher zum Ziel geführt hätte. Dabei könnte es aber auch sein, dass das Ergebnis bereits das Optimum des Erreichbaren darstellt und somit die getroffene Entscheidung die bestmögliche war. Mir gefällt der Satz von Sonja Radatz: „Ratschläge sind auch Schläge!" Wer will schon seine Klientinnen schlagen?

Bewertungen: Meist werden Bewertungen des bisherigen Verhaltens als Abwertungen erlebt oder als nicht ernst zu nehmender Trost. Sie fördern eher die Emotionalisierung als die Möglichkeit, mit der gegebenen Situation rational und zielorientiert umzugehen. Zu diesen Bewertungen zählen auch die Versuche, die Lage zu verharmlosen. Wir können nur dann gut mit Situationen umgehen, wenn wir sie akzeptieren wie sie sind.

Mitleid: Wir müssen klar unterscheiden zwischen Empathie, also Mitgefühl und Mitleid. Während Empathie der betroffenen Person signalisiert, dass man mit ihr mitfühlt und respektiert, wie sie emotional verfasst ist hat Mitleid eher die Tendenz, dieselbe Person klein und hilflos zu machen.

Verweise auf Andere: Wir haben ja schon festgehalten, dass ähnlich gelagerte Situationen je nach Betroffener unterschiedliche Verhaltensweisen erfordern, weil wir charakterlich und von unserer Sozialisation her anders sind und weil es bekanntlich keine Patentrezepte gibt. Die Empfehlung: „Mach's doch wie XY!" ist demnach einerseits ein Ratschlag und andererseits höchstwahrscheinlich nicht hilfreich. Es kann jedoch im Laufe einer Beratung durchaus Sinn machen, den Blick auf die Verhaltensweisen anderer in ähnlichen Situationen zu wenden, aber niemals als Vorbild, es genauso zu tun, sondern als Anregung zu eigenem Überlegen.

Beraten als Beruf

Selbstdefinition

Der Berufsweg in der Beratung beginnt damit, dass man sich als Beraterin definiert. Das bedeutet, im Kreis der Freundinnen und Bekannten verlauten zu lassen, dass man jetzt Beraterin von Beruf ist, und sich bei Begegnungen mit neuen Personen auch mit diesem Beruf vorzustellen. Man muss sich klar darüber werden, welche Form von Beratung für welche Klientel und welche Themen man anbietet. Hier gibt es zwei sehr weit verbreitete Strategien, die jungen Kolleginnen empfohlen werden. Die eine lautet:

Spezialisierung: Heben Sie sich von den anderen Beraterinnen ab, finden Sie Ihre Nische und Ihr Spezialgebiet, welche Sie möglichst genau definieren. Können Sie besonders gut mit Kindern oder älteren Menschen oder Ehepaaren oder Führungskräften, liegt Ihr Schwerpunkt auf Konflikten oder Gender oder Macht? Werden Sie auf diesem Gebiet Expertin.

Generalistik: Schließen Sie nichts und niemanden aus. Die meisten Menschen haben mehrere Baustellen gleichzeitig in ihrem Leben. Wie schön, wenn sie die Beratung für alle diese Themen von der gleichen Person bekommen können, statt mit jedem Anliegen zu einer anderen Beraterin gehen zu müssen. Böse Zungen sprechen hier von einem „Bauchladen".

Der Markt bietet für beide Zugänge ausreichend Platz. Wenn wir die Medizin betrachten gibt es dort ja auch sowohl Allgemeinärztinnen als auch Fachärztinnen – und alle haben ihre Berechtigung und ihre Patientinnen.

Der „Auftritt"

Wenn Sie sich als Beraterin definiert haben ist es ratsam, sich einer möglichst breiten Anzahl an potentiellen Klientinnen in angemessener Form bekannt zu machen. Das Ziel ist natürlich, möglichst viele Klientinnen zu akquirieren, weshalb dieses Thema oft unter der Überschrift **„Akquise"** behandelt wird. Während es bei einigen Berufsgruppen als anstößig gilt, für sich zu werben ist es für andere durchaus legitim, auf den verschiedensten Wegen die Werbetrommel zu rühren. Sie sollten in jedem Fall bedenken, wie vertrauenerweckend Sie dabei auf Ihre zukünftigen Kundinnen wirken. Einige Methoden zählen heute zum Standard.

Kaum jemand kommt heute ohne eine **Homepage** aus. Diese ist Ihre elektronische Visitenkarte und sollte ein möglichst zutreffendes Bild von Ihnen und den von Ihnen angebotenen Beratungsleistungen geben. Es bleibt Ihnen überlassen, wie aufwändig Sie Ihren Auftritt gestalten und wie viel Sie in die Optimierung für Suchmaschinen investieren. Es gibt bereits sehr kostengünstige Vorlagen, die Sie für sich adaptieren können, und es gibt auch sehr begabte Designerinnen und Programmiererinnen, die für Sie ein passendes Logo entwerfen. Es ist sinnvoll, die graphische Gestaltung dieses Webauftrittes für Ihre übrigen Unterlagen als Corporate Design zu verwenden, so dass alle Visitenkarten und Flyer und Angebote und Honorarnoten ein einheitliches Bild vermitteln.

Wie oben erwähnt gehört zum Auftritt auch eine **Visitenkarte**, die Sie bei Begegnungen außerhalb Ihrer Praxis weitergeben können. Diese sollte es ermöglichen, mit Ihnen Kontakt aufzunehmen und deshalb Ihren Namen, Beruf, Adresse, Homepage, E-Mail und Telefonnummer gut leserlich zeigen.

Mir selbst ist dabei zu Beginn meiner Tätigkeit ein peinlicher Fehler unterlaufen. Meine Praxis heißt „Systemisches Institut" und liegt im 1. Bezirk in Wien. Folgerichtig nannte ich meine Internetdomain „**si1**", meine Homepage war www.si1.at und die E-Mail-Adresse **office@si1.at**. Ich hatte ein Logo und Visitenkarten und Briefpapier und freute mich auf regen Kontakt – und es kam nichts! Bis mich eines Tages jemand anrief und fragte, warum ich auf eine E-Mail nicht geantwortet hätte. Ich erwiderte, dass ich keine bekommen hätte. Es stellte sich heraus, dass diese Person ihre Nachricht statt an „**si1**" an **sil**" gesandt hatte, die Adresse eines Sozialprojekts. Nachdem dieses auf meine Anfrage und auch das Angebot, für die Weiterleitung jeder fehlgeleiteten Nachricht zu bezahlen nicht reagierte blieb mir nichts anderes übrig, als meine Drucksorten zum Recycling freizugeben, meine Domain in „remenyi.at" umzubenennen und mir alles neu drucken zu lassen.

Visitenkarten sind vielseitig verwendbar. Man kann sie neuen Bekannten geben und sich so identifizieren. Man kann sie bei Ärztinnen, Anwältinnen und sonstigen Akteurinnen im Sozialbereich deponieren, damit sie diese bei Bedarf weitergeben können. Bei Seminaren und Kongressen kann man sie statt der dort angebotenen Namensschilder verwenden und so aus der Masse herausstechen. Und vor allem kann man sie Klientinnen zur Weitergabe an deren Bekannte mitgeben.

Ob Sie auch **Flyer** produzieren möchten ist Geschmackssache. Die Verwendung ist ähnlich wie bei den Visitenkarten, doch kann man sie zusätzlich an Orten, die Ihre Zielgruppe frequentiert – Volkshochschule, Cafe, Restaurant, Tanzschule, Kulturverein, Disco, … – auflegen.

Viele Kolleginnen sind auf diversen **Plattformen** im Internet registriert, die gezielt Beratungsleistungen propagieren. Manche senden an die registrierten Beraterinnen regelmäßig (zum Beispiel wöchentlich) eine Liste der eingelangten Anfragen per E-Mail aus. Das Format ist ungefähr so:

„Mein Chef behandelt mich unfair und ich weiß nicht, wie ich damit umgehen soll." Ab sofort, Raum Wien.

Wenn Sie der Meinung sind, dass Sie hier gerne beratend tätig werden möchten, loggen Sie sich in der Plattform ein und senden Ihr Angebot an die – für Sie nach wie vor anonyme – Person, die diese Anfrage ins Netz stellen ließ. Für diesen Service zahlen Sie eine Jahrespauschale von ca. 150,- €.

Neben diesen direkten Methoden der Suche nach Klientinnen gibt es auch einige indirekte Methoden. Dies sind meist Veröffentlichungen, die nicht primär Werbung sind, sondern eher Informationscharakter haben. Ob das ein **Blog** auf Ihrer Homepage ist, ein **Artikel** in einer Bezirkszeitung oder ein **Auftritt** bei einer Talkshow im Fernsehen – es geht immer darum, durch Stellungnahme zu einem bestimmten Thema und Beantwortung bestimmter Fragen ihre Kompetenz zu zeigen und gleichzeitig einem größeren Publikumskreis bekannt zu werden. Eine weitere Möglichkeit ist die aktive Teilnahme an einem **Kongress**, eventuell mit einem Poster, einem Vortrag oder einem Workshop. Nicht zu unterschätzen ist die Bedeutung der Mitgliedschaft und Mitarbeit in einschlägigen **Berufsverbänden**. Mit einiger Erfahrung im Beruf sollten Sie auch überlegen, selbst in der **Ausbildung** tätig zu werden und zu unterrichten. Wenn Sie genug Zeit und Ausdauer haben, können Sie dann noch ein **Fachbuch** schreiben, das Sie als Expertin auf Ihrem Gebiet legitimiert (was dem vorliegenden Werk hoffentlich gelingen wird! ☺)

Die beste und wirksamste Methode zur Akquise von Klientinnen ist die Empfehlung durch zufriedene Klientinnen. Achtung: Es gilt als unethisch, dafür Zahlungen oder sonstige Vergütungen anzubieten. Klientinnen, die auf Empfehlung kommen eine Vergünstigung zu gewähren gilt als gerade noch akzeptabel. Manche Beraterinnen verkaufen auch Gutscheine zum Verschenken.

Die Praxis

Nicht nur für Ihre Visitenkarte und Ihre Homepage, sondern vor allem für Ihre eigentliche Arbeit benötigen Sie eine Praxis, also einen Raum, der einige Grundanforderungen erfüllen sollte.

Ungestörtheit: Sie sollten dort ungestört und frei Ihre Beratungen durchführen können. Das bedeutet, dass niemand hereinkommen oder durchgehen kann, keine Telefone klingeln oder Computer das Einlangen von E-Mails durch Signale verkünden.

Ich rief vor Jahren einen sehr bekannten Kollegen an. Er hob ab und fragte: „Was ist? Ich bin in einer Sitzung!" Ich fragte, wann es passen würde und bekam zur Antwort: „Jetzt. Worum geht es?" Ich fand schon damals dieses Verhalten respektlos gegenüber der betroffenen Klientin, und an deren Stelle hätte ich schnellstens einen Therapeutinnenwechsel vorgenommen.

Professioneller Rahmen: es sollte ein Raum sein, der klar von Ihrer Wohnung getrennt ist. Das schließt das eigene Wohnzimmer oder die Küche aus. Zu Beginn der Beratungstätigkeit kann es zu teuer sein, einen eigenen Raum zu haben. Hier gibt es immer wieder Möglichkeiten, sich in eine bestehende Praxis für Stunden oder tageweise einzumieten. Das sind manchmal ärztliche Ordinationen an Halbtagen, wo die Ärztin nicht dort arbeitet oder Beratungsstellen, die Räume vermieten, Gemeinschaftspraxen, wo mehrere Beraterinnen sich die Kosten und die Zeit teilen. Seit ich beschlossen habe, weniger zu arbeiten benützen mehrere meiner ehemaligen Studierenden meine Praxis zu Zeiten, wo ich nicht da bin. Ich halte wenig von Hotelhallen und Extrazimmern in Cafés. Es gibt in Wien jedoch auch ein Angebot der Wirtschaftskammer, im Zentrum für Ein-Personen-Unternehmen (EPUs) Besprechungsräume kostenlos zu mieten.

Vielleicht bin ich zu puristisch, doch ich finde, dass in diesem Beratungsraum kein Platz für private Gegenstände der Beraterin ist. Bei mir gibt es keine Bilder an den Wänden oder Fotos der Familie. Selbst der Kalender für die Terminvereinbarung und die Kasse für die Bezahlung sind im Vorraum.

Sanitäranlagen: Jede Praxis benötigt ein WC mit Handwaschbecken, Seife und Handtüchern, die eindeutig für die Klientinnen und nur für sie da sind. Wie im Raum selbst sind auch hier private Accessoires fehl am Platz.

Wohlfühlfaktor: Ebenso wichtig wie die bisher genannten Punkte ist es, dass Sie sich in Ihrem Beratungsraum wohlfühlen, weil das eine Voraussetzung dafür ist, dass Sie optimal arbeitsfähig sind. Wenn sich dann auch noch Ihre Klientin wohlfühlen kann, ist das ein Zeichen Ihrer Wertschätzung und erleichtert es Ihrer Klientin, sich auf die Beratung einzulassen. Je nach der Methode, die Ihrer Beratung zu Grunde liegt, wird es dabei Unterschiede geben. Psychoanalyse findet im Liegen statt, die Therapeutin befindet sich außerhalb des Blickfeldes ihrer Klientin. Ich habe zwischen einem 20 Quadratmeter großen Zimmer mit einer klassischen Couch und einem Lehnstuhl hinter dem Kopfende einerseits und einem 200 Quadratmeter großen Saal in einem Palais mit lediglich einer antiken Couch, einem Fauteuil und einer Palme andererseits so ziemlich alle Varianten gesehen. Bei anderen Methoden ist ein Kontakt auf Augenhöhe vorgesehen, und das sollte sich in der Gleichwertigkeit der Sitzgelegenheiten für Klientin und Beraterin zeigen.

Meine Praxis liegt im Zentrum von Wien, der Beratungsraum selbst misst 50 Quadratmeter, und weil ich oft einen ganzen Tag dort arbeite und mich vor einem steifen Genick bewahren möchte sitze ich meinen Klientinnen gegenüber. Dafür habe ich ein Karree aus vier Sofas, überlasse meinen Klientinnen die Platzwahl und setze mich ihnen gegenüber. Im Raum selbst gibt es kein Telefon, keinen Computer und auch kein Geld. Das wird alles im Vorraum gehandhabt. Es sind auch Flipcharts, Pinnwände und Stühle da, weil in diesem Raum auch Gruppensupervisionen und Seminare stattfinden. Ich bin sehr gerne dort, und meine Kolleginnen und meine Klientinnen bestätigen mir ihrerseits, dass auch sie sich dort wohlfühlen.

Finanzen

Beratung ist eine „ökonomische Veranstaltung". Die Ausbildungen sind teuer, die Miete der Praxis ist auch je nach Lage mehr oder weniger hoch, dazu kommen noch Heizung und Betriebskosten – und dann will die Beraterin ja auch noch leben. Diese Kosten sollten durch die Honorare, die Ihre Klientinnen bezahlen, abgedeckt werden. Es ist unerlässlich, sich mit diesem Thema intensiv zu beschäftigen, vielleicht auch in Form einer speziellen Beratung. Zusätzlich ist es angeraten, rechtzeitig eine Steuerberaterin zu konsultieren, um auch hier auf der sicheren Seite zu sein.

Beraterische Haltung

Carl Rogers hat drei Kriterien oder Grundhaltungen für Beraterinnen und Therapeutinnen definiert, die sich inzwischen als allgemeingültige Normen etabliert haben.

Wertschätzung steht für einen respektvollen Umgang mit sich selbst und seine Mitmenschen. Man bezeichnet damit die positive Bewertung eines Menschen. Sie gründet auf eine innere allgemeine Haltung anderen gegenüber. Wertschätzung betrifft einen Menschen als Ganzes, sein Wesen. Sie ist daher unabhängig von Taten oder Leistung, auch wenn solche die subjektive Einschätzung eine Person und damit die Wertschätzung beeinflussen.

In der Entwicklungspsychologie spricht man in diesem Zusammenhang von der Sehnsucht des Kindes nach „bedingungsloser Liebe". Darunter versteht man eine Zugewandtheit, die nicht erst erworben werden muss und an keine Leistung oder Verhalten oder Eigenschaft gebunden ist, sondern sich auf die Person in ihrer Einzigartigkeit und Ganzheit bezieht. Intuitiv nutzen Kinder untereinander diese Sehnsucht der anderen, um diese zu manipulieren: „Wenn du das nicht tust, dann habe ich dich nicht mehr lieb!" Menschen, die diese „unconditional love" als Kinder von ihren Eltern nicht bekommen haben tragen diese Sehnsucht oft ihr ganzes Leben lang in sich, wobei viele an geringem Selbstwert leiden und dieses Manko durch Leistung wettzumachen streben.

Wertschätzung ist verbunden mit Respekt und Wohlwollen und drückt sich aus in Zugewandtheit, Interesse, Aufmerksamkeit und Freundlichkeit. Es gibt eine Korrelation zwischen Wertschätzung und Selbstwertgefühl: Menschen mit hohem Selbstwert haben öfter eine wertschätzende Haltung anderen gegenüber, werden umgekehrt auch öfter von anderen wertgeschätzt.

Empfangene und gegebene Wertschätzung vergrößern das Selbstwertgefühl sowohl bei der Empfängerin als auch bei der Geberin. Wertgeschätzte Personen sind, wenn sie ein offenes Wesen haben und kontaktfreudig sind, oft auch beliebt.

Ziel der positiven Wertschätzung ist, die Klientin in ihren positiven Eigenschaften und in ihrem Selbstwert zu bestärken, um daraus Zuversicht und Energie zu beziehen, die den beraterischen Veränderungsprozess fördern.

Diese Wertschätzung impliziert auch ein Interesse am Menschen, das wiederum klar zu unterscheiden ist von einer allgemeinen Neugier, die den Nutzen der Klientin hintanstellen könnte.

Empathie bezeichnet die Bereitschaft, Empfindungen, Gedanken, Emotionen, Motive und Persönlichkeitsmerkmale einer anderen Person zu erkennen und zu verstehen. Zur Empathie wird gemeinhin auch die Fähigkeit zu angemessenen Reaktionen auf Gefühle anderer Menschen gezählt. Grundlage der Empathie ist die Selbstwahrnehmung – je offener eine Person für ihre eigenen Emotionen ist, desto besser kann sie auch mit den Gefühlen anderer mitfühlend umgehen.

Lange Zeit ging man bei der Empathie davon aus, dass man andere Menschen in ihrer Befindlichkeit verstehen könnte. Heute weiß man, dass das eine viel zu hohe Erwartung ist und dass es schon sehr viel bedeutet, sich für die Befindlichkeit einer anderen Person zu interessieren.

Empathie im beraterischen Sinn sollte nicht mit Mitleid verwechselt werden. Die Beraterin sollte bei allem Mitgefühl mit der Klientin zugleich den notwendigen Abstand wahren, um arbeitsfähig zu bleiben. Auch alle dabei aufsteigenden Erinnerungen an eigene Erlebnisse, die durch die Erzählung der Klientin ausgelöst werden könnten haben in der Beratungssituation keinen Platz. Diese sollen aber unbedingt in einer anschließenden Selbstreflexion bearbeitet werden.

Eine Kollegin erlebte einen ziemlichen Schock, als sie erfuhr, dass ihr Partner schon seit etlichen Monaten eine parallele Beziehung geführt hatte. Nach der Trennung kam erst die eigentliche Überraschung: mehr als ein halbes Jahr lang kamen in ihre Praxis sehr viele Klientinnen und Klienten mit ähnlichen Dreiecksgeschichten, wobei alle drei Ecken des Dreiecks vertreten waren. Sie schaffte diese

Zeit nur, indem sie sich ganz auf ihre Professionalität konzentrierte und wöchentlich zur Supervision ging.

Authentizität bezeichnet eine Persönlichkeitseigenschaft und einen persönlichen ethischen Wert. Authentizität bedeutet, sich gemäß ihrem wahren Selbst, also ihren Werten, Gedanken, Emotionen, Überzeugungen und Bedürfnissen auszudrücken und dementsprechend zu handeln, und sich nicht durch äußere Einflüsse bestimmen zu lassen.

Eine als authentisch bezeichnete Person wirkt besonders „echt", strahlt aus, dass sie zu sich selbst mit ihren Stärken und Schwächen steht und im Einklang mit sich selbst handelt. Sie vermittelt ein Bild von sich, das als ehrlich, stimmig, urwüchsig, unverbogen, ungekünstelt wahrgenommen wird.

Die Sozialpsychologen Michael Kernis und Brian Goldman unterscheiden vier Kriterien, die erfüllt sein müssen, damit man sich selbst als authentisch erlebt und von anderen so gesehen wird:

Bewusstsein – ein authentischer Mensch kennt seine Stärken und Schwächen ebenso wie seine Gefühle und Motive für bestimmte Verhaltensweisen. Dies setzt Selbstkenntnis durch Selbst- und Fremdwahrnehmung und Selbstreflexion voraus, um sich seiner selbst und seines Handelns bewusst zu werden.

Ehrlichkeit – hierzu gehört, der ungeschminkten Realität, das eigene Selbst betreffend, ins Auge zu blicken und auch unangenehme Rückmeldungen zu akzeptieren.

Konsequenz – Ein authentischer Mensch handelt nach seinen Werten und Überzeugungen. Das gilt für die gesetzten Prioritäten und auch für den Fall, dass er sich dadurch Nachteile einhandelt.

Aufrichtigkeit – Authentizität beinhaltet die Bereitschaft, sein wahres Selbst, mit seinen positiven wie negativen Seiten, in sozialen Beziehungen offen zu zeigen.

Ruth Cohn, die Begründerin der Themenzentrierten Interaktion, gibt eine pragmatische Definition von Aufrichtigkeit und Ehrlichkeit: „Alles was du sagst sei wahr, doch sage nicht alles, was wahr ist". Im alten Rom nannte man das „reservatio mentalis".

Ergänzend zu Carl Rogers gibt es noch eine weitere Haltung, die mir wichtig ist: die **Haltung des Nichtwissens**. Diese bezieht sich auf die Erzählung und Situation der Klientin. Die meisten Menschen kennen das Phänomen, dass sie schon nach den ersten Sätzen denken: „Ah, das kenne ich!" Im Alltag löst das eine selektive Wahrnehmung aus, wo man nur noch das hört, was diese Vorannahme bestätigt. Dabei läuft man jedoch Gefahr, ganz wichtige andere Information zu überhören, mit dem Resultat, an der Klientin vorbei zu verstehen – wobei bekanntlich Verstehen unwahrscheinlich ist – und damit an ihr vorbei zu beraten.

Die **Bedeutung der Sprache** wurde von vielen großen Vordenkern und Vordenkerinnen betont. Sigmund Freud wird der Ausspruch zugeschrieben: „Worte waren einmal Zauber." Für die Psychotherapie und damit aber auch für jede Form der Beratung hat es Harry A. Goolishian sehr prägnant formuliert: „Die Systeme, mit denen wir arbeiten, existieren nur in der Sprache, und deshalb existieren auch Probleme nur in der Sprache. Das Ziel der Therapie liegt nicht darin, Lösungen für Probleme zu finden, sondern an einem Prozess teilzunehmen, in dessen Verlauf eine Sprache entwickelt wird, in der das Problem nicht mehr existiert."

Das Kontinuum der Beratung

Beratung kann verschiedene Formen annehmen. Diesen entsprechen auch unterschiedliche Definitionen der Rollen der Beteiligten. Wir bleiben hier bei den gebräuchlichen Bezeichnungen „Beraterin" und „Klientin".

An dem einen Ende des Spektrums der möglichen Arten von Beratung finden wir die „Fachberatung". Eine Klientin sucht eine Lösung für ein spezielles Problem, mit dem sie sich nicht auskennt. Daher sucht sie eine Expertin dieses speziellen Fachgebietes auf. Sie erklärt das Problem, die Expertin stellt zusätzliche Fragen, um mehr Information zu haben und präsentiert schließlich im Idealfall den Lösungsweg. Damit ist die Beratung beendet. Ein Beispiel dafür ist die Anfrage an eine technische Hotline.

Am anderen Ende ist die „psychosoziale Beratung". Eine Klientin empfindet ihre derzeitige Lebenssituation als schwierig und möchte etwas daran verändern. Die Beraterin, die sie aufsucht ist naturgemäß nicht Expertin für diese Lebenssituation, weil sie weiß, dass ähnlich beschriebene Situationen sehr unterschiedlich sein und vor allem sehr unterschiedlich erlebt werden können. Sie ist jedoch Expertin für die Gestaltung und Führung hilfreicher Gespräche und die Begleitung zieldienlicher Suchprozesse. Eine solche Beratung ist oft auch eine Begleitung und kann manchmal länger dauern. Ein Beispiel dafür ist Psychotherapie.

Fachberatung	Form der Beratung	Psychosoziale Beratung
Expertin für das Thema	Beraterin	Expertin für Setting und Methodik
Unwissend und Hilfe suchend	Klientin	Expertin für ihre eigene Lebenssituation und die Auswahl der passenden Lösung

Die überwiegende Zahl von Beratungen bewegt sich irgendwo in dem Kontinuum zwischen diesen Polen.

Rechtsberatungen werden meist im Bereich der Fachberatung verortet. Die Juristin hat in der Tat viel Wissen, das der Mandantin fehlt und für ihre jeweilige Situation notwendig und hilfreich sein kann. Dennoch wird sie ihre Mandantin auch fragen, wie viel ihr die Durchsetzung ihrer Ansprüche wert ist, und am Ende wird die Mandantin entscheiden.

Medizinische Beratungen fallen auch noch in den Bereich der Fachberatungen, doch sind moderne Medizinerinnen offen für die seelischen Bedürfnisse ihrer Patientinnen, und sei es nur auf der Grundlage der Erkenntnis, dass die aktive Mitwirkung der Patientinnen an der Behandlung entscheidenden Einfluss auf deren Erfolg haben kann. Diese Mitwirkung kann bewusst erfolgen, indem die Patientin bestimmte Anweisungen genau befolgt. Man spricht dann auch von Compliance. Während dieses Konzept einen starken Aspekt von Gehorsam impliziert und der Ärztin die alleinige Entscheidungshoheit zugesteht verbreitet sich in der Medizin der Gedanke der Adhärenz. Hier geht es um eine gemeinsame Entscheidungsfindung zwischen Ärztin und Patientin mit einer Therapievereinbarung an Stelle der Verordnung. Die Ärztin geht dabei soweit wie möglich auf die Bedürfnisse und persönlichen Lebensumstände der Patientin ein. Bei der Therapieverabredung werden auch alle Faktoren berücksichtigt, die es der Patientin erschweren, das Therapieziel zu erreichen.

Die Mitwirkung der Patientin hat allerdings immer auch eine unbewusste Komponente, die sich in der inneren Einstellung der Patientin zu ihren Genesungschancen manifestiert. Dies erklärt die Wirksamkeit von Placebos, also medizinischen Verabreichungen ohne körperlich wirksame Inhaltsstoffe.

Am anderen Ende des Spektrums finden wir die Psychotherapie. Die Therapeutin ist Expertin für Gesprächsführung, die Klientin ist Expertin für ihre Lebenssituation. Das ermöglicht einen Austausch auf Augenhöhe, weil für den Erfolg der Beratung beide ihr Wissen und Können zusammenbringen müssen. Es kann jedoch in dieser Beratung auch kurze Phasen geben, in welchen die Therapeutin zusätzliches Wissen über Dinge des Lebens und des Alltags einbringen kann.

Näher zur Mitte des Spektrums finden wir die unterschiedlichen Formen von Coaching. Coach und Coachee schließen miteinander einen Beratungsvertrag, der die Ziele und die Form der Zusammenarbeit definiert. Neben psychologisch basierten Phasen können auch Übungen und Trainingssequenzen Teil der Beratung sein.

Beide Formen von Beratung sind legitim und je nach Fragestellung zieldienlich. Voraussetzung dafür ist das Bewusstsein der Beraterin, in welchem Bereich sie sich gerade bewegt, weil dies Auswirkungen auf ihre Rolle innerhalb der Beratung und auf die Arbeitsbeziehung hat.

Ziele von Beratung

Beratung kann unterschiedliche Ziele haben. Generell gilt, dass die Zielvorgabe von der Klientin kommt und die Grundlage der Beratung bildet, auch und besonders bei der Wahl von Methoden und Interventionen durch die Beraterin. Dieses Ziel wird oft als Auftrag bezeichnet und kann sich im Laufe eines Beratungsprozesses auch verändern. Manche Klientinnen kommen schon mit einer klaren Vorstellung, andere benötigen Zeit für die Erarbeitung des Ziels, bisweilen auch mehrere Sitzungen.

Wie hier dargestellt kommen Klientinnen mit einer „Eintrittskarte" in die Beratung, und zwar in Form eines „Problems". Wenn es den Klientinnen darum geht, dieses Problem zu lösen, geht es in der Regel um Fachberatung und die Beraterin soll als Expertin für solche Problemlagen die richtige Lösung anbieten. In der psychosozialen Beratung wäre es jedoch ein Fehler, sich beratend auf dieses Problem zu stürzen. Vielmehr sollte sich die Beraterin statt auf das Problem auf die Person der Klientin konzentrieren. Es ist erst eine konkrete Zielsetzung für die Beratung zu erarbeiten, nach dem Grundsatz: Keine Beratung ohne Auftrag. Bis dieses Ziel der Beratung gefunden ist kann jede Beraterin als Arbeitshypothese davon ausgehen, dass der nicht ausgesprochene Anfangsauftrag in folgenden Wünschen der Klientin dargestellt werden kann:

- Nimm mich als Menschen wahr!
- Hör mir aufmerksam zu!
- Begegne mir mit Wertschätzung und Respekt!
- Gib mir Raum und sei geduldig!
- Sei empathisch für meine Situation!
- Zeige Interesse an meiner Person!

Manchmal ist eine Beratung aus Sicht der Klientinnen bereits erfolgreich, wenn es gelungen ist, die Ziele zu klären, und bisweilen wird die Beratung an diesem Punkt beendet. In den meisten Fällen ist es jedoch das Ziel der Beratung, die Klientinnen bis zu jenem Zustand zu begleiten, in welchem sie sich ausreichend sicher fühlen, ihren Weg fortan alleine zu gehen.

Selbst in den Fällen, wo es in der Beratung um das mitgebrachte Problem geht, können die Zielvorstellungen unterschiedlich sein.

In meinen Ausbildungsseminaren berichte ich gerne von einer Klientin, die 34 Jahre alt und mit einem sehr erfolgreichen Manager verheiratet war. Ihr Wunsch war, ihr Mann möge doch mehr Zeit mit ihr verbringen. Ich fragte sie: „Angenommen, Ihr Mann hätte mehr Zeit für Sie: was würden Sie in dieser Zeit gerne mit ihm tun?" – Statt die Antwort zu erzählen frage ich die Studierenden nach ihren Annahmen, was diese Frau denn wollen könnte. Die Vermutungen sind vielfältig: Shopping, Kino, Theater, Oper, Essen gehen, Freunde besuchen, Reisen, Sex, … Einige meinten auch, sie wüsste es nicht. Mir ist bisher noch niemand begegnet, die etwas wollte ohne zu wissen, warum und dafür auch noch in Beratung gegangen wäre. Das Erstaunen der Studierenden war groß, als ich ihnen die Antwort sagte, die mir diese Klientin gegeben hatte: „Beten!" Sie sehnte sich nach einer stärkeren spirituellen Verbundenheit mit ihrem Mann im gemeinsamen Glauben. Ich weiß nicht, welche Beraterin von selbst auf diese Idee gekommen wäre. Deshalb sollten Beraterinnen ihre Hypothesen und Phantasien hintanstellen und stattdessen die Aufgabenstellung mit ihren Klientinnen erarbeiten.

Einige Aufträge können lauten:

- Helfen Sie mir, mein „Problem" loszuwerden.
- Helfen Sie mir, mein „Problem" zu akzeptieren.
- Helfen Sie mir, mit meinem „Problem" besser umzugehen.
- Helfen Sie mir, weniger unter meinem „Problem" zu leiden.
- Helfen Sie mir, trotz meines „Problems" auch Freude zu erleben.
- Helfen Sie mit, mit meinem „Problem" sozial akzeptiert zu werden.

In einem Seminar berichtete der kanadische Psychiater und Therapeut Karl Tomm sehr berührend über die letztlich tödliche Krebserkrankung seiner Gattin.

- Nach der ersten Diagnose war die Frage:
  „Wie kann sie wieder gesund werden?"

- Nach etlichen Operationen und Chemotherapien verschob sich die Fragestellung zu:
  „Wie kann sie mit der Krankheit leben?"

- Als es klar war, dass ihr Leben zu Ende gehen würde, war die Frage eine andere:
  „Wie kann sie in Würde sterben?"

- Und nach ihrem Tod stand er vor der Frage:
  „Wie kann er mit seiner Trauer und dem Schmerz des Verlustes umgehen und sein Leben ohne seine Frau neugestalten?"

Oft lautet der Auftrag allerdings, eine andere Person möge sich doch ändern. Es ist eine der großen Ungerechtigkeiten unserer Welt, dass dieser Auftrag nicht erfüllbar ist. Die Klientin, die am Verhalten der anderen Person leidet, muss auch noch die Veränderungsarbeit allein leisten und hat keine Garantie für die Erreichung der gewünschten Verhaltensänderung der anderen Person – siehe Kybernetik zweiter Ordnung.

Beratungsansätze

Jeder Beratung liegt eine Theorie zu Grunde. Sie spiegelt die Grundüberzeugungen der Beraterin und gibt Antwort auf die Fragen:

- Was braucht ein Mensch, um glücklich und gesund zu sein?

- Was macht Menschen krank – Was bereitet Menschen Leidenszustände?

- Wie können Menschen (wieder) zufrieden – gesund – lebensfähig – glücklich werden?

Viele der angewendeten Beratungsmethoden stützen sich auf Theoriemodelle, die auch Grundlagen psychotherapeutischer Schulen sind. Diese sind – zumindest in Österreich – staatlich anerkannt und die Ausbildungen dafür sind durch Gesetze geregelt. Ihre Wirksamkeit ist durch wissenschaftliche Studien belegt, und bei korrekter Durchführung sind beeinträchtigende Auswirkungen nicht zu befürchten. Das Österreichische Bundesministerium für Gesundheit führt eine Liste dieser anerkannten Methoden, die in vier Hauptgruppen unterteilt sind:

1. Tiefenpsychologisch – psychodynamisch
2. Humanistisch-existenziell
3. Systemisch
4. Verhaltenstherapeutisch

Da meines Erachtens jede Beraterin die Liste des Österreichischen Bundesministeriums für Gesundheit kennen sollte ist sie hier zitiert:

1. Tiefenpsychologisch-psychodynamische Orientierung

1.1 Psychoanalytische Methoden

1.1.1 Analytische Psychologie (AP)

Die analytische Psychologie basiert auf dem Werk des Schweizer Psychiaters Carl Gustav Jung (1875–1961) und erfährt eine kontinuierliche Anwendung und Weiterentwicklung. Die Psyche wird mit C. G. Jung als eine dynamische Mischung aus teils bewussten, teils unbewussten gesunden und krankhaften Komplexen gesehen, die in der Vergangenheit entstanden sind, sich immer wieder neuformieren und in denen unsere Erfahrungen, Vorstellungen, Ideen und Gefühle miteinander wirken. In der therapeutischen Arbeit werden Komplexe und Konflikte, die das psychische oder psychosomatische Leiden hervorbringen, aufgesucht, gefunden, miteinander ertragen und bearbeitet, aber auch Begabungen und Entfaltungsmöglichkeiten gefördert. An die Stelle von Beschränkung im Erleben, Denken und Handeln treten dadurch oft die Vielfalt des Lebendigen und die Freiheit, aus mehr Möglichkeiten wählen zu können. Auf dem Individuationsweg der seelischen Entfaltung und des persönlichen Wachstums wird man „Die oder Der man sein kann".

Psychotherapeutinnen/Psychotherapeuten in analytischer Psychologie verstehen sich als Vermittlerinnen/Vermittler zu den Heilungskräften des Unbewussten und bieten dafür einen schützenden Raum, in dem Patientinnen/Patienten Halt finden und Neues erproben können. Besonderes Augenmerk gilt dabei Träumen und anderen symbolhaften Gestaltungen aus dem Unbewussten. Im bewusstmachenden sowie kreativen Umgang mit diesen Prozessen soll die integrierende Kraft der Psyche zugunsten erweiterter und verbindlicher Lebens- und Beziehungsfähigkeit zum Tragen kommen.

Die Methode ist für Jugendliche und Erwachsene jeden Alters geeignet und findet meist im Gegenübersitzen statt. Die erforderlichen Zeiträume variieren je nach Problematik von Kurz- bis zu Langzeittherapien. Die Stundenfrequenz liegt in der Regel bei einer oder zwei Sitzungen pro Woche, wenn nötig höher. Manche Psychotherapeutinnen/Psychotherapeuten in Analytischer Psychologie bieten auch entsprechend angepasste Therapien für Kinder an.

1.1.2 Gruppenpsychoanalyse/Psychoanalytische Psychotherapie (GP)

Die Gruppenpsychoanalyse/Psychoanalytische Psychotherapie ist psychoanalytische Psychotherapiemethode angewandt auf Gruppen, Paare und Einzelpersonen. Im Gruppensetting besteht die Gruppe, die ein- bis zweimal wöchentlich oder in geblockter Form zusammentrifft, aus etwa 7 bis 12 Teilnehmerinnen/Teilnehmern. In der Gruppe gilt die psychoanalytische Regel der freien Assoziation in Form von freier Kommunikation zwischen den Gruppenmitgliedern. Die Gruppenleiterinnen/Gruppenleiter schlagen keine Themen vor, sondern fördern die Äußerung von Phantasien, Träumen, Gefühlen und Empfindungen. Sie konzentrieren sich auf die Deutung von Vorgängen in der Gruppe und berücksichtigen vor allem ihre latente, unbewusste Bedeutung. Im therapeutischen Setting verhalten sich Psychotherapeutinnen/Psychotherapeuten mit der Zusatzbezeichnung Gruppenpsychoanalyse/Psychoanalytische Psychotherapie abstinent, d.h. sie enthalten sich Wertungen und expliziten Gefühlsäußerungen den Klientinnen/Klienten gegenüber.

Die Gruppenpsychoanalyse/Psychoanalytische Psychotherapie wird in modifizierter Form auch in der Behandlung von schweren Persönlichkeitsstörungen und Psychosen im ambulanten und stationären Bereich eingesetzt, weiters auch als psychoanalytische Gruppentherapie von Paaren und Familien.

In der Gruppenpsychoanalyse/Psychoanalytischen Psychotherapie wird in erster Linie die Wiederholung von verdrängten Konflikten bearbeitet, wobei die Analyse der Übertragung und des Widerstands einen wichtigen Aspekt der Behandlung darstellt. In der Einzelpsychotherapie erfolgt die Behandlung ein- bis zweimal wöchentlich im Sitzen. Im gemeinsamen Dialog eröffnet sich ein seelischer Raum für eine Persönlichkeitsentwicklung – die über ein Verstehen der innerpsychischen Prozesse für die Klientinnen/Klienten Bewältigungskompetenzen eröffnet.

1.1.3 Individualpsychologie (IP)

Die Individualpsychologie ging aus der Auseinandersetzung zwischen Alfred Adler und Sigmund Freud hervor und stellt die zweitälteste psychotherapeutische Schule der Tiefenpsychologie dar. Individualpsychologische Psychotherapeutinnen/Psychotherapeuten arbeiten als Tiefenpsychologinnen/ Tiefenpsychologen in der gesamten Bandbreite psychotherapeutischer Settings, wie sie gegenwärtig für psychoanalytisch-psychotherapeutische Therapieverfahren beschrieben werden.

Die individualpsychologische Analyse von Erwachsenen zielt in höchstem Ausmaß auf das Deuten und Bewusstwerden von Unbewusstem ab und findet im Regelfall hochfrequent im

Sessel-Couch-Setting über mehrere Jahre hinweg statt. Von großer Bedeutung ist dabei das Verstehen der bewussten und unbewussten psychischen Aktivitäten (einschließlich des Erlebens) im Hier und Jetzt, besonders das Verstehen von Übertragung und Widerstand, Abwehr und Sicherung.

Unter Berücksichtigung der jeweiligen Psychotherapieindikation, der gegebenen institutionellen Rahmenbedingungen und der akut gegebenen Möglichkeiten wird mit einzelnen Erwachsenen auch in anderen Settings, insbesondere im Sessel-Sessel-Setting gearbeitet; wobei die spezifische methodische Ausgestaltung der psychotherapeutischen Arbeit jedenfalls vom je entfalteten tiefenpsychologisch-analytischen Verständnisrahmen abhängig gemacht wird. Individualpsychologische Psychotherapie wird überdies in der Arbeit mit Paaren und Familien sowie in Gruppen geleistet. Individualpsychologische Psychotherapie wendet sich an Patientinnen/Patienten mit unterschiedlichen Symptombildungen sowie an Patientinnen/Patienten aus unterschiedlichen Altersgruppen, insbesondere auch an Kinder und Jugendliche.

1.1.4 Psychoanalyse/Psychoanalytische Psychotherapie (PA)

Aufgrund der historischen Entwicklung wird die Psychoanalyse an verschiedenen Orten gelehrt und praktiziert. Beim Verständnis von Psychoanalyse kommen unterschiedliche Traditionen zum Tragen. Um dies deutlich zu machen, werden die unterschiedlichen Beschreibungen von Psychoanalyse und ihre institutionellen Organisationen einzeln angeführt.

In der Praxis kommen sowohl die hochfrequente Psychoanalyse wie auch die niederfrequente psychoanalytische Psychotherapie zur Anwendung. Das soll nunmehr auch in Form einer Ergänzung der Zusatzbezeichnung von „Psychoanalyse (PA)" auf „Psychoanalyse/Psychoanalytische Psychotherapie (PA)" zum Ausdruck gebracht werden.

1.1.4.1 Psychoanalyse/Psychoanalytische Psychotherapie (PA) nach der Tradition der Innsbrucker, Linzer und Salzburger Arbeitskreise für Psychoanalyse und des Psychoanalytischen Seminars Innsbruck

Psychoanalyse/Psychoanalytische Psychotherapie geht in ihrem Menschenverständnis davon aus, dass psychische Entwicklung von einem unbewussten, nicht direkt zugänglichen seelischen Bereich her angeleitet und verändert wird. Dieses Unbewusste meint sowohl die noch ausständigen Entwicklungen als auch die bereits stattgefundenen Verdrängungen aus vergangenen Konflikten und Defiziten. Die Wirksamkeit dieses Unbewussten auf das alltägliche Leben zu entdecken mit dem Ziel einer guten Weiterentwicklung der Persönlichkeit, ist Aufgabe der Psychoanalyse/Psychoanalytische Psychotherapie als Psychotherapie.

Sie bedient sich dabei einer Methode, in der freie Einfälle zur konkreten Lebenssituation, zur Vorstellungswelt und zu den Traumbildern in ihrer Bedeutung und Wirksamkeit auf die Patientin/den Patienten entschlüsselt und gedeutet werden, wodurch das erkennende Ich seinen Umgang mit sich, seiner Geschichte und seiner Umwelt freier und bewusster gestalten und verantworten kann. Einsicht und Veränderung entstehen innerhalb und mit Hilfe des Beziehungsgeschehens zwischen Analytikerin/ Analytiker und Patientin/Patienten. Der Analytikerin/dem Analytiker kommt dabei vor allem die Aufgabe eines teilnehmenden, neutralen Zuhörens, Klärens und Zusammenfügens divergierender Bedeutungen zu. Die Lebensgeschichte der Patientin/ des Patienten wird dabei als Entstehungsgeschichte für ihre/seine Gegenwart begriffen, ihre szenische Wiederbelebung in der psychoanalytischen Situation zwischen Analysandin/ Analysanden und Analytikerin/Analytiker als Übertragung aus der Vergangenheit ist Basis der Behandelbarkeit und der Veränderung innerhalb der konkreten therapeutischen Beziehung.

Je nach Art der psychischen Erkrankung findet die Psychoanalyse/Psychoanalytische Psychotherapie Anwendung in Form einer langen höherfrequenten Analyse, einer psychoanalytischen Psychotherapie als Kurz- oder Fokaltherapie, als Kinder-/ Jugendlichentherapie in ihrer Anwendung bei Kindern und Jugendlichen sowie als Paar- und Familientherapie für Paare und Familien.

1.1.4.2 Psychoanalyse/Psychoanalytische Psychotherapie (PA) nach der Tradition des Wiener Arbeitskreises für Psychoanalyse

Die von Sigmund Freud begründete Psychoanalyse ist die erste auf Einsicht beruhende und mit einer umfassenden psychologisch orientierten Krankheitslehre ausgestattete Psychotherapie. Sie befasst sich mit den unbewussten Motiven menschlichen Verhaltens (Denken, Fühlen und Handeln), wie sie auch in der Entstehung und Aufrechterhaltung psychischer und psychosomatischer Störungen wirksam sind.

Ziel der psychoanalytischen Behandlung ist es, Erkenntnis und Einsicht in die zum großen Teil verborgenen und lebensgeschichtlich verstehbaren Grundlagen aktueller Leidenszustände zu gewinnen und deren Wirkung auf Persönlichkeitsstruktur und Charakterbildung sowie auf die Ausformung zwischenmenschlicher Beziehungen und Beziehungsstörungen im Privat- und Berufsleben kognitiv und emotional zu erfahren. Dies geschieht vor allem durch eine Reaktualisierung von intrapsychischen Konflikten, die auf frühkindlichen Erfahrungsmustern und auf unbewussten Phantasien beruhen und deren Wiederbelebung durch das Durcharbeiten der sogenannten Übertragungsbeziehung zur Analytikerin/zum Analytiker erfolgt. Im geschützten Rahmen des psychoanalytischen Settings können leidvolle Erfahrungen und schuldbehaftetes Verhalten zur Sprache gebracht werden, so dass sich deren Ausdruck in psychischen, psychosozialen und psychosomatischen Symptomen erübrigt.

Die hohe Stundenfrequenz (4–5 Sitzungen pro Woche) und die relativ lange Dauer einer psychoanalytischen Behandlung beruhen einerseits auf dem anspruchsvollen Therapieziel, welches auch eine strukturelle Persönlichkeitsveränderung beinhaltet, und andererseits auf dem behutsamen und analysierenden Umgang mit Widerständen gegen Veränderungen, mit welchen man in der Psychotherapie konfrontiert ist. In bestimmten Fällen kann aber auch eine psychoanalytische Psychotherapie mit geringerer Sitzungsfrequenz und/oder begrenzter Behandlungsdauer erfolgreich sein.

1.1.4.3 Psychoanalyse/Psychoanalytische Psychotherapie (PA) nach der Tradition des Wiener Kreises für Psychoanalyse und Selbstpsychologie

Die psychoanalytische Selbstpsychologie ist eine Weiterentwicklung der klassischen Psychoanalyse, die Heinz Kohut

(1913–1981) begründet hat. Indem er das Verhältnis von Beobachtungsmethode und Theorie beschrieb, gelang ihm die Eingrenzung des Feldes der Psychoanalyse: Psychoanalytisch relevante Daten sind nur solche, die durch Introspektion und Empathie gewonnen werden. Daraus ergab sich die Entdeckung und Beschreibung der narzisstischen Übertragungen, die zur Entwicklung der Selbstpsychologie führte.

In der Therapie geht es um die Herstellung und Erhaltung eines Systems zwischen Analytikerin/Analytiker und Patientin/Patienten, das Selbstreparierende, Selbstregulierende und Selbsterhaltende Funktion erfüllt. Die Einstellung der Psychoanalytikerin/des Psychoanalytikers der Patientin/dem Patienten gegenüber ist die kontinuierlich beibehaltene Empathie. Dabei orientiert sich die Psychoanalytikerin/der Psychoanalytiker in ihren/seinen Deutungen am subjektiven Erleben der Patientin/des Patienten, um die aktuelle Beziehung zu verstehen. Sie/er versucht, die Beziehung so zu gestalten, dass eine Retraumatisierung soweit als möglich verhindert wird, Beziehungseinbrüche in der Wiederherstellungsarbeit behoben werden können, der entsprechende Zusammenhang mit der Geschichte der Patientin/des Patienten verstehbar werden und das psychotherapeutisch Erreichte zuletzt auch auf verbaler Ebene gefestigt werden kann. Das eigentliche Medium ist das subjektive Erleben der Beziehung, das so weit als möglich zur Sprache gebracht werden soll. Dabei geht es vor allem um die nicht bewussten Anteile des Erlebens (organizing principles of experience), die Erleben und Verhalten organisieren.

Die Frequenz der selbstpsychologischen Psychoanalyse/Psychoanalytischen Psychotherapie kann sowohl drei- bis vierstündig als auch ein- bis zweistündig pro Woche sein.

1.1.4.4 Psychoanalyse/Psychoanalytische Psychotherapie (PA) nach der Tradition der Wiener Psychoanalytische Vereinigung

Die Psychoanalyse/Psychoanalytische Psychotherapie basiert auf dem Werk Sigmund Freuds. Im Rahmen der Internationalen Psychoanalytischen Vereinigung (IPV), 1908 gegründet, die das theoretische und praktische/klinische Verständnis in einer lebendigen Auseinandersetzung weiterentwickelt; gegenwärtig gibt es weltweit 10.000 Mitglieder. Die Ausbildung zur international anerkannten Psychoanalytikerin bzw. zum Psychoanalytiker erfolgt nach einheitlichen Richtlinien der IPV.

Das menschliche Handeln wird als Kompromiss zwischen bewussten und unbewussten Motiven verstanden. Unangenehme, peinliche und schmerzliche Erfahrungen können verdrängt werden und führen zu inneren Konflikten, die sich in körperlichen Symptomen oder psychischen Problemen (Depression, Zwänge, Phobien) äußern. Ziel der analytischen Behandlung ist es, diese unbewussten Konflikte und traumatischen früheren Erlebnisse in der Übertragung zur Analytikerin/zum Analytiker wieder erfahrbar zu machen. Die Erkundung unbewusster seelischer Vorgänge erfolgt im geschützten Rahmen des analytischen Settings. Durch das Lebendigwerden früher Erfahrungen im Hier und Jetzt werden neue emotionale Erfahrungen und intellektuelle Einsichten möglich, die die Liebes-, Genuss-, Arbeits- und Reflexionsfähigkeit der Patientin/des Patienten herstellen oder verbessern sollen.

Eine Analyse erfordert eine hohe Stundenfrequenz (4–5 Mal pro Woche im Liegen), um in einem geschützten Rahmen die innere Welt der Patientin/des Patienten in einer Weise behutsam entfalten zu können, die grundlegende Veränderungen ermöglicht. Sie ist vor allem bei Neurosen, Persönlichkeitsstörungen und frühen Störungen angebracht. Das Setting einer psychoanalytischen Psychotherapie (1–2 Mal pro Woche im Sitzen) arbeitet mit einer ähnlichen Methode, um die Einsicht in unbewusste seelische Konflikte und damit mehr Kontakt zu lebendiger Teilnahme im beruflichen und privaten Bereich zu ermöglichen. In Krisensituationen ist eine Kurzzeittherapie oder Fokaltherapie sinnvoll.

1.1.5 Psychoanalytisch orientierte Psychotherapie (PoP)

Die Wiener Psychoanalytische Akademie ist eine Einrichtung der Wiener Psychoanalytischen Vereinigung und des Wiener Arbeitskreises für Psychoanalyse. Ihre Aufgabe ist die Förderung psychoanalytischer Arbeit in der Öffentlichkeit und die Verbreitung der Anwendungen der Psychoanalyse.

Die psychoanalytisch orientierte Psychotherapie ist eine Weiterentwicklung der klassischen Psychoanalyse, die von Freud und seinen Schülern entwickelt wurde. Das psychoanalytische Wissen basiert auf den klassischen Konzepten Sigmund Freuds und bezieht sich vor allem auf die therapeutische Beziehung als Interaktion und Übertragung-Gegenübertragungs-Dynamik. Die psychoanalytisch orientierte Psychotherapie orientiert sich vor allen an den Vertreterinnen/Vertretern der Objektbeziehungstheorie wie Klein, Bion, Winnicott, Balint, Kernberg und anderen Repräsentantinnen/Repräsentanten der zeitgenössischen Psychoanalyse.

Wie bei allen psychoanalytisch orientierten Verfahren wird die Bearbeitung lebensgeschichtlich begründeter unbewusster

Konflikte und krankheitswertiger Störungen der Persönlichkeitsentwicklung in einer therapeutischen Beziehung unter besonderer Berücksichtigung von Übertragung, Gegenübertragung und Widerstand zum Inhalt des Verfahrens. In der technischen Anwendung finden Klärung und Konfrontation in der Regel mehr Anwendung als die Rekonstruktion von lebensgeschichtlichen Ereignissen in Psychoanalysen. Die Deutungen betonen den Rahmen der Behandlung und das Hier und Jetzt der Übertragung zwischen Patientin/Patient und Psychotherapeutin/Psychotherapeut. Unterstützende Maßnahmen kommen nach Maßgabe zur Anwendung.

Psychoanalytisch orientierte Psychotherapie ist ein psychoanalytisches Therapieverfahren im Sitzen mit ein bis zwei Sitzungen in der Woche. Mit psychoanalytisch orientierter Psychotherapie kann somit eine große Zahl von Patientinnen/Patienten mit den unterschiedlichsten Indikationsstellungen von der Kindheit bis ins höhere Lebensalter mit unterschiedlichem kulturellem Hintergrund behandelt werden.

1.2 Tiefenpsychologisch fundierte Methoden

1.2.1 Autogene Psychotherapie (ATP)

Ausgehend von der Suche nach dem individuell optimalen seelisch-körperlichen Spannungsausgleich (Grundstufe), überleitend zu Problemkonfrontationen und prägnanten persönlichen Leitformeln und Leitbildern (Mittelstufe) bis hin zur Bearbeitung der in der Tiefenentspannung traumähnlich aufsteigenden Symbolinhalte (Oberstufe) zeigt sich die Autogene Psychotherapie als ganzheitlich tiefenpsychologisch fundierte Methode, die die Äußerungen des Unbewussten durch Erinnern, Wiederholen,

Durcharbeiten aufgreift. Durch das umfassende Menschenbild ist die Methode für alle seelischen Störungen geeignet.

In der Grundstufe wird durch eine spezielle Technik der Einstellung auf das eigene Körpererleben ein Ruhezustand erreicht, dieser wird in der Mittelstufe genützt, um gegenüber aufsteigenden problembesetzten Gedanken und Gefühlen Angstreduzierung zu erreichen. In der Oberstufe werden diese in Bildsymbolen aufsteigenden Gefühle analysiert und auf- bzw. durchgearbeitet.

In der Einzeltherapie finden ein bis zwei Sitzungen pro Woche statt, in der Gruppentherapie eine Sitzung pro Woche, ergänzt durch eigenständige Übungen, bei denen im gezielt herbei geführten Ruhezustand die traumanalog aufsteigenden Symbole beobachtet und nachher für die assoziative Aufarbeitung registriert werden. Autogene Psychotherapie findet Anwendung bei Erwachsenen, Kindern und Jugendlichen.

1.2.2 Daseinsanalyse (DA)

Begründer der daseinsanalytischen Psychiatrie war Ludwig Binswanger (1881–1966). Nach dem zweiten Weltkrieg entwickelte der Psychiater Medard Boss (1903–1990) in Zürich eine Schule der Daseinsanalyse, die in Zusammenarbeit mit Heidegger dessen phänomenologisches Denken in Neurosen-, Psychosenlehre, Psychosomatik sowie in psychotherapeutischer Praxis erprobte.

Phänomenologie verlangt größtmöglichen Respekt vor der Selbstgegebenheit des menschlichen Phänomens, seinem Dasein und dessen Existierens. Dasein meint Anwesen („da-sein") und Offenseinkönnen für das Begegnende unserer Um- und Mitwelt. Daseinsanalytische Psychotherapie versteht die seelischen Leiden als Erscheinung von Konflikten des Existierens. Das therapeutische Ziel ist optimales Sich-offenhalten-Können für den jeweiligen Weltbereich, Ermöglichung freien Existierens durch Freilegung (Analyse) des Daseins und seiner Dynamik, in der es um Sein oder Nichtsein, Leben und Tod geht, aber auch um unser eigenes Selbstsein sowie das Sorgetragen für uns selbst, für andere (Mitsein) wie auch unsere Umwelt.

Medium daseinsanalytischer Psychotherapie ist das analytische Gespräch, das vertiefte Einsicht und Auseinandersetzung mit der eigenen Existenzweise, Ängsten, Wünschen und abgewehrten Bereichen ermöglichen soll. Technisch-praktisch ist die Daseinsanalyse eine daseinsgemäße Weiterentwicklung der Grundelemente klassischer Psychoanalyse (wie Setting, analytische Beziehung, Übertragung, Widerstand und vor allem Traumauslegung). Die Behandlung erfolgt im Liegen auf der Couch oder im Sitzen mit ein- oder mehrmaligen Sitzungen pro Woche als Einzel- sowie Paar-, Familien- und Gruppentherapie für alle Altersstufen und umfasst Sterbebegleitung.

1.2.3 Dynamische Gruppenpsychotherapie (DG)

Dynamische Gruppenpsychotherapie ist ein ganzheitliches Verfahren, das ab den 50er Jahren vom Wiener Psychiater Raoul Schindler mit dem Ziel einer effizienten Kombination gruppenbezogener psychotherapeutischer und gruppendynamischer Methoden sowie tiefenpsychologischer und sozialpsychologischer Denkmodelle entwickelt wurde. Die ursprüngliche gruppenpsychotherapeutische Anwendung wurde in der Folge ausdifferenziert und auf das Einzel-, Paar- und Familiensetting ausgeweitet.

Ziel der Methode ist die Bearbeitung, Verbesserung und Behebung der Störungen des Person-Umwelt-bezuges über Auflösung der aus der Zugehörigkeit zu Primär- und Sekundärgruppen stammenden Beziehungs- und Kommunikationsstörungen mit psychischem, leiblichem und sozialem Austragungsmodus. Dabei geht es um die Optimierung von Lebensvorgängen gegenüber Abwehrmechanismen und den als Krankheiten definierten Einschränkungen, wobei Krankheit im Sinne der Theorie T. Parsons als soziale Rolle definiert wird.

Die psychoanalytischen Konzepte von Übertragung, Gegenübertragung und Widerstand, objektbeziehungstheoretische, gruppenanalytische, gruppentherapeutische sowie kommunikationstheoretische und gruppendynamische Vorstellungen zum Verständnis von Erleben, Handeln und Verhalten der Person in ihren Beziehungs- und Gruppenverhältnissen dienen zum Erreichen der auf das jeweilige Setting bezogenen therapeutischen Ziele.

Die psychotherapeutische Arbeit erfolgt mit Gruppen, Einzelnen, Paaren und Familien.

1.2.4 Hypnosepsychotherapie (HY)

Hypnosepsychotherapie ist ein tiefenpsychologisches Psychotherapieverfahren, in dem die Trancefähigkeit des Menschen zu Heilungszwecken genutzt wird. Gemäß neueren Erkenntnissen – u.a. des Hypnosepsychotherapeuten Milton Erickson – wird das Unbewusste nicht nur als konflikthafter Bereich angesehen, sondern auch als Quelle von Ressourcen und Fähigkeiten, die in der Therapie erschlossen werden können. Auf der Basis einer vertrauensvollen therapeutischen Beziehung leitet die Hypnosepsychotherapeutin/der Hypnosepsychotherapeut, in verantwortungsvoller Anwendung von Suggestionen geschult, die Klientin/den Klienten zu Erfahrung von hypnotischen Trancezuständen an, die eine positive Wirkung auf Körper und Psyche entfalten.

In der Hypnosepsychotherapie kann man bislang unbewusste Konflikte, Kindheitsereignisse und Traumen aufspüren und bewältigen, man kann aber auch direkt an aktuellen Problemen ansetzen und Lösungen erarbeiten. Hypnotische Trance in verschiedenen Tiefengraden eröffnet vielfältige therapeutische Möglichkeiten. Die Klientin/der Klient kann beispielsweise mit unbewussten Persönlichkeitsteilen in Dialog treten; sie/er kann innere Ruhe und Kraft sammeln und diese für bestimmte Situationen verfügbar machen; sie/er kann in Hypnose zu einem Problem oder einer Frage träumen und diesen Traum mit der Psychotherapeutin/dem Psychotherapeuten analysieren; sie/er kann in Trance Vorstellungen über die Zukunft entwerfen und daraus Perspektiven für die Gegenwart ableiten; sie/er kann aus therapeutischen Geschichten Lösungswege entwickeln; sie/er kann Selbsthypnose erlernen u.a.m.

Hypnosepsychotherapie wird im Einzelsetting als Langzeittherapie oder als lösungsorientierte Kurztherapie eingesetzt, bei einer Frequenz von durchschnittlich einer Sitzung pro Woche. Hypnosepsychotherapie ist für alle Altersstufen anwendbar, ebenso für Paare und Gruppen.

1.2.5 Katathym Imaginative Psychotherapie (KIP)

Die Katathym Imaginative Psychotherapie ist ein psychotherapeutisches Verfahren, das dem Menschenbild einer bio-psycho-sozialen Ganzheit verpflichtet ist und auf einer tiefenpsychologischen Konzeption beruht. Methodischer Schwerpunkt der Arbeit mit der KIP ist folglich ihre Ausrichtung auf die unbewussten Prozesse des Seelenlebens.

Einerseits wird in der KIP die Bedeutung einer hilfreichen therapeutischen Beziehung betont (Übertragungs-Gegenübertragungs-Beziehung), anderseits erweitert die KIP methodisch das psychoanalytische Repertoire, auf dem sie prinzipiell basiert, um das spezifische Element der Imagination. Mit Hilfe der Imagination (Innere Bilder, Symbolsprache des Unbewussten) können seelische Kraftquellen (Ressourcen) aktiviert und neue Konfliktlösungen gefunden werden. Obwohl die KIP wie jedes psychodynamische Verfahren der Psychotherapie davon ausgeht, dass vergangene Erfahrungen (kindliche Konflikte, Mangelerfahrungen und Traumen) die Gegenwart und damit die aktuelle seelische Befindlichkeit entscheidend beeinflussen, steht in der KIP eine emotionale Neuerfahrung im Mittelpunkt der behandlungstechnischen Konzeption. Indem Kreativität, Phantasie und Symbolisierung gefördert werden, können auf der Ebene der Imagination Affekte durchlebt und bewältigt werden. So werden probe-handelnd neue Wege aus Angst, Depression und psychosomatischer Krankheit gefunden. Realistische Ziele, die im Rahmen von Kurztherapien (ca. 30 Stunden) oder von strukturverändernden Langzeittherapien von ein- bis mehrjähriger Dauer erreicht werden können, sind somit die Durcharbeitung von Konflikten, die Verbesserung des Selbstwertgefühls und die Integration von Erlebnisbereichen, die dem rationalen und gefühlsmäßigen Seelenleben bisher nicht zugänglich waren.

KIP wird als Einzeltherapie, Paar- und Gruppentherapie angewandt. Sie findet in der Regel mit einer Frequenz von einer

Sitzung pro Woche statt. KIP ist bereits im Kindesalter und dann bis ins hohe Alter als eine Therapiemethode einsetzbar, die der verbalen Sprache des bewussten Erlebens die Symbolsprache des Unbewussten (Innere Bilder, Imagination) zur Seite stellt.

1.2.6 Konzentrative Bewegungstherapie (KBT)

Ausgehend von der Theorie, dass sich Wahrnehmung zusammensetzt aus Sinnesempfindung und Erfahrung, geht die Konzentrative Bewegungstherapie den Weg der bewussten Körperwahrnehmung im Hier und Jetzt vor dem Hintergrund der individuellen Lebens- und Lerngeschichte. Gesunde Anteile und Störungen werden erlebbar, in ihrer Bedeutung verstehbar und damit der psychotherapeutischen Bearbeitung zugänglich.

Die therapeutische Arbeit entsteht im Zusammenwirken von Handeln zur körperlichen Wahrnehmung, Interaktion und Gespräch, in dem das Erlebte ausgesprochen, seine Bedeutung reflektiert und durch Assoziationen vertieft wird. Durch den konzentrativen Umgang mit frühen Erfahrungsebenen (einfühlend und handelnd) werden Erinnerungen belebt, die im körperlichen Ausdruck als Haltung, Bewegung und Verhalten erscheinen und bis in die präverbale Zeit zurückreichen können. Im Umgang mit Objekten (Materialien und Personen) wird, neben den realen Erfahrungen, ein symbolisierter Bedeutungsgehalt erlebbar. Die differenzierte Wahrnehmung ermöglicht ein Vergleichen eigener Einstellungen und eigenen Verhaltens zu verschiedenen Zeiten und in verschiedenen Situationen. Die aktualisierten Inhalte werden so konkret erfahrbar, die Problematik wird „begreifbar" und im Beziehungsraum Patientin/Patient und Psychotherapeutin/Psychotherapeut bearbeitbar. Der Ort des psychischen Geschehens ist der Körper.

Die KBT verfügt über eine lange Tradition als Gruppenverfahren, wird aber heute vor allem als Einzeltherapie angeboten. Viele Psychotherapeutinnen/Psychotherapeuten arbeiten auch mit Paaren.

1.2.7 Transaktionsanalytische Psychotherapie (TA)

Die Transaktionsanalyse wurde von Eric Berne (1910–1970) in den frühen 60er Jahren entwickelt, ursprünglich als eine Erweiterung der psychoanalytischen Theorien. Der phänomenologische und deskriptive Ansatz im Theoriengebäude der Transaktionsanalyse, mit dem Basiskonzept der Ich-Zustände (Eltern-Ich, Erwachsenen-Ich, Kind-Ich), geht davon aus, dass die sichtbaren und beobachtbaren Interaktionsmuster im Kommunikationsprozess Rückschlüsse auf die Funktion von Ich-Zuständen und die ihnen zugrundeliegenden Strukturen erlauben. Die Kommunikationsmuster im menschlichen Interaktionsprozess vermitteln einen direkten Zugang zum intrapsychischen Geschehen.

Die wissenschaftlichen Methoden, die verschiedenen zusammenhängenden Bereiche zu untersuchen, sind: die Analyse, auf welcher Ebene ein Mensch in bestimmten Situationen agiert (Strukturanalyse), eine Analyse der Kommunikationsprozesse (Transaktionen), eine Analyse des „Lebensdrehbuches" (Skriptanalyse), welches als unbewusster Lebensplan in der frühen Kindheit beschlossen wurde. Der Begriff „Spiel" wurde für ein pathologisches Sozialverhalten eingeführt (Spielanalyse). Es steht eine Fülle von zum Teil Erlebnis aktivierenden Techniken (z.B. Rollenspiele) zur Verfügung, die auf der Basis von einfühlendem Verstehen prozessorientiert zur Anwendung gelangen. Besonderes Gewicht wird auf Übertragungs- und Gegenübertragungsanalyse bzw. eine eingehende Skriptanalyse gelegt.

Transaktionsanalyse ist für Einzel-, Paar-, Gruppen- und Familientherapie geeignet. In der Einzeltherapie kann das Setting unterschiedlich festgelegt werden: von einmal bis 2- bis 3-mal wöchentlich.

2. Humanistisch-existenzielle Orientierung
2.1 Existenzanalyse (E)

Existenzanalyse ist ein Verfahren zur Behandlung seelischer Belastungen und Störungen, das vom Wiener Psychiater V. Frankl in den 30er Jahren begründet und von A. Längle seit Beginn der 80er Jahre in Wien erweitert wurde. Als Ziel existenzanalytischer Behandlung wird ein Leben mit innerer Zustimmung (mit innerem „Ja") zum eigenen Handeln angesehen. Diese Orientierung zielt in erster Linie auf persönliche Erfüllung im Leben ab. Die Arbeit setzt an Unklarheiten, Unentschiedenheiten und Verfremdungen sowie am Verstehen der eigenen Gefühlswelt an. Die Linderung von Belastungen und Problemen oder Heilung von Krankheiten wird durch die Mobilisierung der Kräfte und Fähigkeiten der Person angestrebt.

Die Existenzanalyse arbeitet stets mit dem eigenen Erleben, mit dem die persönliche Erfüllung im Leben aufgespürt wird. In der Existenzanalyse wird Existenz als ein in Freiheit und Verantwortung gestaltetes Leben verstanden, in welchem neben der Vergangenheit vor allem die Gegenwart und die Zukunft eine Rolle spielen. Dabei wird den „Bausteinen der Existenz" nachgegangen, die sich in einfachen Worten mit den Fragen beschreiben lassen: „Kann ich sein, da, wo ich bin? – Mag ich leben? – Darf ich so sein, wie ich bin? – Wofür soll ich leben?" Mit der Logotherapie, einem Spezialgebiet der Existenzanalyse, werden Sinnprobleme (bei Krisen, Verlusten, Lebensabschnitten) behandelt.

Die Bearbeitung von Sinnproblemen benötigt im Allgemeinen 10–15 Stunden, für existenzanalytische Psychotherapie ist mit mindestens 20–30 Gesprächen zu rechnen. Die Gespräche finden meist in Einzelsitzungen (im Sitzen) statt, meistens ein Gespräch wöchentlich.

2.2 Existenzanalyse und Logotherapie (EL)

Die Existenzanalyse und Logotherapie wurde von Viktor E. Frankl (1905–1997) begründet und wird als „Dritte Wiener Schule" bezeichnet. Die Existenzanalyse bildet die Grundlage für eine anthropologisch-ganzheitliche und im Hinblick auf die Persönlichkeitsentwicklung differenzierte Schau vom Menschen. Dieser wird als ein sinnsuchendes Wesen betrachtet, das selbstverantwortlich sein Leben gestalten will und dessen Menschsein von einer unverlierbaren Würde erfüllt ist. Psychisches Leiden steht in unmittelbarem Zusammenhang mit den existenziell bedeutsamen Lebens- und Sinnfragen des Menschen. Dieses Menschenbild kommt in Form der Logotherapie, einer sinnzentrierten Psychotherapie, konkret zur Anwendung. Die Ziele einer psychotherapeutischen Behandlung sind die Wiedererlangung eines sinn- und wertvoll empfundenen Lebens, die Stärkung der Liebes- und Arbeitsfähigkeit sowie ein sinnvoller Umgang mit Leiderfahrungen. Damit wird der Wille des Menschen zum Sinn aktiviert und jene gesunden Anteile der menschlichen Persönlichkeit und seines Umfeldes unterstützt, die zur Heilung und Linderung von Krankheitssymptomen sowie zur Sinnorientierung und Neuorganisation des Erlebens und Verhaltens wesentlich beitragen.

Mittels der Techniken der paradoxen Intention, der Dereflexion und der Einstellungsmodulation nach Elisabeth Lukas sollen die intuitiven, sozialen, kognitiven und kreativ-geistigen Fähigkeiten des Menschen beim Erkennen und Umsetzen sinnvoller Lösungen in den jeweiligen konkreten Lebenssituationen gestärkt und weiterentwickelt werden. Im Mittelpunkt der Klient-Therapeut-Beziehung stehen die personale Begegnung und eine klientengerechte Ethik.

Die Existenzanalyse und Logotherapie kann in Form der Kurzzeit- oder Langzeittherapie eingesetzt werden. Sie ist sowohl für Einzel-, Paar-, Gruppen- und Familientherapie geeignet. Dauer und Setting richten sich nach der jeweiligen Fragestellung und Indikation und können einmal bis zweimal wöchentlich vereinbart werden.

2.3 Gestalttheoretische Psychotherapie (GTP)

Die Gestalttheoretische Psychotherapie ist eine spezielle Strömung der Gestalttherapie. Sie ist ein erlebnisorientierter tiefenpsychologischer und systemtheoretischer Ansatz, der sich unmittelbar von der Gestaltpsychologie der Berliner Schule ableitet und auf einem humanistischen Menschenbild gründet.

Im Hier und Jetzt der geschützten Therapiesituation werden die Kontaktfähigkeit zu sich und anderen sowie die Einsicht in die eigene Lebenssituation gefördert. Die therapeutische Beziehung ist von Wertschätzung und einer empathischen Haltung getragen. Der Mensch wird grundsätzlich als fähig angesehen, sein Leben sinnvoll zu gestalten und Störungen, sogenannte „Sackgassen", aus eigener Kraft zu überwinden. Mit zunehmender Fähigkeit, sich als Teil einer Gemeinschaft zu verstehen (z.B. Familie, Arbeitsteam, Gesellschaft) und aus diesem Verständnis heraus situationsgemäß zu handeln, wächst die soziale Kompetenz und die Möglichkeit, mit sich und der Welt besser zurecht zu kommen. Die Selbstverantwortung wird gefördert.

Methodisch eröffnet die Gestalttheoretische Psychotherapie eine Vielfalt psychotherapeutischer Arbeitsmöglichkeiten: etwa mit Träumen und Phantasien, mit dem unmittelbaren Erleben von Gefühlen und Körperempfindungen, mit Ausdrucksmitteln wie Malen und Modellieren, mit Rollenspielen und Beziehungsklärungen. Durch Identifikation mit weniger vertrauten Aspekten des Lebensraums werden völlig neue Einsichten gewonnen und widersprüchliche Persönlichkeitsanteile durch Methoden, wie die Arbeit mit dem leeren Stuhl z.B., durchgearbeitet. Unbewusste Seiten der Persönlichkeit, verdrängte Wünsche und Bedürfnisse werden bewusstgemacht und in die Gesamtpersönlichkeit reintegriert.

Gestalttheoretische Psychotherapie findet Anwendung in der Einzel-, Paar-, Familien- und Gruppentherapie sowie in der Supervision.

2.4 Integrative Gestalttherapie (IG)

Aufbauend auf ihre tiefenpsychologischen Wurzeln wurde die Integrative Gestalttherapie durch die Integration der gestaltpsychologischen Wahrnehmungstheorie und des Konzeptes der Selbstorganisation des Organismus zu einem phänomenologisch-hermeneutischen und dialogischen Verfahren weiterentwickelt. Gestalttherapie sieht den Menschen als ein zur Verantwortung fähiges, auf soziale Begegnung und Beziehung ausgerichtetes Wesen, das in einem lebenslangen Wachstums- und Integrationsprozess seine Potentiale verwirklichen kann. Ungünstige Entwicklungsbedingungen können die Selbst- und Fremdwahrnehmungsfähigkeit sowie Handlungs- und Kontaktfähigkeit nachhaltig stören, wodurch die Persönlichkeitsstruktur mangelhaft entwickelt und das gesamte Erleben der Person konflikthaft eingeschränkt werden kann, was sich z.B. in psychosomatischen Problematiken, psychischen Symptomen oder nicht zufrieden stellenden sozialen Beziehungen äußern kann.

In der gestalttherapeutischen Arbeit achten Klientin/Klient und Psychotherapeutin/Psychotherapeut auf die im Prozess der gegenwärtigen, therapeutischen Begegnung im Hier und Jetzt auftauchenden gedanklichen, emotionalen und körperlichen Phänomene, die in ihrer Bedeutung erlebbar gemacht und verbessert integriert werden können. Die ganz individuelle Erlebniswelt der Patientin bzw. des Patienten werden immer als dessen kreative Leistung vor dem Hintergrund ihrer/seiner Biographie wertgeschätzt. Besondere Aufmerksamkeit wird auf die Beziehung zwischen Therapeutin/Therapeut und Klientin/Klient gelegt. Ziele der Therapie sind Kontakt- und Beziehungsfähigkeit, vertieftes Sinnerleben sowie eine Steigerung der

Lebensfreude und Lebensenergie. Um über das Verstehen hinaus eine ganzheitliche Erfahrung zu ermöglichen können neben dem Gespräch auch erlebnisaktivierende Methoden (kreative Medien, imaginative Techniken, szenischer Ausdruck sowie Körper- und Bewegungsarbeit) in den therapeutischen Prozess miteinbezogen werden.

Therapeutische Arbeitsformen: Einzeltherapie, Gruppentherapie, Arbeit mit Paaren und Familien. Einzeltherapien können von einigen Stunden bis zu einigen Jahren dauern, abhängig vom Bedürfnis der Klientinnen/Klienten und dem Schwergrad des Problems. Meist werden 1 bis maximal 2 Sitzungen pro Woche zu je 50 Minuten vereinbart. Paar- oder Familientherapiesitzungen dauern meist 90 Minuten.

2.5 Integrative Therapie (IT)

Die Integrative Therapie ist ein ganzheitlicher Behandlungsansatz. Auf der Grundlage klinisch-empirischer Forschung sowie unter Berücksichtigung neurowissenschaftlicher Kenntnisstände werden Schulen übergreifende Konzepte entwickelt und in das Verfahren integriert.

Integrative Therapie versteht die persönliche Entwicklung als lebenslangen Prozess. Ausgehend von der aktuellen Lebenssituation wird auf negative und defizitäre sowie auf positive und stützende Ereignisse und Ereignisketten in der Biografie fokussiert. Bewusste und unbewusste Strebungen werden in ihrer Relevanz für die Persönlichkeitsentwicklung und Lebensführung erfahrbar gemacht, um so eine zukunftsgerichtete nachhaltige Veränderung des Lebensstils zu ermöglichen. Eine tragfähige, therapeutische Beziehung als intersubjektiver Prozess ist die Grundlage für differenzierte Wege der Heilung und Förderung. Neben der Zentrierung auf Sinnerfahrung und der Vermittlung von Einsicht können in weiteren Wegen emotionale Nachsozialisation durch „korrigierende Erfahrungen", Erlebnisaktivierung durch „alternativer Erfahrungen" sowie Solidaritätserfahrungen ermöglicht und vermittelt werden.

Integrative Therapeutinnen/Therapeuten setzen in der psychotherapeutischen Behandlung neben dem verbalen Austausch auch kreative Medien, Techniken und Methoden ein. Ziel ist es, Symptome psychischer, psychosomatischer und psychosozialer Erkrankungen zu beseitigen oder zu lindern sowie Lebensqualität, Gesundheitsverhalten und Persönlichkeitsentwicklung der Klientinnen/Klienten zu fördern.

Auf dieser Basis ist die Integrative Therapie ein kuratives und palliatives Handeln in ambulanten, stationären, klinischen und rehabilitativen Settings, aber auch eine gesundheitsfördernde Arbeit. Sie findet Anwendung in der Einzel-, Paar-, Familien- und Gruppentherapie sowie in der Supervision.

2.6 Klientenzentrierte Psychotherapie (KP)

Die Klientenzentrierte Psychotherapie (auch als Gesprächspsychotherapie oder Personenzentrierte Psychotherapie bekannt) wurde von dem amerikanischen Psychologen Carl R. Rogers (1902–1987) in den 40er Jahren begründet. Einer der wichtigsten Mitarbeiter bei der Entwicklung dieses Ansatzes ist der 1938 aus Wien vertriebene Eugene Gendlin.

Diesem Ansatz liegt die Überzeugung zugrunde, dass der Mensch über ein ihm innewohnendes Entwicklungspotenzial verfügt: eine grundsätzlich konstruktive Aktualisierungstendenz. Dieses Potenzial wird jedoch nur in zwischenmenschlichen Beziehungen wirksam angesprochen, in welchen man bedingungsfreie Wertschätzung und empathisches Verstandenwerden durch (mit sich selbst) kongruente Bezugspersonen erfährt. Wenn eine therapeutische Beziehung wesentlich von diesen Grundeinstellungen getragen ist, kann man sich achtsam begleitet und angstfrei der eigenen inneren und äußeren Zerrissenheit, Inkongruenzen, Blockaden und Veränderungswünschen zuwenden und die für persönliche Veränderung nötige Tiefung und Klärung des eigenen inneren Erlebens wird möglich. Der klientenzentrierten Psychotherapie wird von der Forschung „eine sehr überzeugend nachgewiesene Wirksamkeit für ein sehr breites Spektrum von Störungen" bestätigt.

Sie wird sowohl als Einzel- wie auch als Gruppentherapie angewandt. Außerdem wurden eigene Formen der Kinder- bzw. Spieltherapie und der Paar- und Familientherapie sowie der Familienspieltherapie entwickelt. Darüber hinaus sei auf spezifische Formen wie die Prä-Therapie (Prouty) zur Kontaktgewinnung mit schizophrenen oder geistig behinderten Menschen oder den Einbezug kreativer Medien in der Klientenzentrierten Kunsttherapie (Groddeck) verwiesen. Über den Bereich der Psychotherapie hinaus wurden u. a. Konzepte der methodischen Achtsamkeit auf inneres Erleben (Focusing), des schülerzentrierten Unterrichts und der humanistischen Pädagogik oder einer personzentrierten Kommunikation (z.B. Familienkonferenz, Gordon) entwickelt.

2.7 Person(en)zentrierte Psychotherapie (PP)

Die Person(en)zentrierte Psychotherapie wurde vom amerikanischen Psychologen und Psychotherapeuten Carl R. Rogers (1902–1987) in Abgrenzung zu direktiven und interpretativen Vorgangsweisen in Beratung und Psychotherapie entwickelt. Ihr liegt die Überzeugung zugrunde, dass der Mensch über ein ihm innewohnendes Potenzial zur Persönlichkeitsentwicklung und konstruktiven Gestaltung seines Lebens verfügt, welches sich in Begegnung von Person zu Person entfalten kann.

Dies ist in der therapeutischen Beziehung unter der Voraussetzung möglich, dass Psychotherapeutinnen/ Psychotherapeuten in weitgehender Übereinstimmung mit ihrem eigenen Erleben stehen und ihre Wertschätzung für die Klientin/den Klienten nicht an Bedingungen geknüpft ist. Klientinnen/Klienten erleben fortwährend eine respektvolle und einfühlende Zuwendung zu ihren eigenen Problemen und Gefühlen. In dieser Atmosphäre der Sicherheit können sie angstfrei und offen ihre Probleme besprechen und intensiv ihre Erfahrungen klären. So werden seelische Belastungen, Ängste und Probleme vermindert, Symptome abgebaut; schrittweise entwickelt sich Selbstachtung und ein positives Selbstbild. Durch die Aktivierung der eigenen inneren Ressourcen und Energien wird es möglich, sich in Richtung größerer Reife zu entwickeln, für ihre/seine im Leben auftretenden Probleme angemessene und befriedigende Lösungen zu schaffen sowie ihr/sein Leben aktiv nach den eigenen Bedürfnissen und Werten zu gestalten.

Medium der Therapie ist das Gespräch und andere (körperliche, spielerische, kreative) Ausdrucks- und Kommunikationsmöglichkeiten. Sie wird in Form von Einzeltherapie für Erwachsene und Kinder sowie als Paar-, Familien- und Gruppentherapie durchgeführt.

2.8 Psychodrama (PD)

Der Begründer des Psychodramas, der Wiener Psychiater Jakob Levy Moreno (1889–1974), sieht den Menschen als soziales, spontanes, kreatives und in Rollen handelndes Wesen an. Der Ansatz geht einher mit der humanistischen Psychologie und einer existenzialistischen Philosophie der Begegnung. In der Psychodramatherapie liegt der Brennpunkt vor allem auf den zwischenmenschlichen Beziehungen (Interpersonelle Theorie). Ziel der therapeutischen Bemühungen ist es, erstarrtes Rollenhandeln situationsgerecht flexibel und spontane, kreative Energie verfügbar zu machen. Daraus ergeben sich neue Sichtweisen und Handlungsmöglichkeiten.

Die Mittel dazu sind das darstellende Spiel von Situationen und Rollen. Das heißt, neben dem mündlichen Austausch kommt das Handeln unter Einbeziehung des körperlichen Ausdruckes hinzu. Die Wiederholung von konflikthaften Szenen aktualisiert das Problem, führt zur Einsicht, Bewältigung und Lösung (Katharsis), wobei die Möglichkeiten (Ressourcen) und Grenzen der Klientinnen/Klienten berücksichtigt sind. Ein typisches Beispiel des Vorgehens ist der Tausch der Rollen mit den Konfliktpartnern, in dem ich mich in sie hineinversetze und gleichzeitig die Wirkung meines Verhaltens im Gegenüber spüren kann. Psychodrama findet Anwendung in der Einzel-, Paar-, Familien- und Gruppentherapie und bei allen seelischen Problemen bis hin zur Krisenintervention.

3. Systemische Orientierung

3.1 Neuro-Linguistische Psychotherapie (NLPt)

Die Neuro-Linguistische Psychotherapie ist eine systemisch-imaginative Psychotherapiemethode mit integrativ-kognitivem Ansatz. Zentral ist die zielorientierte Arbeit unter besonderer Berücksichtigung von Repräsentationssystemen, Metaphern, Modellbildungsprozessen und Beziehungssystemen der Person. Die verbale und analoge Ausprägung und Integration der Lebensäußerungen und Informationsprozesse nehmen gleichermaßen Raum in der therapeutischen Arbeit ein. Ziel ist es, Menschen beim Erreichen ökologisch verträglicher Ziele zu begleiten und zu unterstützen und die den Krankheitssymptomen zugrundeliegenden subjektiv guten Absichten innerlich durch Wertschätzung so zu positionieren, dass alte Fixierungen an inneres und äußeres dysfunktionales Verhalten und krankheitserhaltende Einstellungen gelöst werden und daraus neue subjektiv und intersubjektiv gesunde Verhaltensweisen und Einstellungen resultieren können.

3.2 Systemische Familientherapie (SF)

Systemische Familientherapie versteht sich als eigenständiges psychotherapeutisches Verfahren, welches sich unter anderem aus der Familien- und Paartherapie weiterentwickelt hat. „Systemisches Denken" umfasst heterogene Denkansätze aus verschiedenen Disziplinen – Biologie, Soziologie, (Sozial-)Psychologie, Biokybernetik und Systemtheorie, Kommunikations- und Erkenntnistheorien (Konstruktivismus).

Systemische Familientherapie fokussiert Probleme und deren Lösungen, unterstützt und fördert die eigene Handlungskompetenz zur Problembewältigung. Denn Menschen werden als autonom betrachtet, als „Experten und Expertinnen ihrer selbst". Eine systemische Therapeutenhaltung ist gekennzeichnet durch Respekt, Unvoreingenommenheit, Interesse und Wertschätzung der Person, ihrer Absichten, Werte und ihrer bisherigen Lebenserfahrungen und durch eine Unerschrockenheit gegenüber Einstellungen, Theorien, Überzeugungen und Traditionen.

Zu den Methoden zählen spezielle Fragetechniken (zirkuläre und konstruktive Fragen), Klärung der Klientinnen/Klientenziele, Rituale, Abschlussinterventionen, Beobachtungsaufgaben, Metaphern, Stellen von (Familien-, Lösungs-) Skulpturen, Einsatz von Beobachterteams und Teamreflexionen. Tendenziell ist systemische Familientherapie eine Kurzzeittherapie und findet Anwendung in der Arbeit mit Einzelnen, Paaren, Familien und Gruppen im klinischen und Gesundheitsbereich, in Bereichen der Supervision, der Fort- und der Weiterbildung und der (Organisations-)Beratung.

4. Verhaltenstherapeutische Orientierung

Verhaltenstherapie (VT)

Die Verhaltenstherapie entstand in den 40er Jahren aus lerntheoretischen Konzepten, wonach psychische Probleme gelernt sind und durch systematische Anwendung der Lernprinzipien auch wieder verlernt werden können (Lernen). Unter verschiedenen Neuerungen ist die sog. „kognitive Wende" der 60er Jahre am bekanntesten. Seither kommen vermehrt kognitive Theorien, Emotionstheorien, Psychophysiologie, Stressmodelle und Selbstregulationskonzepte (Selbstmanagement) zum Tragen. Zu Beginn der 90er Jahre kam es zu einer verstärkten klinischen Integration, verbunden mit der Entwicklung störungsspezifischer Methoden und Vorgehensweisen (Störungsorientierung).

Das therapeutische Vorgehen verläuft phasenhaft und setzt auf eine aktive Mitarbeit der Klientin/des Klienten im Sinne von Selbstverantwortung und der Bereitschaft, sich aktiv auf den Veränderungs- und Lernprozess einzulassen. Neben spezifischen Zielen geht es zentral auch um eine Stärkung des Selbsthilfepotenzials der Klientin/ des Klienten. Die Therapie geht von den konkreten Problemen aus und hat deren Lösung zum Ziel (Problemlösung). Am Beginn steht eine differenzierte Abklärung und Erarbeitung therapeutischer Ziele (Lösungsorientierung). Daran schließt sich die überlegte Auswahl therapeutischer Methoden und deren Anwendung an (z.B. Konfrontation mit angstauslösenden Situationen, Hinterfragen negativer Gedanken und Vorstellungen, Erlernen neuer Verhaltensweisen). Die Psychotherapeutin/der Psychotherapeut geht mit der Klientin/dem Klienten eine kooperative Arbeitsbeziehung ein, in der die einzelnen Therapieschritte gemeinsam geplant werden.

Die Einsatzbereiche sind neben psychischen Störungen im engeren Sinn allgemeine Lebensprobleme, aber auch zwischenmenschliche Probleme und psychische Begleiterscheinungen somatischer Erkrankungen. Verhaltenstherapie wird hauptsächlich im Einzelsetting durchgeführt; es sind aber auch Paar-, Familien- und Gruppentherapien möglich. Häufigkeit und Intensität variieren nach Bedarf. Die Therapien werden häufig in der realen

Lebensumgebung der Klientin/des Klienten durchgeführt, insbesondere bei Angststörungen, Familienproblemen und Zwangsstörungen. Die Dauer variiert zwischen 20 und 50 Stunden, bei schweren Problemen sind auch längere Therapien möglich.

Neben diesen staatlich approbierten Grundannahmen für Psychotherapie gibt es andere Zugänge, die nicht reglementiert, aber dennoch verbreitet sind. Vereinfacht könnte man sagen, dass sich die erste Gruppe von Methoden an der Vergangenheit orientiert und dort aufdeckend – eben analysierend – um die Auslöser und Ursachen des momentanen Zustandes und Befindens kümmert. In den humanistischen Methoden bewegt man sich im Hier und Jetzt und bietet der Klientin ein möglichst förderliches Umfeld, um notwendige Schritte der eigenen Entwicklung nachzuholen. Die Kriterien für ein solches Umfeld haben unter dem Namen von Carl Rogers inzwischen allgemeine Akzeptanz und Verbreitung gefunden: Wertschätzung, Empathie und Authentizität. Die Systemischen Zugänge sehen die Klientin als Teil ihrer Systeme des Zusammenlebens und der Kommunikationen und suchen zur Lösung der belastenden Situation nach Wegen, wie die Klientin diese Systeme durch ihr Verhalten in diesen Zusammenhängen und durch andere Formen der Kommunikation darin verändern könnte. Auch wenn die verhaltenstherapeutischen Zugänge ebenfalls am Verhalten ansetzen, geht ihr Ansatz noch immer vom Individuum aus, das ein bestimmtes Verhalten nicht kann und deshalb lernen und üben muss. Dahinter steht die Logik, dass innere Befindlichkeiten sich im Verhalten zeigen. Wenn sich die innere Befindlichkeit ändert, ändert sich auch das Verhalten. Oder man ändert das Verhalten und erwartet davon bei entsprechender Nachhaltigkeit eine Änderung des inneren Zustandes.

Andere Orientierungen

Die folgenden Zugänge sind – zumindest in Österreich – nicht staatlich anerkannt und dürfen sich daher auch nicht Psychotherapie nennen, was allerdings keine Auswirkung auf ihre Zulässigkeit in der Beratung hat und keine Wertung ihrer Wirksamkeit darstellt.

Körperorientierte Modelle

Körperorientierte Modelle gehen einen ähnlichen Weg wie die Verhaltenstherapie. Man sieht, dass innere Zustände sich im Körper manifestieren. Diese Erkenntnis hat sich im Laufe der Jahrtausende in unseren Stammesweisheiten gesammelt: die Angst im Nacken, der gepanzerte Körper, Dinge, die sich auf den Magen schlagen, Verkrampfungen, die Stimme, die es einem verschlagen hat, man beißt sich die Zähne aus, die Haut, aus der man fahren möchte, etc.

Normalerweise erscheint es ganz selbstverständlich, dass körperliche Haltungen, Gesten und Mimik zu bestimmten Gefühlen „passen". Im Unterschied zur Alltagssituation, in welcher der körperliche Ausdruck und das körperliche Empfinden wie automatisch und unbewusst einfach geschehen, werden in der Körperpsychotherapie körperliche Phänomene fokussiert und ins Bewusstsein gerückt. Im therapeutischen Interesse stehen vor allem solche körperlichen Strukturen, Abläufe oder Empfindungen, die so gewohnt und selbstverständlich zum Ich-Gefühl gehören, dass sie nicht bewusst wahrgenommen werden.

Körperpsychotherapeutinnen gehen davon aus, dass in der körperlichen Organisation der Erwachsenen emotionale Information aus der frühen Kindheit gespeichert ist. Dies können aus frühen Erfahrungen abgeleitete „Kernüberzeugungen" sein, wie zum Beispiel: „Ich bin nicht gut genug." Nach den Theorien der Körperpsychotherapie werden solche „Kernüberzeugungen" als Gefühl im Körper gespeichert und bestimmen den Glauben, wie die Welt „wirklich" ist. Demnach würde ein Mensch mit dem seit der Kindheit im Körper verankerten Gefühl „Ich bin nicht gut genug" diesen Grundsatz stets beibehalten, unabhängig davon, was er real schon geleistet hat oder was er verstandesmäßig einsieht. Körperpsychotherapeutinnen gehen davon aus, dass ein gefühlsmäßig verinnerlichter Glauben nur dann verändert werden kann, wenn auf der gefühlten körperlichen Ebene eine andere Erfahrung möglich wird. Albert Pesso nennt diese alternative und realitätsbezogene unmittelbar gefühlte Erfahrung „Gegengift". In dem Beispiel des Menschen, der glaubt, nicht gut genug zu sein, wäre dieses „Gegengift" das im Hier und Jetzt erlebte und von rationalen Abwägungen unabhängige Gefühl, gut genug zu sein.

Die Menge unterschiedlicher Schulen und Techniken ist schwer überschaubar. Prinzipiell können drei Kategorien von Techniken unterschieden werden, nämlich das Arbeiten mittels körperlicher Berührungen, das Arbeiten mittels körperlicher Übungen und das Arbeiten mittels Körperachtsamkeit. Die Auswahl und die Kombination der Techniken sind je nach Körperpsychotherapiemethode verschieden. Körperberührungen können sehr sanft sein und der Bewusstwerdung dienen oder können massiv mit dem Ziel einer körperlichen Veränderung eingesetzt werden. Bei den körperlichen Übungen reicht die Spannweite von der Einnahme von „Stresspositionen" mit starken Anspannungen bis zum minimalistischen Experiment, in dem die Wirkung kleinster körperlicher Veränderungen auf das Bewusstsein untersucht wird. Bei der Körperachtsamkeit wird die Aufmerksamkeit auf das innere und vor allem körperliche Erleben gelenkt. Unter Achtsamkeit versteht man einen Bewusstseinszustand, in dem es möglich wird, aus einer nicht wertenden inneren Distanz heraus Zeugin des momentanen Erlebens zu werden.

Körperorientierte Beratungen zielen darauf, mit speziellen Methoden, körperliche „Blockaden" aufzulösen. Oft führen solche Auflösungen zu spontanen Erleichterungserlebnissen der Klientin, was sich in unterschiedlich heftigen Emotionen zeigt. Damit sollte die Helferin professionell umgehen können, was meist auch bedeutet, darüber zu reden.

Auch in diesem Bereich der Zugänge gibt es das Thema der Anerkennung. Die EABP – European Association for Body-Psychotherapy erkennt folgende Methoden an:
- Biodynamische Psychologie
- Bioenergetische Analyse
- Biosynthese
- Core Energetic Therapy
- Emotionale Reintegration
- Hakomi
- Integrative Körperpsychotherapie
- GFK – Klientenorientierte Gesprächs- und Körperpsychotherapie
- IKP – Körperzentrierte Psychotherapie

- Organismische Psychotherapie
- Orgodynamik
- Posturale Integration
- Psychotherapeutische Posturale Integration
- Psychotherapie nach Pesso
- SKT – Strukturelle Körpertherapie
- Unitive Körpertherapie

Einige weitere körpertherapeutische Ansätze sind:

- Analytische Körperpsychotherapie
- Bonding
- Formative Psychologie
- Funktionelle Entspannung
- Initiatische Therapie
- Integrative Bewegungstherapie
- Konzentrative Bewegungstherapie
- Psychoanalytische Tanztherapie
- Shiatsu
- Synergetik-Therapie
- Übergangskreis
- Vegetotherapie nach Wilhelm Reich

Esoterische Modelle

Esoterische Beratungen haben oft den Geruch des Unseriösen, weil sie mit wissenschaftlich nicht akzeptierten und auch oft nicht erklärbaren Phänomenen und Methoden arbeiten, ihre Ausbildungen nicht reglementiert sind und zudem immer wieder Berichte über Scharlatane in diesem Zusammenhang in den Medien auftauchen. Der Begriff „esoterisch" ist verbunden mit Kenntnissen, die nur Eingeweihten zugänglich und somit für alle anderen Menschen verborgen und unüberprüfbar sind. Diesen Methoden haftet je nach Darstellung etwas Geheimes, Okkultes, Magisches, Übersinnliches, Metaphysisches oder Transzendentes an. Damit entziehen sie sich zugleich jeder logischen Kritik, weil den Kritikerinnen das Fehlen der Einweihung vorgeworfen und damit die Kompetenz zur Bewertung abgesprochen wird.

Dennoch gibt es diese Formen der Beratung, und sie werden offenbar auch in Anspruch genommen. Hier nur einige Beispiele:

- Astrologie
- Aura-Analyse
- Channeln und Prana
- Handlesen
- Handauflegen
- Pendeln
- Kartenlesen
- Wahrsagen
- Auswahl von Bach-Blüten
- Auswahl von Schüssler-Salzen
- Auswahl von Steinen
- Feng-Shui
- Schamanismus ...

Religiöse Modelle

Eine weitere Form von Beratung stützt sich auf Religion. Sie richtet sich naturgemäß an die Gläubigen der jeweiligen Religionsgemeinschaften. Der Grundgedanke ist, dass ein Leben dann gelingt und Erfüllung findet, wenn der Mensch im Einklang mit den jeweiligen religiösen Normen lebt und alle Gebote und Verbote befolgt. Aus dieser Logik ergibt sich seelisches Leid als Folge von Übertretungen dieser Regeln. Fast alle Religionen kennen daher die Seelsorge durch die dafür vorgesehenen Mitglieder des jeweiligen Klerus. Meist gibt es Rituale für die Durchführung solcher Beratungen. Einige Begriffe in diesem Zusammenhang sind:

- Gebote
- Verbote
- Sünde
- Beichte
- Reue
- Busse
- Vergebung
- Auflagen
- Segen
- Engel
- Schutzengel
- Heilige
- Dämonen
- Teufel

Kurzüberblick der Ansätze

Analytisch: ein Trauma (meist aus der Kindheit) wird analysiert. Durch das neu gewonnene Verständnis kann die Klientin ihre Gegenwart besser bewältigen.

Humanistisch: im Hier und Jetzt wird der Klientin ein förderliches Umfeld zur Verfügung gestellt, in welchem sie Entwicklungsschritte nachholen kann.

Verhaltensorientiert: Die Klientin lernt und übt neue Verhaltensweisen, die besser zu ihrem Umfeld passen.

Systemisch: die Klientin verschafft sich Überblick über ihre systemischen Verbindungen und Ressourcen und entwickelt Lösungen für eine bessere Zukunft.

Körperorientiert: seelische Probleme sind als Blockaden im Körper verfestigt und werden durch die Behandlung gelöst.

Esoterisch: die Klientin holt sich Inspiration für ihre Lebensgestaltung aus kosmischen Quellen.

Religiös: die Klientin sucht Trost und Rat in ihrem Glauben.

Ablauf professioneller Beratung

Erstkontakt und Kontrakt

Damit es zu einer professionellen Beratung kommen kann, muss es erst zu einem Kontakt zwischen potentieller Klientin und Beraterin kommen. In der Regel geht die Initiative dafür von der Klientin aus. Personen, die erkennen, dass es für sie gut wäre, eine bestimmte Form von Beratung in Anspruch zu nehmen begeben sich auf die Suche nach einer geeigneten Beraterin. Sie fragen Freundinnen und Bekannte nach deren Empfehlungen. Immer mehr suchen im Internet und auf speziellen Listen und Plattformen. Dabei geht es oft um Kriterien wie örtliche Lage, Methode, Sprache, Kosten oder Sympathie bei Betrachtung des Fotos. Sobald man eine Auswahl getroffen hat nimmt man über E-Mail oder Telefon Kontakt auf und vereinbart den Termin für ein Erstgespräch.

Wenn ich auf einer Internetseite gefunden wurde empfehle ich den Klientinnen, noch zwei andere Erstgespräche zu führen, um eine echte Auswahlmöglichkeit zu haben. Dabei sollten sie schon bei der Kontaktaufnahme klären, ob dieses Gespräch kostenlos ist oder nicht.

Bei mir sind Erstgespräche kostenlos und unverbindlich. Sie dienen einem ersten Kennenlernen und sollen der Klientin Gelegenheit geben zu erleben, wie es sich für sie anfühlt, in meiner Praxis mit mir ein Gespräch zu führen. Zusätzlich geht es um die Abklärung der Themen und der Rahmenbedingungen: Frequenz und Dauer der Sitzungen (bei mir Einzelsitzungen zu 50, Doppelsitzungen zu 90 Minuten – weil man einander ja nicht ein zweites Mal begrüßen und verabschieden muss – in der Regel im Abstand von zwei bis drei Wochen), Absageregelungen (bis 48 Stunden vor dem Termin kostenlos, danach ist bei mir auch bei vereinbarten Doppeleinheiten eine Einheit zu bezahlen), Handhabung der Terminvereinbarungen (bei mir im Anschluss an eine Sitzung für den nächsten Termin) und das Honorar (ich habe einen Normaltarif und einen Sozialtarif, der auch für Studierende gilt).

Zum Abschluss frage ich meine angehende Klientin, welche Fragen sie an mich hat, um eine fundierte Entscheidung treffen zu können. Dann bekommt die Klientin noch eine spezielle „Hausübung", die so genannte First Session Formula Task (FSFT) von Steve de Shazer: „Bitte überlegen Sie sich, was in Ihrem Leben bleiben soll, wie es ist, weil es gut ist, wie es ist."

Danach begleite ich die Klientin in den Vorraum, wo mein Kalender liegt und vereinbare einen ersten Arbeitstermin. Ich bitte die Klientin auch, über ihr Erleben dieses Erstgespräches nachzudenken, eventuell sich mit Partnerinnen und Freundinnen zu beraten und mir nach zwei Tagen per E-Mail oder Textnachricht mitzuteilen, ob sie den vereinbarten Termin wahrnehmen oder absagen möchte. Mit der Zusage zum ersten Termin ist der Kontrakt in Kraft.

Dies alles gilt für den Fall, dass eine Person für sich selbst aus eigener Entscheidung Beratung sucht. Es gibt aber auch Organisa-

tionen und Firmen, die für ihre Führungskräfte und Mitarbeiterinnen Beratung organisieren. Im Sozialbereich geht es dabei oft
um Supervision, im Wirtschaftsbereich um Coaching oder Orga-
nisationsentwicklung oder Teamentwicklung. Hier kommen entweder direkte Anfragen für eine bestimmte akute Beratung oder
Ausschreibungen, sich um Aufnahme in einen firmeninternen
Beratungspool zu bewerben. In diesen Fällen findet ein Erstgespräch zunächst mit einer Repräsentantin des Unternehmens statt,
meist mit der Human Resource (HR) Beauftragten. In diesem
Gespräch geht es um die Qualifikation der Beraterin für die spezifischen Anforderungen der Firma und im Weiteren um die organisatorischen (wo findet die Beratung statt, mit wem werden
Termine vereinbart, in welchem Umfang soll sich die Beratung
bewegen, …) und finanziellen (Honorar, Abrechnung, eventuelle
Teilnahmebestätigungen und Reisekosten, …) Rahmenbedingungen. In der Regel ist hier ein besonders heikler Punkt die Verschwiegenheit der Beraterin und der Ausschluss ethisch
bedenklicher Erwartungen von Seiten der Auftraggeberin. Das
bezieht sich auf Auskünfte über die Inhalte der Beratung und alle
Arten von Bewertungen der späteren Klientinnen. Ebenso sollte
man keine „versteckten" Aufträge zur Manipulation annehmen
(„Bringen Sie unsere Mitarbeiterin dazu, …").

Im Falle einer Einigung kommt es bei einem passenden
Anlass zu einem Auftrag. Eine Person aus der Organisation
fragt an um Beratung und kommt in der Folge zu einem Erstgespräch, wie weiter oben beschrieben. Bei Einigung kommt
es zu einem Beratungsvertrag in Form eines Dreieckskontrak-
tes. Die drei Ecken dieser Konstruktion sind die Firma, die
Mitarbeiterin und die Beraterin.

Die Organisation erkennt den Bedarf der Mitarbeiterin, sich beraten zu lassen und unterstützt dieses Vorhaben. Je nach Organisation wählt die Mitarbeiterin ihre Beraterin aus einem Pool der Firma oder frei auf dem Markt. Die Firma schließt mit der Beraterin einen Beratungsvertrag, der die Art und Anzahl der Beratungseinheiten, den Ort der Durchführung und das Honorar sowie die Modalitäten der Verrechnung regelt.

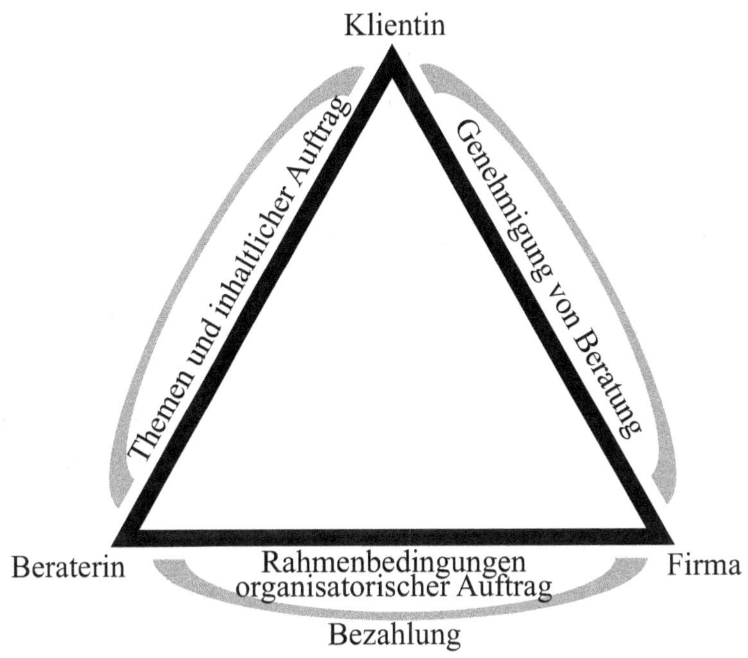

Danach kommt es in der ersten Zusammenkunft der Klientin mit der Beraterin zur Beratungsvereinbarung im eigentlichen Sinn, der die Anliegen und Ziele der Klientin für die Beratung festlegt, wobei sich diese im Laufe des Beratungsprozesses ändern können, während der Rahmen festbleibt.

Es ist eine der Grundregeln von Beratung, dass sie auf freiwilliger Basis erfolgt. Doch es gibt einige Ausnahmen im so genannten Zwangskontext. Darunter verstehen wir verordnete Beratungen im Strafvollzug oder auch vom Gericht verordnete „Therapie statt Strafe" oder Beratung zur Aggressionskontrolle oder zur Beherrschung von Suchtverhalten und sozial unerwünschten Impulsen. Aber es gibt auch Fälle, wo eine Person unter Druck gesetzt wird im Sinne von: „Wenn du nicht in Beratung gehst, verlasse ich dich!" Und es gibt auch Firmen, die mit dem Verhalten einer Mitarbeiterin oder eines Mitarbeiters unzufrieden sind und ihr, beziehungsweise ihm Coaching verordnen – mit der impliziten Drohung, das Arbeitsverhältnis widrigenfalls zu beenden.

Die Herausforderung für die Beraterin in solchen Situationen liegt in der großen Diskrepanz der Erwartungen der Klientinnen und der externen Auftraggeberinnen. Während freiwillige Klientinnen ein Ziel in der Beratung haben und daher in der Regel bereit sind mitzumachen, kommen zwangsweise zu beratende Klientinnen meist mit großem Widerwillen. Da in ihrer Wahrnehmung die Beraterin nur ein verlängerter Arm der Auftraggeberin ist, die ebenso wie jene als Widersacherin erlebt wird hegen sie Misstrauen und zweifeln an der Sinnhaftigkeit der Beratung. Hier gilt es zunächst ein klares Beratungsverhältnis aufzubauen, damit eine Basis für fruchtbare Zusammenarbeit entstehen kann. Erst mit einem inhaltlichen Auftrag, zu dem die Klientin auch stehen und dessen Zielsetzungen sie als erstrebenswert erkennen kann ist gute Beratung möglich.

Wie kommt man zu so einer tragfähigen Arbeitsbeziehung? Der erste Schritt sollte sein, die Sicht der Klientin auf die Erwartungen, die die Auftraggeberin in die Beratung setzt, klarzulegen. Danach könnte man abklären, welche Beweggründe die Klientin veranlasst haben, diesem Wunsch der Auftraggeberin Folge zu leisten: „Was könnten Sie gewinnen, wenn Sie das tun, oder was könnten Sie verlieren, wenn Sie es nicht tun? Und: wie wichtig ist das für Sie?" Ich habe von einer Kollegin gehört, dass sie im Zwangskontext ganz anders daran geht, ein Arbeitsbündnis zu erreichen. Sie legt die Karten gleich am Anfang offen auf den Tisch: „Ich weiß, dass Sie nicht freiwillig hier sind. Doch Sie sollten wissen, dass auch ich nicht freiwillig hier sitze!"

Ein nächster Schritt könnte sein, mit der Klientin zu ergründen, woran die Auftraggeberin merken könnte, dass die Beratung genützt hat. Dies ist ein Schritt in die Richtung, sich mit der Klientin zu verbünden, es sollte jedoch kein Bündnis gegen die Auftraggeberin werden, sondern für das Wohl der Klientin. Hier bedarf es von Seiten der Beraterin hoher Achtsamkeit, nicht in eine Falle zu tappen.

Im Zwangskontext gibt es einige Fallstricke, auf die man tunlichst achten sollte.

Ein Klient kam zu seinen „vorgeschriebenen" Sitzungen, verhielt sich jedoch sehr passiv, es wäre alles halb so schlimm und er habe alles im Griff. Am Ende wollte er eine Bestätigung, dass er sein Beratungsziel erreicht habe. Ich verweigerte dies mit dem Hinweis, dass ich ihn ja nie in seinem normalen Umfeld erlebt hätte und ihm nicht bestätigen könne, ob er tatsächlich besser zu Recht käme. Er bekam, was ihm natürlich zustand, eine Bestätigung über die Anzahl der Sitzungen, die er bei mir absolviert hatte.

Solche und ähnliche Versuche der Instrumentalisierung durch Klientinnen sollte man von Anfang an abwehren. Eine andere Verlockung ist, in die Beschimpfung der Auftraggeberin einzustimmen. Sie können sicher sein, dass diese postwendend rückgemeldet werden, was sicher nicht zu Folgeaufträgen führen wird. Doch auch von Seiten der Auftraggeberinnen kann es zu unlauteren Ansinnen kommen, etwa dass man die Klientin beurteilen oder bewerten solle, oder auch manipulieren.

Mein erster wirklich großer Auftrag für ein Unternehmen liegt schon sehr lange zurück, doch ich lernte eine wichtige Lektion. Die Gründerin und Leiterin dieses Unternehmens plante, sich in zwei Jahren zur Ruhe zu setzen, und zur Sicherstellung einer geregelten Übergabe sollte schon jetzt ihre Nachfolgerin bestimmt werden. Diese sollten ihre 20 Abteilungsleiterinnen aus ihrer Mitte im Rahmen einer Klausur unter meiner Moderation frei wählen – und zwar (nennen wir sie) Dr. Müller. Ich gestehe, dass mir ein wenig mulmig war, weil einerseits das Honorar extrem verlockte und andererseits der Auftrag doch vergiftet zu sein schien. Also fragte ich die Pionierin, was sie daran hindere, die Leitung einfach Kraft ihrer Position Dr. Müller zu übergeben. Das wollte sie nicht auf Grund der Befürchtung, dass ihr Machtwort die Position dieser Person massiv beschädigen könnte.

Es war ein sehr langes Vorgespräch, doch als die Auftraggeberin einverstanden war, sich bei Bedarf selbst für ihre Favoritin stark zu machen und am Ende der Klausur die Entscheidung der Gruppe auch zu akzeptieren, wenn diese eine andere Person aus ihrer Mitte gewählt haben sollte, sagte ich zu. In den zwei Tagen der Klausur ging es um die zukünftige Ausrichtung des Unternehmens, alle Anwesenden bekamen Gelegenheit, sich und ihre Vorstellungen zu präsentieren, und der letzte Punkt auf der Agenda war die Wahl der designierten Nachfolgerin. In geheimer Wahl entschieden sich die 20 Abteilungsleiterinnen einstimmig – für Dr. Müller!

Setting

Mit Setting wird bezeichnet, in welchem Umfeld und welcher Anordnung die Beratung stattfindet. Einzelpersonen, Paare und kleine Gruppen kommen meist in die Praxis der Beraterin. Es kann aber auch sein, dass die Beraterin zu den Klientinnen kommt, was als „aufsuchende Beratung" bezeichnet wird. Besonders verbreitet ist dieser Zugang in der Supervision von Teams, die in der Regel am Arbeitsplatz der Klientinnen erfolgt. In der Erziehungsberatung, und da ganz besonders außerhalb der Ballungszentren ist das ebenfalls üblich. Die Beratung von größeren Gruppen kann auch an einem neutralen Ort wie beispielsweise in einem Seminarzentrum stattfinden.

Zum Setting gehört auch die räumliche Positionierung von Beraterin und Klientinnen. Wie schon erwähnt, wird bei analytischer Beratung oft eine Liege verwendet, an deren Kopfende und damit außerhalb des Blickfeldes der Klientin, die Beraterin sitzt. In den meisten anderen Beratungsformen sitzen Beraterin und Klientinnen auf gleicher Höhe und mit Augenkontakt. Es liegt im Ermessen der Beraterin, ob das an einem Tisch erfolgt oder nicht. Meine eigene Praxisausstattung habe ich im vorigen Kapitel schon beschrieben. Bei Gruppenberatungen hat sich als

Setting der Sesselkreis eingebürgert, während das altgriechische und auch im alten Rom übliche Sitzen in einem Warmwasserbecken eher aus der Mode gekommen ist. Die Anforderungen an einen professionellen Beratungsraum gelten analog für Beratungen außerhalb der eigenen Praxis.

Mit den neuen Technologien verbreitet sich auch das Modell der Beratung auf Distanz. Mittels Skype und Snapchat und ähnlicher Programme können Beraterin und Klientin miteinander reden, auch wenn die eine auf einem anderen Kontinent ist. Die Herausforderung für die Beraterin besteht darin, trotz der Distanz eine tragfähige Beziehung zur Klientin aufzubauen. Manche Beraterinnen halten diese Art des Kontaktes für zu oberflächlich und „technisch", andere sind von den Möglichkeiten fasziniert. Letztendlich entscheidet die Kundin, ob es ihr hilft oder nicht.

Sitzungen

Die übliche Bezeichnung für die professionelle Begegnung zwischen Klientin und Beraterin ist Sitzung im Sinne von „Session" im Gegensatz zu „Meeting". Hier findet die Beratung im engeren Sinne statt, die Themen der Klientinnen werden in der jeweils erforderlichen Tiefe und Intensität bearbeitet. Die gebräuchlichsten Formen sind Einzelsitzungen in der Dauer von 50 Minuten und Doppelsitzungen, die 90 Minuten dauern. Oft wird gefragt, wieso die Doppelsitzung nicht 100 Minuten, also das Doppelte von 50 dauert. Die Antwort liegt darin, dass bei einer Einzelsitzung in der Regel 5 Minuten für den Einstieg und 5 Minuten für den Ausklang veranschlagt werden und die reine Arbeitszeit 40 Minuten beträgt. Da bei der Doppelstunde Einstieg und Ausklang für die zweite Einheit wegfallen, wird zu den 50 Minuten der ersten Einheit die reine Arbeitszeit der zweiten Einheit addiert, und das ergibt 50 + 40 = 90 Minuten.

Manchmal wird von Vornherein eine bestimmte Anzahl von Sitzungen vereinbar, manchmal wird die Entscheidung über den Abschluss der Beratung aus dem Prozessverlauf abgeleitet. Während Organisationen meist ihren Mitarbeiterinnen ein bestimmtes Sitzungskontingent zur Verfügung stellen ist es privaten Klientinnen oft lieber, die Zahl der Beratungseinheiten aus dem Verlauf der Beratung abzuleiten. So ist es möglich, einerseits die Beratung abzubrechen, wenn sich die Klientin nicht gut genug aufgehoben fühlt und andererseits bei Bedarf noch einige Sitzungen anzuhängen. Und manchmal ist man auch schon nach wenigen Sitzungen an dem Punkt angelangt, wo die Klientin sich stark genug fühlt, ohne Beraterin ihren weiteren Weg zu gehen.

Ein 34-jähriger Mann wurde vor rund 20 Jahren von seiner Firma zu mir ins Coaching geschickt. Man machte sich große Sorgen um ihn, weil er 80 bis 90 Stunden pro Woche arbeitete und seit vier Jahren keinen Urlaub genommen hatte. Die Firma „buchte" und bezahlte für ihn fünf Doppeleinheiten. In der ersten Doppelstunde erzählte er seine Lebensgeschichte: vier Jahre zuvor war seine Gattin ganz plötzlich erkrankt und innerhalb kurzer Zeit verstorben. Er hatte daraufhin seinen Wohnort verlassen, eine neue Stellung als einer von 15 Direktoren eines großen Unternehmens angenommen und sich voll in seine Arbeit gestürzt. Am Ende der Sitzung bekam er die Hausaufgabe, irgendwie zwanzig Stunden pro Woche freizumachen, damit er dann einen wichtigen Auftrag übernehmen könne. Allerdings dürfe er nicht mehr als bisher arbeiten.

In den zwei Wochen hatte er zu seiner Verblüffung festgestellt, dass ein junger Mann, der ihn immer freundlich gegrüßt hatte, zu seiner Direktion gehörte und ihm unterstellt war. Dieser hatte einfach überall unerledigte Aufgaben aufgelesen und stillschweigend erledigt. Ihm habe er einige seiner Agenden übertragen und er sei nunmehr bereit für die wichtige Aufgabe. Was sie sei? Sein Auftrag war, wöchentlich zwanzig Stunden Dinge für sich selbst zu tun, die er in den letzten Jahren vernachlässigt hatte.

Die dritte Sitzung verschob er telefonisch um fünf Wochen, weil er beschlossen hatte, endlich auf Urlaub zu fahren. Er berichtete in der dritten Sitzung, dass er die erste Woche nur geschlafen und sein Zimmer lediglich für Mahlzeiten verlassen habe. In der zweiten Woche habe er begonnen, die Gegend zu erkunden und am geselligen Leben im Club Med teilzunehmen. Dabei habe er eine junge Dame kennengelernt, die genauso viel arbeitete wie er. Sie waren einander nähergekommen und wollten es mit einer Beziehung versuchen. Er habe derzeit keinen weiteren Beratungsbedarf. Ich wies ihn darauf hin, dass er sein Guthaben jederzeit einlösen könne, weil die Firma die zwei Doppelstunden nicht zurückhaben wollte. Er könne sich jederzeit melden.

Nach zwei Jahren bekam ich ein Weihnachtsbillett: „Erinnern Sie sich noch an mich? Ich habe meine Bekannte geheiratet und wir erwarten unser zweites Baby. Wir sind sehr glücklich, und ich habe keinen Vorwand gefunden, um meine restlichen Sitzungen zu konsumieren. Ist das schlimm?" Das Guthaben besteht bis heute.

Der Vollständigkeit halber sei erwähnt, dass in manchen Beratungen vereinbart wird, den Verlauf der Beratung in der fünften Sitzung zu evaluieren und davon abhängig über die Beendigung oder Fortsetzung der Zusammenarbeit zu entscheiden.

Methodik

Die Methoden, die in der Beratung angewendet werden sind schon im Erstgespräch einzugrenzen – meist fragen die Klientinnen schon bei dieser Gelegenheit danach oder äußern dabei ihre speziellen Wünsche:

Eine Gruppe, die mich einlud, ihre Klausur zu moderieren, stellte gleich bei der ersten Vorbesprechung klar: „Bitte keine Kärtchen!"

Klientinnen haben ein Recht, zu wissen worauf sie sich einlassen. Eine Klientin klagte über eine frühere Beratung, die sie abgebrochen hatte, weil sie von ihrer Beraterin ohne Absprache und Vorbereitung plötzlich ganz eng in eine Decke gewickelt worden war. Die Rechtfertigung, das gehöre zur Methode, war da nicht mehr akzeptabel. Beraterinnen, die spezielle Methoden anwenden, sind aus meiner Sicht verpflichtet, ihre Klientinnen rechtzeitig, am besten beim Erstgespräch über ihre Arbeitsweise aufzuklären. Es kann sich im Laufe der Beratung eine Situation ergeben, wo die Beraterin meint, dass eine bestimmte spezielle Methode hilfreich sein könnte. Dann ist die korrekte Vorgangsweise, der Klientin diese Methode kurz vorzustellen und sie zu fragen, ob sie bereit ist, diese Methode auszuprobieren, wobei sie den Versuch jederzeit beenden kann, wenn sie sich dabei nicht sicher, geborgen und wohl fühlt.

Vor Jahren war ich in einem Workshop mit Karl Tomm und lernte dort eine interessante Methode kennen – das „internalisierte Interview". Er geht davon aus, dass jeder Mensch innere Repräsentanzen der wichtigsten Personen in seinem Leben hat. Mit seiner Methode befragt man diese innere Repräsentanz wie in einem Interview. Ich war von der Methode fasziniert und begeistert – und musste zweieinhalb Jahre warten, bis mir in einer Beratung plötzlich klar war, dass sie jetzt passen würde. Ich fragte meinen Klienten, ob er bereit sei, etwas zu probieren, erklärte ihm die Vorgehensweise und als er einverstanden war führte ich mit der inneren Repräsentanz seines Sohnes ein sehr respektvolles und behutsames Gespräch. Im Anschluss daran konnte er nicht glauben, dass er gesagt hatte was er gesagt hatte. Damit war für ihn die Beziehung mit ihrne Stolpersteinen klar, er wusste, wie und was er mit seinem Sohn besprechen wollte, und die Beratung war beendet. Einige Zeit danach teilte er mir kurz mit, dass die Vater-Sohn-Beziehung hervorragend geworden ist.

Abschluss

Jede Beratung hat irgendwann ein Ende, hoffentlich meist auf Grund des Erfolges. Mir ist es ein Anliegen, diesen Abschluss gemeinsam mit meinen Klientinnen in meiner Praxis zu vollziehen und deshalb ist dies ein Teil der Rahmenvereinbarung mit meinen Klientinnen im Erstgespräch. Die Abschlusssitzung bietet der Klientin die Gelegenheit, die Ergebnisse und Erkenntnisse aus der Beratung noch einmal komprimiert auf den Punkt zu bringen und so zu festigen. Sie ermöglicht auch der Beraterin, den Verlauf der Beratung aus ihrer Sicht darzulegen und sich Rückmeldungen zu holen, was die Klientin als besonders hilfreich erlebt hat. Allerdings wird sie dabei sehr schnell erkennen, dass sich daraus keine Rezepte ableiten lassen.

Eine Klientin war in ihrem Unternehmen in einer sehr wichtigen hohen Position und kam wegen Fragen zum Zeitmanagement in Beratung. Erst nach einigen Sitzungen kam das eigentliche Anliegen zur Sprache. So nebenbei erzählte sie, dass sie schon seit längerer Zeit Single sei und sich auch in ihrer Wohnung nicht sonderlich wohl fühle. Jeden Abend stehe sie vor der Wahl, sechs Stockwerke ohne Lift in ihre unfreundliche Wohnung zu klettern oder drei Stufen in die Bar nebenan zu gehen, und immer siegte die Bar. Am nächsten Morgen wachte sie dann in ihrem Bett auf und wusste nicht, wie sie dorthin gekommen und wer der Mann war, der da neben ihr lag. Sie machte sich fertig und funktionierte den ganzen Tag wunderbar, bis sie am Abend wieder vor der Wahl stand.

Nach einem Jahr vierzehntägiger Beratung hatte sie ihre Wohnung sanieren lassen, eine fixe Beziehung begonnen und ging auch nur noch gelegentlich mit ihrem Partner in eine Bar. Sie nahm einen Drink und konnte danach aufhören. In der Abschlusssitzung fragte ich sie, was ihr am meisten geholfen habe und sie sagte mir, dass zwei Wörter für sie den Ausschlag gegeben hätten, ihr Leben so grundlegend zu ändern. Ich hätte ihr die Aufgabe gegeben, zwei Wochen lang keinen Tropfen Alkohol zu trinken, damit wir feststellen könnten, ob ihr Trinken eine Gewohnheit sei oder etwas Ernstes. Diese Worte „etwas Ernstes" hätten sie wachgerüttelt. Wie schon erwähnt: das funktioniert leider nicht bei jeder Klientin. Übrigens: ihr Beispiel ist meine Vorstellung einer geheilten „Alkoholkranken" – dass sie trinken und rechtzeitig aufhören kann. Die weit verbreitete Annahme, dass Alkoholkranke nie wieder einen Tropfen trinken dürften, weil sie dann sofort rückfällig werden betrachte ich als eine fatalistische und fatale Sichtweise, weil zu jeder Verhaltensänderung auch „Ehrenrunden im alten Muster" dazugehören. Es geht jedoch immer darum, den Weg zur gesunden Lebensführung immer wieder neu zu beschreiten. Die andere Sichtweise führt leider viel zu oft zu einer Resignation und Selbstaufgabe als Konsequenz eines einmaligen „Rückfalls".

Verrechnung

Auch Beraterinnen müssen wohnen und essen und sich kleiden und noch etliche andere Dinge, die irgendwie zu bezahlen sind. Es ist somit integraler Bestandteil der Beratung, dass die Beraterin dafür bezahlt wird. Während Privatkundinnen meist direkt nach der Beratung bar bezahlen bevorzugen Firmenkundinnen eine Rechnung, die sie über ihre Bank begleichen können. Der Modus der Verrechnung sollte im Erstgespräch vereinbart worden sein.

Beraterinnen, die ihre Dienste kostenlos anbieten, machen leider häufig die Erfahrung, dass Klientinnen oft absagen oder sogar ohne abzusagen einfach nicht kommen. Es gilt wohl die weitverbreitete These: „Was nichts kostet ist nichts wert!"

Die Bezahlung hat einen wichtigen Nebeneffekt. Dadurch, dass die Klientin für ihre Beratung bezahlt tut sie etwas für sich, und wenn der Preis weder zu hoch noch zu nieder ist, dann gönnt sie sich etwas und nimmt sich damit wichtig. Daher ist mit dem Honorar für die Beratung immer auch die Frage verbunden: „Wieviel bin ich mir wert?"

Verschwiegenheit

Die meisten Berufsgruppen im Bereich der Beratung haben einen Kodex, der gewisse Standesregeln festschreibt. Neben dem Verbot sexueller und geschäftlicher Verbindungen zwischen Beraterinnen und Klientinnen steht an oberster Stelle das Gebot der Verschwiegenheit. Gesetzlich geregelte Berufe haben das sogar ausdrücklich vorgeschrieben. In Österreich steht das beispielsweise im Psychotherapiegesetz im Paragraph 15: „Der Psychotherapeut sowie seine Hilfspersonen sind zur Verschwiegenheit über alle ihnen in Ausübung ihres Berufes anvertrauten oder bekannt gewordenen Geheimnisse verpflichtet." Es gibt keine Zusatzbestimmungen oder Einschränkungen, es ist auch keine Möglichkeit der Entbindung durch die Klientin vorgesehen. Oft versuchen Chefs oder Eltern Klientinnen zu zwingen, ihre Beraterinnen von dieser Pflicht zu entbinden. Es ist an der Beraterin, das mit Hinweis auf die Gesetzeslage zurückzuweisen. Die Verschwiegenheit ist eine der wichtigsten Rahmenbedingungen, die Klientinnen Offenheit gegenüber der Beraterin ermöglichen.

Die einzige Ausnahme, die ich kenne ist bei „Gefahr im Verzug", wenn also die Klientin droht, sich oder anderen physischen Schaden zuzufügen. Selbst hier liegt es im Ermessen der Beraterin, eine Güterabwägung vorzunehmen. Meiner Meinung nach sollte die Beraterin in solchen Fällen ihr Dilemma der Klientin gegenüber offenlegen und klar aufzeigen, wo sie die Grenzen zieht.

Dokumentation

Besonders in der Zeit der Ausbildung sind angehende Beraterin aufgefordert, ihre Sitzungen zu protokollieren. Die wichtigsten Punkte in einer solchen Niederschrift sind:

- Ein Code für den Namen der Klientin und das Datum der Beratung

- Einige Lebensdaten (Alter, Familienstand, Beruf, …)

- Das Ziel der Beratung

- Das Ziel für die jeweilige Sitzung

- Besprochene Themen

- Spezielle Interventionen der Beraterin

- Aufgaben und Vereinbarungen

- Reflexion der Beraterin (wie hat sie sich gefühlt? was war ihr wichtig?...)

Klientinnen haben das Recht, diese Protokolle auf Wunsch einzusehen, nicht jedoch, diese zu fotografieren oder mitzunehmen.

All diese Faktoren sollten bei der Auftragsklärung unbedingt besprochen und geklärt werden, damit alle Beteiligten wissen, worauf sie sich einlassen.

Ablauf professioneller Sitzungen

Ankommen

Im Sinne der Schichten der Kommunikation beginnt jede Sitzung auf der Ebene des Small Talk, Diese Phase wird in der Fachsprache oft auch Joining genannt: man tritt mit einander in Verbindung, um sich dann gemeinsam auf den Weg der Beratung zu machen. Dabei geht es auch um die Wahrnehmung der Stimmung der Klientin und im Falle einer Folgesitzung auch um die Abklärung der relevanten Erfahrungen der Zwischenzeit sowie die Erörterung der Ergebnisse eventuell vereinbarter Hausübungen.

Arbeitsziel für die Sitzung vereinbaren

Nur in den seltensten Fällen ist das große Beratungsziel in einer Sitzung erreichbar. Daher macht es Sinn, für jede einzelne Sitzung ein Etappenziel zu vereinbaren. Im Wirtschaftsbereich werden manche Beratungen wie Projekte geplant, wo auch Zwischenziele (Meilensteine = milestones) festgelegt werden, um den Fortschritt messbar zu machen. So geht es auch in allen anderen Beratungen um eine Überprüfbarkeit des Vorankommens in die richtige Richtung. Dieses „Tagesziel" wird gemeinsam erarbeitet. Die Beraterin könnte beispielsweise die Klientin fragen: „Angenommen, wir kommen heute gut voran: was sollten wir am Ende dieser Sitzung erreicht haben?" Manchmal sind die Vorstellungen der Klientinnen unrealistisch, doch sie sind trotzdem eine gute Ausgangsbasis für das weitere Beratungsgespräch.

Zielvorstellung erarbeiten

Sobald es ein Ziel für die Sitzung gibt kann die Beraterin mit der Klientin deren Vorstellungen über die Veränderungen in ihrer Situation, ihre Gefühle und Möglichkeiten im Falle der Erreichung dieses Zieles sprechen. „Was wäre in ihrem Leben anders? Was wird dann möglich, was jetzt noch nicht geht? Wie werden Sie sich fühlen? Wie werden Sie anderen begegnen? Wie werden Sie sich in bestimmten Situationen verhalten?" könnten in dieser Phase Fragen der Beraterin sein.

In den meisten Beratungen geht es um Veränderung, und dabei, auch wenn im Vordergrund zunächst sehr oft der Wunsch steht, eine andere Person möge doch sich oder zumindest ihr Verhalten ändern, fast immer um eine Veränderung des eigenen Umganges mit bestimmten Situationen und des eigenen Verhaltens. In meinen Beratungen fanden es viele Klientinnen hilfreich, wenn ich Ihnen die drei Möglichkeiten der Verhaltensänderung aufzeigte, die wir dann gemeinsam bezogen auf deren Situationen hinterfragten:

- Man kann etwas anderes tun als bisher
- Man kann das Gleiche tun wie bisher, jedoch anders als bisher
- Man kann das Gleiche tun wie bisher, jedoch mit einer anderen inneren Haltung als bisher

Lösungswege finden

Wenn das Ziel klar ist können im nächsten Schritt mögliche Wege dorthin gesucht werden. Hier befolge ich zwei Grundprinzipien: kein Weg ist der eine „richtige" und kein Weg ist der

„falsche". Und: man sollte sich nicht mit einer Lösung zufriedengeben, sondern mindestens drei suchen. Das ist die logische Konsequenz aus dem „ästhetischen Imperativ" von Heinz von Foerster: „Handle stets so, dass die Zahl der Handlungsmöglichkeiten größer wird!"

Wer mich im Internet unter *www.remenyi.at* besucht, findet dort auf meiner Homepage mein Motto:

- Eine Möglichkeit ist eine Einbahn.
- Zwei Möglichkeiten sind ein Dilemma.
- Ab drei Möglichkeiten beginnt das Leben!

In diesem Zusammenhang noch eine Warnung: begegnen Sie Google mit Vorsicht! Denn auch wenn dort alle Suchen ergeben, dass diese Sätze von mir sind: sie sind es nicht! Leider weiß ich jedoch inzwischen selbst nicht mehr, woher ich sie habe.

Passenden Lösungsweg auswählen

Diese Auswahl kann natürlich nur die Klientin treffen. Es gilt der schon oben genannte Aspekt, dass keine Lösung richtig oder falsch ist, sondern dass es darum geht, welcher Weg für die Klientin stimmig erscheint. Dies ist immer individuell zu finden. Da kann es manchmal bei der Beraterin zu heftigem Schlucken kommen, weil sie sich in einer solchen Situation sicher ganz anders verhielte und verhalten wollen würde. Doch es ist das Leben der Klientin, und darüber sollte nur sie entscheiden. Sie hat auch das Recht, „Fehler" zu machen, solange sie diese aus Überzeugung macht.

Ein kleiner Exkurs zum Thema „Fehler". Eine Entscheidung wird immer erst im Nachhinein, bei der Rückschau zum Fehler erklärt, nämlich dann, wenn die Ergebnisse nicht den Erwartungen entsprechen. Dabei wird außer Acht gelassen, dass vielleicht die Erwartungen unrealistisch waren, dass das erreichte Ergebnis unter den gegebenen Umständen vielleicht das Optimum darstellt während die Annahme, eine andere Entscheidung hätte zu besseren Ergebnissen geführt, eher ein Irrglaube ist.

Man sagt, dass man aus Fehlern lernen kann. Ich glaube, das stimmt nur für eigene Fehler, nicht jedoch für Fehler, die man gemacht hat, weil einem jemand etwas eingeredet hat. Es gibt dazu noch eine Anekdote aus den USA: Die Generaldirektorin einer großen Versicherung bemerkt beim Gang durch die Schalterhalle, wo viele Beraterinnen sitzen, eine junge Frau, die besonders engagiert bei der Sache zu sein scheint. Sie beobachtet sie eine Weile und kommt zu dem Schluss, dass sie nicht nur sehr gut mit den Kundinnen spricht, sondern auch offenbar alle Produkte gut kennt und auch strategisch denkt. Kurz entschlossen befördert sie sie zur Vertriebsdirektorin. Zur Feier dieser Beförderung gibt es eine Cocktailparty, bei welcher es zu folgendem Dialog kommt:

- Junge Direktorin: Ich danke Ihnen für diese große Chance. Was muss ich tun, um Sie nicht zu enttäuschen?
- Generaldirektorin: Richtige Entscheidungen!
- Junge Direktorin: Woran erkenne ich, ob eine Entscheidung richtig ist?
- Generaldirektorin: Erfahrung!
- Junge Direktorin: Ich bin noch sehr jung. Wie komme ich zu Erfahrung?
- Generaldirektorin: Falsche Entscheidungen!

Auswirkungen

Gunther Schmidt propagiert, dass alles, was man tut und alles, was man unterlässt Auswirkungen hat. Er nannte diese eine Zeit lang „Folgekoschde", wobei es nicht darum geht, den billigsten Weg zu finden, sondern jene Entscheidung, für die man am ehesten bereit ist, die Kosten zu tragen. (Für eine ähnliche Überlegung erhielt Milton Friedman 1976 den Alfred-Nobel-Gedächtnispreis für Wirtschaftswissenschaften. Seine Kernaussage lautete: There is nothing like a free lunch!)

Dieser Teil der Beratung könnte auch Umweltverträglichkeitsprüfung oder Öko-Check heißen. Wie wird die Umwelt der Klientin auf ihre geplante Veränderung reagieren? Wo wird es Zustimmung, wo Akzeptanz, wo Widerspruch und wo heftige Retorsionen geben, und wie kann sie damit umgehen.

Umsetzung planen

Sobald sich die Klientin für einen bestimmten Weg entschieden hat und auch bereit ist, die erwarteten Auswirkungen zu akzeptieren geht es an die Umsetzung. Wie genau wird sie die Ergebnisse der Beratung umsetzen? Was wird sie konkret tun, um ihr Ziel zu erreichen?

Ersten Schritt definieren und terminisieren

Eine alte Weisheit aus China lautet: „Auch die Reise von 10.000 Meilen beginnt mit dem ersten Schritt!" So verhält es sich auch bei der Umsetzung aller unserer Vorhaben, und deshalb ist hier die Frage angebracht: „Was ist der erste Schritt zur Verwirklichung des Vorhabens der Klientin?" Die Wirtschaft kennt dafür die SMART-Formel: Specific – Measurable – Achievable – Realistic – Timely". Für die allgemeine Beratung heißt das: Klar definiert – messbar – machbar – realistisch – terminisiert.

Wie genau sieht der erste Schritt aus? Woran kann die Klientin erkennen, dass er ihr gelungen ist? Liegt das Erreichen dieses ersten Schrittes in ihrer Macht? Kann sie diesen Schritt in der vorgesehenen Zeit erreichen? Wann wird sie ihn setzen?

Aufgaben

Manchmal ist es sinnvoll, vor der eigentlichen Veränderungsarbeit noch vorbereitende Schritte zu machen. Dazu dienen Hausaufgaben, die die Klientin zwischen den Sitzungen durchführen soll. Eine solche Aufgabe wurde bereits im Kapitel über das Erstgespräch erwähnt. Andere Aufgaben können zur Beobachtung einladen: Wann genau treten bestimmte Phänomene auf? Wie verlaufen bestimmte Gespräche? Wie reagiert das Umfeld auf kleine Veränderungen? Wieder andere Aufgaben können auf das Einüben bestimmter Verhaltensweisen ausgerichtet sein. Wenn die Klientin beispielsweise mit dem Rauchen aufhören möchte, kann so eine Aufgabe lauten, jede dritte Zigarette kalt zu rauchen, also alles genauso zu machen wie sonst, lediglich ohne die Zigarette anzuzünden. Besonders oft arbeiten verhaltensorientierte Beraterinnen mit konkreten Übungsaufgaben, und Beraterinnen aus der Schule von Viktor Frankl verwenden gerne paradoxe Aufgabenstellungen. Ebenso kann es eine Aufgabe sein, Tagebuch zu führen oder bestimmte Personen im eigenen Umfeld – im Sinne einer kleinen Feldstudie – zu bestimmten Themen zu befragen.

Hier schließt sich der inhaltliche Kreis zur folgenden Sitzung, weil diese mit der Besprechung der Ergebnisse dieser Aufgaben beginnen kann.

Abschluss

Zum Ende der Sitzung – es ist Aufgabe der Beraterin, auf die Zeit zu achten – kann die Beraterin noch ein paar Kontrollfragen stellen, ob es für die Klientin passt, diese Sitzung nunmehr zu beenden, ob sie das Gefühl hat, ihr Ziel für diesmal erreicht zu haben, ob ihr klar ist, was sie als Nächstes tun wird.

Es folgen noch die formalen Punkte: Vereinbarung des nächsten Termins, Bezahlung und Verabschiedung. Meist wird die Beraterin die Klientin zur Tür begleiten und ihr dort freundlich die Hand geben und „Auf Wiedersehen!" sagen.

Das Netzwerk der Beraterin

Verantwortungsbewusste Beraterinnen schaffen sich ein Netzwerk von Fachexpertinnen, zu welchen Sie bei Bedarf Klientinnen weiterverweisen können. Je nach Art der Beratung und Klientel sind Kontakte zu bestimmten Berufsgruppen unerlässlich.

Allgemeinmedizinerinnen: Viele Klientinnen haben eine Hausärztin ihres Vertrauens, doch andere benötigen eine Empfehlung. Besonders bei körperlichen Beschwerden ist selbst bei der Annahme psychosomatischer Ursachen eine medizinische Abklärung sinnvoll. Nur Ärztinnen sind berechtigt, Medikamente zu verschreiben und Krankenstände zu verordnen, wenn die Klientinnen eine Auszeit aus dem Berufsalltag benötigen, um mit ihren Themen zu Rande zu kommen. Arzneimittel zu empfehlen oder gar zu geben ist ein eklatanter Beratungsfehler! Das gilt sogar für eine Kopfschmerztablette!

Fachärztinnen: Bei schwerer wiegenden Beschwerden wird es vielleicht sinnvoll sein, das Fachwissen spezieller Expertinnen heranzuziehen. Bei chronischen psychischen Leidenszuständen oder Suchtverhalten kann eine psychiatrische Abklärung sinnvoll sein, bei Themen rund um die Sexualität sollte vielleicht auch eine Gynäkologin oder ein Androloge konsultiert werden, bei häufig auftretender Atemnot oder Beklemmung vielleicht eine Pulmologin oder Kardiologin, bei plagenden Kopfschmerzen vielleicht auch eine Zahnärztin (weil oft verschleppte Entzündungen oder kaputte Füllungen in diesem Bereich Kopfschmerzen verursachen können).

Juristinnen: Manche psychischen Leidenszustände hängen mit diffusen Abhängigkeiten zusammen. Hier kann es hilfreich sein, sich über die rechtlichen Zusammenhänge Klarheit zu verschaffen und zu klären, welche Rechte und Pflichten man hat und was man tun oder unterlassen sollte. Je nach Anliegen der Klientin geht es dann um Arbeitsrecht oder Familienrecht oder Vertragsrecht oder auch Strafrecht, um nur einige Beispiele zu nennen.

Finanzexpertinnen: Während es eher nicht Aufgabe einer allgemeinen Beratung ist, Anlageberaterinnen zu empfehlen, kann es doch hilfreich sein, eine versierte Expertin in Steuerfragen empfehlen zu können.

Psychologinnen: Besonders bei Verrechnung mit den Krankenkassen ist eine Diagnose notwendig. Diese zu erstellen ist spezielle Aufgabe von klinischen Psychologinnen.

Soziale Dienste: Die Bandbreite hier geht von Heimhilfe über Sozialarbeit bis zur Ganztagsbetreuung und Selbsthilfegruppen. In der Regel sind Beraterinnen nicht auf soziale Themen spezialisiert, und deshalb sollten sie wissen, wo ihre Klientinnen Information über finanzielle oder materielle oder tätige Beihilfen erhalten können.

Psychotherapeutinnen: es gibt Fragestellungen und Themen, die eindeutig in den Aufgabenbereich der Psychotherapie gehören. Manche Psychotherapeutinnen sind auch spezialisiert, beispielsweise auf Kinder und Jugendliche oder gerontologische Themen.

Fachkolleginnen: Es sollte Teil der eigenen Psychohygiene und fachlichen Weiterentwicklung jeder Beraterin sein, in regelmäßigen Abständen mit Fachkolleginnen zusammenzukommen, um Erfahrungen auszutauschen und in Form von Intervision spezielle Fälle zu erörtern. Zusätzlich zeigt es sich oft, dass sich manche Kolleginnen auf bestimmte Zielgruppen und Fragestellungen spezialisiert haben. Auch hier eröffnet sich die Möglichkeit, Klientinnen mit diesen speziellen Fragestellungen weiterzuleiten. Niemand muss/kann alles können, und es ist ein wichtiger Aspekt von Professionalität, seine eigenen Grenzen zu kennen und zu beachten.

Für alle diese Partnerinnen im Netzwerk der Beraterin gilt, dass sie sich von den überwiesenen Klientinnen Rückmeldung einholt, ob sie das Gefühl hatten, ernst genommen und wertschätzend behandelt worden zu sein. Mit Hilfe dieses Feedbacks kann die Liste gepflegt und bei Bedarf angepasst werden.

Ein anderer wichtiger Aspekt dieses Netzwerkes ist die Möglichkeit, Beratungen gemeinsam durchzuführen. Mehr dazu später im nächsten Kapitel.

Selbstfürsorge

Die Selbstfürsorge ist eine zentrale Aufgabe der Beraterin zur Erhaltung und Steigerung ihrer eigenen psychischen und körperlichen Gesundheit, ausgehend von der These, dass diese Faktoren die Fähigkeit, für andere hilfreich sein zu können erhöhen. In diesem Zusammenhang begegnet man oft Begriffen wie Psychohygiene, Salutogenese oder Resilienz. Aus unterschiedlichen Blickwinkeln die Bedürfnisse der Beraterinnen betrachtend führen diese Ansätze zu ähnlichen Anweisungen für die Beraterin:

Sorgen Sie dafür, dass...

... Sie sich wohl fühlen. Das beginnt bei den organisatorischen und räumlichen Rahmenbedingungen. Es braucht manchmal Mut, „vergiftete" Aufträge abzulehnen oder gar Institutionen, die professionelle Arbeit verlangen und diese zugleich torpedieren zu verlassen, besonders wenn Sie sich in einem Abhängigkeitsverhältnis befinden. Ich höre immer wieder Berichte aus Beratungsinstitutionen, die den Beraterinnen keine adäquaten Rahmenbedingungen bieten: Beratungen sollen in Durchgangszimmern stattfinden, Beraterinnen werden in ihren Beurteilungen daran gemessen, wie viele ihrer Klientinnen sie zu bestimmten Aktivitäten „motivieren" – realistischer Weise müsste man sagen „manipulieren" – konnten, bis zu dem Extremfall, wo eine junge Frau Sexualstraftäter in einem abgelegenen Zimmer ohne Alarmknopf beraten sollte.

Sie sollten die Einrichtung des Beratungsraumes so gestalten können, dass Sie gerne dort sind. Damit verbunden ist auch eine gewisse Arbeitsfreude und Interesse an Ihrer Tätigkeit und auch ein psychisches Wohlbefinden.

… dass Sie genug trinken. Das ist ein Grunderfordernis, das viel zu oft vernachlässigt wird. Manche Beraterinnen halten deshalb, auch für ihre Klientinnen Wasser bereit. Die physiologische Bedeutung des Trinkens braucht hier nicht weiter erörtert zu werden.

… dass Sie genügend Bewegung machen. In den meisten Fällen ist Beratung ein Beruf, der im Sitzen ausgeübt wird. Auf die Dauer betrachtet stellt dies eine einseitige Beanspruchung dar, die unbedingt gezielt durch körperliche Aktivität ausgeglichen werden sollte. Es ist auch nicht bloß legitim, sondern sinnvoll und zielführend, dafür eine Form zu wählen, die auch Vergnügen bereitet.

… Sie aktiv und gezielt Freude und Humor in ihren Alltag holen. Da nur selten Klientinnen zur Beratung kommen, um zu berichten wie gut es ihnen geht und wie glücklich sie sind werden Beraterinnen bei ihrer Arbeit in der Regel mit unerfreulichen und eher belastenden Aspekten des Lebens konfrontiert. Das birgt das Risiko eines negativen Weltbildes, das sich auf die Psyche der Beraterin belastend auswirken könnte. Daraus resultiert die Notwendigkeit, hier bewusst Ausgleich zu schaffen und positive Dinge in das eigene Blickfeld zu holen.

… Sie sich gesund und ausreichend ernähren. Besonders, wenn ihre Beratungspraxis sich füllt nehmen sich viele Beraterinnen für ihre Ernährung zu wenig Zeit. Es werden immer öfter schnell ein paar Happen zwischendurch gegessen, und oft sind es nicht die gesündesten Dinge, die hierbei auf den Speiseplan kommen. Die wenigsten nehmen sich die Zeit, sich etwas Vorbereitetes an den Arbeitsplatz mitzunehmen.

... Sie für Ausgleich am Arbeitsplatz sorgen. Wir sind mit großer Regelmäßigkeit mit dem Konzept work-life-balance konfrontiert. Dabei geht man davon aus, dass einem Lebensbereich „Arbeit" ein Lebensbereich „Leben" gegenübersteht und diese beiden Lebensbereiche in ein Gleichgewicht gebracht werden sollen. Ich bevorzuge das Konzept worklife-balance und befürworte es, den Ausgleich zwischen Anspannung und Erholung schon im Arbeitsleben zu suchen. Man darf nach einem Arbeitstag müde sein, doch ist es auf die Dauer schädlich für die Gesundheit, öfter als einmal im Monat erschöpft nach Hause zu gehen.

... Sie ungestört arbeiten können. Diesen Punkt haben wir schon weiter oben kennengelernt.

... Sie ausreichend Pausen haben, und zwar nicht nur zwischen den Sitzungen, sondern auch in Form von Erholungstagen und Urlaub. Es gilt leider in Fachkreisen als Renommee, ständig zu viel zu tun zu haben.

Ein Kollege berichtete in einer öffentlichen Veranstaltung stolz, dass er als Psychoanalytiker jede Woche sechzig Patientenstunden in seiner Praxis leistete, daneben noch drei Gruppen betreute und auch noch Vorträge hielt und an einer Universität unterrichtete und Bücher schrieb.

Zur Planung des Arbeitstages gehört es auch, genügend Zeit für das WC einzuplanen.

… Sie regelmäßig Supervision haben. In den Beratungen erfährt man viele Dinge, die emotional berühren oder eigene Themen reaktivieren können. Wer als Beraterin an die Wirksamkeit von Beratung glaubt sollte sich diese auch selbst gönnen und regelmäßig über die eigene Tätigkeit und die eigene Betroffenheit reflektieren, um so den Kopf für die kommenden Geschichten der Klientinnen frei bekommen.

… Ihre Klientinnen sich wohl fühlen. Das heißt natürlich nicht, dass die Beratung zu einem Kaffeekränzchen ausarten sollte, aber der Raum sollte freundlich und gut durchlüftet und die Sitzgelegenheit bequem sein. Ein gewisses Maß an Geborgenheitsgefühl und Sicherheit sind für jeden Beratungsprozess vorteilhaft.

… Sie Probleme und Lösungen Eigentum Ihrer Klientinnen bleiben lassen. Viele Beraterinnen brüten noch lange nach einer Beratung über die Probleme ihrer Klientinnen nach. Man muss einsehen, dass das niemandem hilft. Scherzhaft pflege ich meine Studentinnen darauf hinzuweisen, dass das schon in der Bibel in den zehn Geboten festgeschrieben ist: „Du sollst nicht stehlen – Deiner Klientinnen Probleme!"

Das Helfersyndrom

Der Psychoanalytiker Wolfgang Schmidbauer beschrieb 1977 in seinem Buch „Die hilflosen Helfer" erstmals ein Modell seelischer Probleme, das er besonders bei Angehörigen helfender Berufe wie Lehrerinnen, Ärztinnen, Altenpflegerinnen, Pfarrerinnen, Psychologinnen, Sozialarbeiterinnen und Psychotherapeutinnen beobachtete und nannte es Helfersyndrom.

Es ist generell ein Zeichen von Empathie, die Bedürfnisse und Nöte anderer Menschen zu sehen, und es ist grundsätzlich etwas Positives und ein natürliches und gesundes Bedürfnis des Menschen, ihnen zu helfen oder etwas Gutes zu tun. Das gilt auch dann, wenn zeitweilig eigene Interessen hintangestellt werden. Dabei ist es wichtig, eine gesunde Balance zwischen Geben und Nehmen zu finden und beim Helfen die eigenen Wünsche, Bedürfnisse und körperlichen Grenzen, wie auch den Nutzen und die Bedürfnisse jener, denen man Hilfe angedeihen lässt, zu beachten. Man sollte sich darüber im Klaren sein, aus welchen Motiven man hilft und ob die geleistete Hilfe für die Hilfeempfängerinnen auch wirklich dienlich ist (ihnen einen Dienst im positiven Wortsinn erweist). Verliert die Helfende über ihrem eigenen Bedürfnis des Helfen-Wollens das Bedürfnis der Anderen, wie auch ihre eigenen Wünsche, Ziele und körperlichen Grenzen aus dem Blick und hilft vor allem deshalb, um die eigene Person aufzuwerten, wird dieses Helfen pathologisch.

Unter dem Begriff „Helfersyndrom" versteht man die Neigung einer Person, sich in Begegnungen mit anderen Menschen überwiegend als Helferin anzubieten. Dabei hängt die am Helfersyndrom leidende wegen ihres eigenen Bedürfnisses nach Bestätigung, sozialer oder gesellschaftlicher Anerkennung so sehr von Dank, Zuwendung oder Bestätigung durch die Hilfeempfängerinnen oder die Gesellschaft ab, dass sie ihre Hilfsbereitschaft auch dann nicht reduziert, wenn diese Hilfe nicht benötigt wird oder sie sich überlastet, ausgelaugt, ausgenutzt ja gar missbraucht fühlt. Die Helferin befriedigt durch „Selbstaufopferung" ein Bedürfnis nach Zugehörigkeit und nach Bestätigung des Eigenwerts und ermöglicht sich als Konfliktbewältigungsstrategie die Abwehr von Trennungsangst wie auch eine Flucht vor der Auseinandersetzung mit eigenen Problemen durch Beschäftigung mit dem Leid anderer. Sie ist auf das Helfen angewiesen, um ihr intrapsychisches Gleichgewicht aufrechtzuerhalten und gerät dabei in eine abhängige Position oder schafft wechselseitige Abhängigkeiten, indem sie die Hilfeempfängerinnen unselbständig erhält und bei ihnen Schuldgefühle erzeugt.

Schmidbauer kam zu folgendem Schluss: Viele Helferinnen sind Helferinnen geworden, damit sie selber keine Hilfe brauchen. Einiges spricht dafür, dass dieser Satz die Situation oft gut beschreibt.

Im Durchschnitt dauern Ausbildungen für Beraterinnen zwischen zwei und acht Jahren und kosten zwischen 1000 und 6000 € pro Jahr. Diese Ausbildungen verlangen demnach hohe Investitionen an Geld, Zeit und Arbeit. Trotzdem sind laut aktuellen Schätzungen nur weniger als die Hälfte der Absolventinnen dieser Ausbildungen tatsächlich im erlernten Bereich tätig, wobei auch von diesen wiederum mehr als die Hälfte zusätzlich einen anderen Beruf ausübt und überwiegend von diesem lebt.

Man spricht im Alltag von Helfersyndrom, wenn Menschen – egal ob als Helferinnen ausgebildet oder nicht und ob beruflich oder freiwillig – einen inneren Drang verspüren, anderen Menschen zu helfen, egal ob diese es wollen oder nicht – und diesem Drang auch folgen.

Ein schönes Beispiel dafür liefert Otto Waalkes in einem seiner Filme. Er kommt mit seinem kleinen Automobil an eine Kreuzung, an der eine Frau steht. Er winkt ihr freundlich zu, sie möge doch die Straße überqueren. Als sie das nicht tut steigt er aus, nimmt sie am Arm und führt sie über die Straße. Zufrieden fährt er weiter. Die Dame schaut ihm kopfschüttelnd nach und geht wieder über die Straße – zurück zur Bushaltestelle.

Was den wenigsten Helferinnen mit Helfersyndrom bewusst ist: übertriebene Fürsorge kann eine der subtilsten Formen von Gewalt sein. Sie hält die zwangsbeglückte – oft auch elterlich begluckte – Person in einer schädigenden Abhängigkeit und verhindert ihre Entwicklung zu Selbständigkeit und Autonomie.

In einer Teamsupervision brachte eine Sozialarbeiterin den Fall eines 15-jährigen Mädchens, dessen Mutter darauf bestand, zu ihren Vorstellungsgesprächen mitzugehen und vorher auch noch ihre Frisur, Kleidung und

Make-Up zu überprüfen. Dabei war die Fallbringerin überzeugt, dass das Mädchen bestens in der Lage gewesen wäre, selbst auf diese Dinge zu achten. Sie war des Weiteren der Meinung, dass die Anwesenheit der Mutter die Aufnahme der Tochter verhinderte, weil die potenziellen Arbeitgeberinnen den Eindruck gewannen, das Mädchen wäre noch zu unselbständig. Diese Ablehnungen wiederum bestärkten die Mutter in ihren zunehmend verzweifelten Bemühungen.

Generell gilt der Grundsatz: Keine Beratung ohne Auftrag! Das beste Hilfsmittel gegen das Helfersyndrom ist regelmäßige Supervision und die im vorigen Kapitel näher beschriebene Selbstfürsorge und Psychohygiene.

Mehrpersonenberatung

Die überwiegende Zahl von Beratungen findet in Form von Einzelberatung statt, wo eine Beraterin und eine Klientin gemeinsam an den Fragestellungen der Klientin arbeiten. Es gibt jedoch auch Beratungen, an welchen mehr als zwei Personen beteiligt sind. Dabei können sowohl auf der Seite der Klientinnen, als auch auf der Seite der Beraterinnen oder auch auf beiden Seiten mehrere Personen in die Beratung involviert sein.

Mehrere Klientinnen

Die häufigste Form von Mehrpersonenberatung betrifft das Zusammenwirken von einer Beraterin mit mehreren Klientinnen. Im einfachsten Fall kommen zwei Klientinnen zu einer Beraterin. Das kann im Privatbereich ein Paar sein, aber auch zwei Mitglieder einer Familie, etwa eine Klientin mit einem Kind oder zwei Geschwister.

Bei Paaren, die in Beratung kommen habe ich mir angewöhnt, sie im Vorfeld darauf hinzuweisen, dass ich ihnen beiden gegenüber unparteiisch sein werde, jedoch bei Bedarf sehr wohl Partei ergreifen könnte für jene, die zwar nicht anwesend, jedoch von ihren Entscheidungen essentiell betroffen sein können: ihre Kinder. Eines der Paare, das sich nach der Beratung entschlossen hat, sich zu trennen, fand eine aus meiner Sicht hervorragende Lösung für die sechsjährige Tochter: diese blieb in der ursprünglichen Familienwohnung, beide Eltern zogen zu ihren neuen Partnerinnen und wohnen jetzt abwechselnd eine Woche bei ihrer Tochter. Das ist natürlich eine Luxuslösung, die nicht immer möglich ist, doch könnte dieses Beispiel trennungswillige Paare zu anderen kreativen Lösungen anregen.

Etwas seltener kommt es vor, dass mehrere Mitglieder einer Familie die Beratung aufsuchen. Hier ist es sinnvoll, zu Beginn schon die Anliegen und Erwartungen aller Beteiligten abzuklären, und meist braucht man dafür mehr Zeit.

Im Berufsleben hat man es in der Beratung oft mit Gruppen oder Teams zu tun. Es würde den Rahmen dieses Buches sprengen, auf diesen Bereich näher einzugehen, denn obwohl alle Grundprinzipien der Beratung auch hier gelten gibt es sehr viele spezielle Methoden und Formate, von Kleingruppen über Workshops, Klausuren, Teamentwicklungen und Organisationsentwicklungen bis zu Großgruppenveranstaltungen.

Mehrere Beraterinnen

Der seltenste Fall ist das Zusammenwirken einer Klientin mit mehreren Beraterinnen. In der Ausbildung kann es vorkommen, dass eine Beraterin eine Praktikantin an der Beratung teilnehmen lässt – natürlich nur mit Zustimmung der Klientin und unentgeltlich. Diese Praktikantin kann eventuell eine „reflektierende" Funktion übernehmen, was bei den speziellen systemischen Interventionsformen noch näher beschrieben werden wird. Es kann jedoch sinnvoll sein, eine Expertin eines anderen Fachbereichs zu einer Beratung beizuziehen, wenn deren Expertise notwendig erscheint. Ein

Beispiel ist die Einbindung einer Juristin bei Überlegungen zur Weiterführung oder Beendigung einer Ehe oder unternehmerischen Zusammenarbeit.

Mehrere Klientinnen und mehrere Beraterinnen

Die Beratung mehrerer Klientinnen durch mehrere Beraterinnen findet im Privatbereich besonders oft in der Paarberatung und in der Mediation statt. Für manche Paare ist es entlastend, wenn dem Klientinnenpaar ein Beraterinnenpaar zur Seite steht, und in der Mediation ist es sehr hilfreich und bei gerichtsnaher Mediation sogar Vorschrift, dass die Beratung in Zusammenarbeit einer juristisch ausgebildeten Beraterin mit einer psychologisch ausgebildeten Beraterin erfolgt. Das Ziel ist ja in der Regel eine rechtskonforme und verbindliche Vereinbarung, mit der alle Klientinnen einverstanden sind, weshalb in der Beratung sowohl rechtliche als auch psychische Aspekte zu berücksichtigen sind.

Die Beratung durch mehrere Beraterinnen für mehrere Klientinnen ist im Wirtschaftsleben weit verbreitet. Ein Beratungsunternehmen, für das ich einige Jahre als Konsulent tätig war, pflegt aus Prinzip alle Beratungsaufträge mit mindestens zwei Beraterinnen durchzuführen. Wie schon oben erwähnt, würde eine detailliertere Erörterung dieser Beratungsformen ein eigenes Buch füllen, wobei die bereits dazu vorhandene Fachliteratur schon jetzt dutzende Regalmeter in Buchhandlungen und Bibliotheken beansprucht.

Beratung zweiter Ordnung – Supervision

Auch wenn oft zitiert wird, dass Helferinnen Helferinnen geworden sind, damit sie keine Hilfe brauchen, gehört es zum professionellen Selbstverständnis verantwortungsbewusster Beraterinnen, selbst regelmäßig Beratung für die Reflexion ihres eigenen Handelns zu nützen. Diese bezeichnet man als Supervision. Die alternative Methode „Intervision" wird im Kapitel „Kollegiale Beratung" näher betrachtet.

Wenn wir davon ausgehen, dass jeder Mensch in verschiedene Systeme eingebunden ist können wir Beratung als die Schaffung eines besonderen Systems verstehen, in welchem zwei Personen ihre Systeme des Alltags für einen bestimmten Zeitraum verlassen und sich in diesem neuen System als Beraterin und Klientin definieren. Dieses Ssystem bezeichnen wir als Beratungssystem erster Ordnung.

Beratungssystem zweiter Ordnung nennen wir ein neues System, in welchem sich die Beraterin aus dem System erster Ordnung nunmehr selbst als Klientin definiert, während die Beraterin in dieser neuen Konstellation Supervisorin und das System Supervision genannt wird. Dieses unterscheidet sich von möglichen Beratungssystemen erster Ordnung, in welchen sich die vormalige Beraterin als Klientin definieren könnte dadurch, dass hier das Thema ihre Tätigkeit als Beraterin ist.

Es gibt unterschiedliche Zugänge zur Supervision:

In einem geht es um die **Fälle** der Beraterin. Sie präsentiert diese und sucht mit der Supervisorin nach Ideen und Methoden, wie sie in Zukunft mit diesen Fällen besser umgehen könnte.

Beratung 2. Ordnung

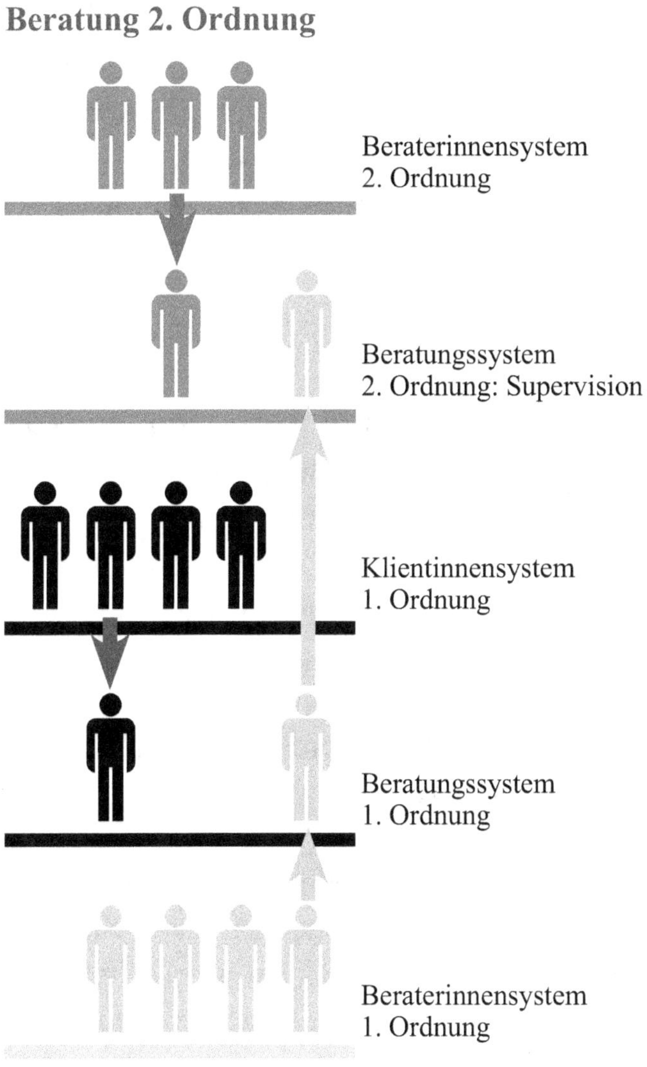

Bei einem anderen Zugang geht es vornehmlich um **Kont-rolle** der Arbeit der Beraterin bezüglich Einhaltung von Regeln und Vorgaben der Organisation in der sie arbeitet. Diese Zielsetzung kommt besonders oft auch im Rahmen von Ausbildungen zur Anwendung.

Bei einem weiteren Zugang geht es um die Erhöhung und Festigung der **Kompetenz** der Beraterin. Nach der Präsentation der Fälle geht es nicht so sehr um die optimale Beratung der jeweiligen Klientin sondern um das persönliche Erleben und Befinden der Beraterin und die Möglichkeiten, wie sie in Zukunft mit mehr innerer Sicherheit und Zuversicht und auch Professionalität beraten könnte. Man spricht in diesem Zusammenhang von Empowerment.

Eine andere Form von Supervision ist die Teamsupervision. Hier geht es um die regelmäßige Reflexion über die **Zusammenarbeit** im Team, die Besprechung von Konflikten, schwierig erlebten Situationen, manchmal auch von Spannungen zwischen Team und Leitung oder Organisation. Ziel der Teamsupervision ist die Erhöhung der Handlungsfähigkeit des Teams.

Neben den regelmäßig stattfindenden Supervisionen gibt es auch Supervisionen aus besonderen Anlässen, die meist als **Krisensupervisionen** bezeichnet werden.

In einer Organisation für betreutes Wohnen für Menschen mit psychischen Beeinträchtigungen war es einem Bewohner gelungen, im dritten Stock ein verriegeltes Fenster zu öffnen. Er setzte sich auf den Fensterrand um zu rauchen und stürzte in den Innenhof, wobei er sich schwere Verletzungen zuzog. Das Betreuungsteam kam in Krisensupervision, um die emotionalen Belastungen durch diesen Vorfall im geschützten Rahmen zu besprechen.

Manche Organisationen, die für ihre Mitarbeiterinnen Supervision organisieren, machen klare Vorgaben über die Form von Supervision, die stattfinden soll. Es kommt auch manchmal vor, dass allzu erfolgreiche Supervisionen „torpediert" werden:

Drei Firmen mit einer langen Tradition von Konkurrenz wurden fusioniert. Das bedeutete, dass drei Teams, die bis dahin verfeindet gewesen waren nunmehr als ein Team kooperieren sollten. Das neue Team suchte sich Supervision mit dem klaren Auftrag: „Wir wollen Vertrauen untereinander aufbauen." Dieser Aufbau brauchte seine Zeit, doch allmählich wurden alte Wunden angesprochen, es war genug Raum für Tränen und Entschuldigungen und Versöhnung. Doch eines Tages saßen alle mit versteinerter Miene da. Niemand wollte etwas sagen, es gab anscheinend keine Themen. Schließlich kam es doch heraus: die Leitung hatte zwei Personen aus dem Team zu Teamsprecherinnen ernannt. Die anderen fragten sich, warum gerade die zwei und was diese wohl zuvor von den vertraulichen Besprechungen preisgegeben hatten. Die Arbeit von mehr als zwei Jahren war zerstört, die Supervision wurde beendet.

Kollegiale Beratung

Die Balintgruppe

Balint-Gruppen sind im klassischen Verständnis Arbeitsgruppen von etwa acht bis zwölf Ärztinnen, die sich unter der Leitung einer erfahrenen Psychotherapeutin regelmäßig treffen, um über „Problempatientinnen" aus ihrer Praxis zu sprechen. Das Ziel ist eine verbesserte Ärztin-Patientin-Beziehung, die schließlich zu einem verbesserten Verständnis und einer verbesserten Behandlung der Patientin führen soll. Die Methode wurde nach Michael Balint (1896–1970), einem Psychiater und Psychoanalytiker ungarischer Herkunft, benannt. Balint hatte nach dem Zweiten Weltkrieg an der Londoner Tavistock Clinic zunächst Fallkonferenzen mit Sozialarbeiterinnen durchgeführt. In ihnen konnten die Teilnehmenden lernen, die unbewussten Prozesse in der Arbeit mit ihren Klientinnen auf dem Hintergrund psychoanalytischer Theorien besser wahrzunehmen. Ab 1950 führte er ähnliche Fallkonferenzen mit niedergelassenen Hausärztinnen durch und bezeichnete sie als Diskussionsseminare über psychische Probleme in der ärztlichen Praxis. 1954 berichtete er im British Medical Journal über seine neue Methode der ärztlichen Weiterbildung. 1957 erschien sein Buch „The doctor, his patient and the illness".

Das wichtigste methodische Element der Balint-Gruppen-Arbeit ist der freie Bericht über ein Fallbeispiel. In der Regel schildert eine Gruppenteilnehmerin eine Begegnung mit einer Patientin.

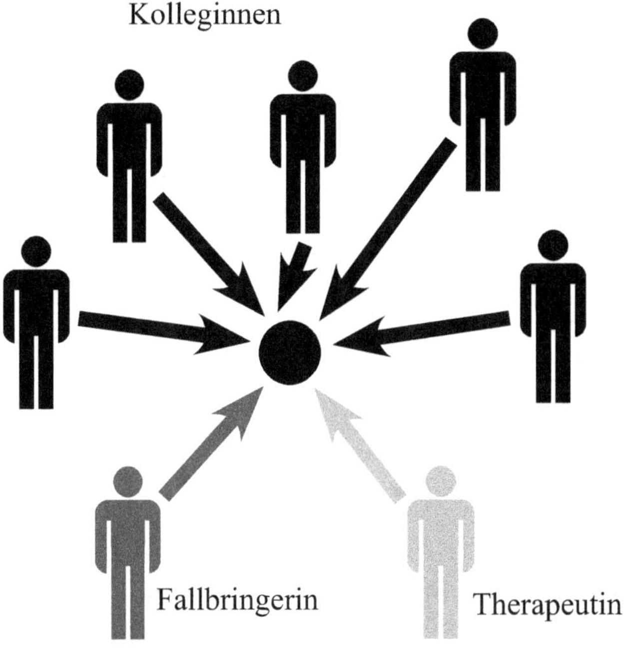

Die Gruppe untersucht dann gemeinsam im freien kollegialen Gespräch, in freier Assoziation und Fantasie die daraus erkennbare Ärztin-Patientin-Beziehung. „Unser Hauptziel war die möglichst gründliche Untersuchung der ständig wechselnden Arzt-Patient-Beziehung, das heißt das Studium der Pharmakologie der Droge ‚Arzt' ", erklärte Balint. Er verglich also die Wirksamkeit der Ärztin mit der eines Arzneimittels, das erwünschte und unerwünschte Wirkungen haben kann.

Dem Konzept liegt das psychodynamische Krankheitsverständnis der Psychoanalyse zugrunde. Danach wird die Aufmerksamkeit besonders auf die Phänomene der Übertragung, Gegenübertragung, Regression, Agieren, Verschieben, Abspalten, kontraphobische Abwehr oder Reaktionsbildung gerichtet. Zentrale Fragen sind also: Was macht die Ärztin mit der Patientin? Was macht die Patientin mit der Ärztin? Welche Gefühle löst sie in ihr (und in den übrigen Gruppenteilnehmerinnen) aus?

Aus der psychoanalytischen Grundorientierung der Methode heraus bieten sich mehrere Interpretationsmöglichkeiten an:

Regredieren: Beim Regredieren wird eine schwer erträgliche Situation zu überwinden versucht, indem durch eine passive oder frühkindliche Verhaltensweise andere Menschen zu einer übermäßigen Umsorgung der Regredierenden gebracht werden.

Agieren: Beim Agieren führt eine schwer erträgliche Situation zu einem Verhalten, das in der Umgebung so viel Aufmerksamkeit erzeugt, dass darunter die eigentlichen Probleme aus dem Blick geraten.

Kontraphobisches Handeln: Beim kontraphobischen Handeln wird Angst durch Überaktivität – oft auch durch objektiv nutzlose Handlungen – verdeckt.

Flucht nach vorne: Bei der Flucht nach vorne wird Angst erträglich zu machen versucht, indem gerade die angstmachende Situation direkt herbeigeführt wird.

Verschieben: Beim Verschieben wird einem schwer zu ertragenden Problem ein anderes – geringer belastendes – vorgeschoben und durch die Beschäftigung damit das schwerer zu ertragende Problem in den Hintergrund gedrängt.

Abspalten: Beim Abspalten können in emotional schwer zu bewältigenden Situationen gegensätzliche Gefühle einander gleichwertig zur Seite gestellt werden, wobei zu einem Zeitpunkt lediglich der eine, zu einem anderen Zeitpunkt nur der andere Gefühlszustand dem Bewusstsein zugänglich ist.

Reaktionsbildung: Bei der Reaktionsbildung wird ein bei sich selber schwer zu akzeptierender Gefühlszustand im Verhalten ins Gegenteil verwandelt.

Aus dieser Beziehungsdiagnose werden Rückschlüsse auf unbewusste Konflikte gezogen, die Patientin und Ärztin „mitbringen". Insbesondere die Bewusstmachung der Gegenübertragungsgefühle (wie Abneigung, Ärger, Desinteresse, verstärktes Interesse, Mitleid, Hilflosigkeit ...) gibt wertvolle diagnostische Hinweise, die hilfreich in die weiteren Kontakte mit der Patientin einfließen können.

Der Beratungsstern

Der Beratungsstern ist eine Weiterentwicklung der Balintgruppe. Während die Balintgruppe stark psychoanalytisch orientiert ist stützt sich der Beratungsstern auf systemische Konzepte. Der Grundgedanke ist dabei, dass Personen eine Situation als Problem definieren und auch so erleben, was auch meist eine Einengung des Blickwinkels mit sich bringt. Ziel der Methode ist daher die Erweiterung der Möglichkeitswahrnehmung und damit auch die Öffnung eines Lösungsfeldes. Das Vorgehen ist stark strukturiert, damit dem inneren Chaos der Klientin, die in diesem Fall „Fallbringerin" genannt wird, eine Ordnung gegenübergestellt wird, die ein Gefühl der Sicherheit geben kann.

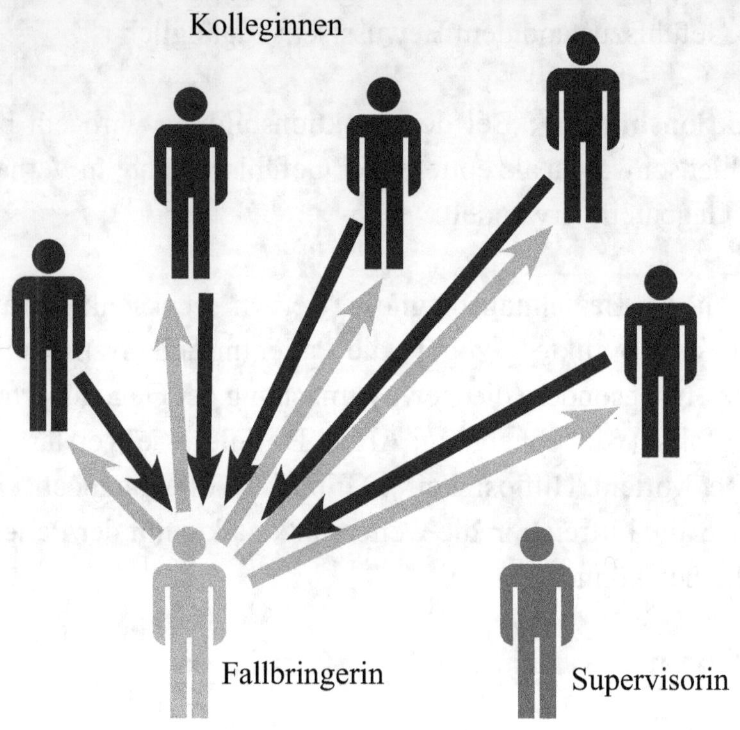

Die Teilnehmerinnen sitzen in einem Halbkreis um die Fallbringerin und die Supervisorin. Nach einer kurzen Instruktion der Supervisorin berichtet die Fallbringerin über ihre konkrete herausfordernde Situation. Zum Abschluss formuliert sie die Frage, auf die sie bei dieser Gelegenheit gerne eine Antwort fände.

Die Kolleginnen stellen nun reihum je eine Frage zur **Information**. Es gibt keine Möglichkeit zu Nachfragen oder Diskussionen. Bei Bedarf gibt es eine zweite Runde, wobei es hier möglich ist, zu passen.

Die Kolleginnen überlegen nun, worum es ihrer Meinung nach in dieser Situation gehen könnte und stellen ihre **Hypothesen** wieder reihum vor.

Im nächsten Schritt überlegen die Kolleginnen, was sie in dieser Situation täten und stellen ihre **Lösungsideen** wieder reihum vor in der Form: „Ich würde in dieser Situation ... tun.".

Zum Abschluss folgt noch eine Runde mit **Warnungen**: „Ich würde auf keinen Fall ... tun.".

Die Supervisorin leitet diesen Prozess an, stellt die jeweils zu beantwortenden Fragen nach Hypothesen, Lösungsvorschlägen und Warnungen und achtet auf die Einhaltung der Reihenfolge und der anderen Regeln.

Nach den Warnungen ist die Beratung beendet. Die Fallbringerin geht mit einem bunten Strauß an Hypothesen, Lösungsideen und Warnungen und kann danach in aller Ruhe ihre persönliche Entscheidung treffen, wie sie vorgehen möchte. Entscheidend für die Wirksamkeit der Methode ist das Vermeiden einer anschließenden Diskussion der Kolleginnen über das „richtige" Vorgehen, weil es ein solches in Wirklichkeit nicht gibt. Umgekehrt würde aber dadurch das Ergebnis verwässert. Die Fallbringerin allein kann entscheiden, welches Vorgehen für sie optimal ist, weil sie allein die Verantwortung trägt und mit den Konsequenzen leben muss.

Als hilfreich hat es sich erwiesen, wenn die Kolleginnen ihre Beiträge auf Moderationskärtchen notieren und der Fallbringerin quasi als Geschenk mitgeben. Alternativ gibt es die Möglichkeit, dass eine Person aus der Runde – nicht die Supervisorin! – sich bereit erklärt, die Hypothesen, Lösungsideen und Warnungen zu protokollieren und der Fallbringerin zum Abschluss der Beratung zu überreichen.

Diese Methode eignet sich für alle Berufsgruppen und erfreut sich besonders bei Führungskräften großer Beliebtheit. Mit einiger Übung können einzelne Gruppenmitglieder die Rolle der Supervisorin übernehmen. Bei geübten Gruppen geht es sogar ganz ohne Leitung.

Die Wirkung von Sprache

Sigmund Freud sagte: „Worte waren einmal Zauber." Daran hat sich bis in unsere Zeit nichts geändert. Unser Denken funktioniert in Bildern, die mit Emotionen verknüpft sind, und Worte lösen bei uns Bilder und Emotionen aus. Es macht einen großen Unterschied, ob wir eine Situation als Herausforderung oder Aufgabe oder schwierige Aufgabe oder Problem oder Schwierigkeit oder Katastrophe definieren. Jede dieser Definitionen triggert andere Bilder mit anderen Emotionen und wirkt sich direkt auf unser Potential zum Umgang mit dieser Situation aus.

Mit jedem dieser Begriffe ist ein ganzes Paket an Vorstellungen, Erfahrungen, Emotionen und Erwartungen verknüpft. Diese Erwartungen haben die Tendenz, selbsterfüllende Prophezeiungen zu werden. Paul Watzlawick hat dieses Prinzip sehr pointiert beschrieben: „Ganz gleich ob Sie überzeugt sind, dass Sie es schaffen oder überzeugt sind, dass Sie es nicht schaffen: Sie haben immer Recht!"

An einer Schule in Wien hat man ein Experiment gemacht. In eine durchschnittliche 7. Klasse im Gymnasium wurden externe Lehrkräfte eingeladen, eine Unterrichtsstunde abzuhalten. Der Vorwand war, dass die Lehrerin für dieses Fach schon seit einiger Zeit krank sei und die Schüler aber unbedingt den Lehrstoff benötigten. Die Gastlehrerinnen sollten dann, je nach ihrem Fach Differentialgleichungen, die Punischen Kriege, Shakespeares Sonette, Thomas Bernhard, die Faltung der Alpen oder die chemischen Reaktionen bei der Stahlerzeugung vortragen.

Bevor sie in die Klasse gingen gab man ihnen noch eine wichtige Information: „Liebe Kollegin, bitte seien Sie vorsichtig! Das ist unsere schlimmste Klasse. Die wollen jede Lehrerin fertig machen und aufzeigen, dass sie nichts weiß. Was glauben Sie, warum die zuständige Kollegin schon so lange krank ist? Vorsicht!" Die Lehrerinnen gingen hinein und kamen nach dem Unterricht schweißgebadet aus der Klasse. Sie klagten über die Bosheit der Schülerinnen und die furchtbar gemeinen Fragen, die sie ihnen gestellt hätten. Sie äußerten Mitleid für die kranke Kollegin und verließen fluchtartig die Schule.

Anderen Lehrerinnen gab man eine andere Information: „Liebe Kollegin, auf diese Klasse können Sie sich freuen! Das sind interessierte junge Leute, die lernen wollen!" Diese Lehrkräfte kamen mit strahlendem Lächeln aus der Klasse und lobten die Wissbegier und die klugen Fragen der Schülerinnen. Sie boten an, gerne wiederzukommen, wenn Bedarf wäre.

Es war die gleiche Klasse. Nicht besonders gut, nicht besonders schlecht, einfach normal. Sie hatten allerdings in ihren sieben Jahren in diesem Gymnasium die Maxime verinnerlicht: „Stellt Fragen!"

Hier noch ein persönliches Erlebnis. Als mein Sohn elf Jahre alt war sollten ihm die Rachenmandeln entfernt werden. Wir saßen im Wartebereich vor den Operationssälen – kurz OPs – und plauderten. Er fragte mich, wie das denn funktioniere mit der Narkose. Ich erzählte ihm von der Möglichkeit einer Spritze oder einer Tablette oder der Äthermaske. Er wollte Gewissheit, um sich darauf einstellen zu können. Eine OP-Schwester ging da vorbei und ich fragte sie, welche Methode man bei meinem Sohn anwenden werde. Ihre Antwort war: „Das wird er schon sehen!" Kurz danach führte sie meinen Sohn in den OP. Schon bald kam sie heraus und bat mich, zum Aufwachen meines Sohnes in den OP zu kommen. Sie hätten ihn zu viert festhalten müssen, bis der Äther gewirkt habe und sie wüssten eines aus Erfahrung: wie sie einschlafen, so wachen sie auf. Als mein Sohn aus der Narkose erwachte, hielt ich ihn schon fest im Arm. In einem ersten Impuls begann er wild um sich zu treten, doch als er mich erkannte war er sofort ruhig. Ich konnte mir nicht verkneifen, der OP-Schwester zu sagen, dass ihr das alles erspart geblieben wäre, wenn sie unsere Frage vorher beantwortet hätte.

Die Wirksamkeit der Sprache ist noch viel fundamentaler für jede Beratung. In der Regel findet Beratung in Gesprächsform statt, also unter Verwendung der Sprache. Viele Beraterinnen stellen fest, dass es manchmal für ein besseres Lebensgefühl der Klientinnen schon ausreicht, sie ihre Geschichte erzählen zu lassen. Sprache ist zusammen mit der beraterischen Beziehung der größte Wirkfaktor der Beratung.

In schwierigen Situationen haben wir in uns ein buntes Gemisch aus Fakten, Annahmen, Erfahrungen, Emotionen und Bildern. Diese bilden einen Cocktail, der wie ein Strudel alles in sich aufsaugt, was das Leiden und die Unsicherheit vergrößert und gleichzeitig das meiste, das helfen könnte, ausblendet. Eine typische Formulierung dafür hören wir oft in der Beratung: „Ich weiß nicht, wo ich anfangen soll." Durch das Erzählen – übrigens auch durch das Niederschreiben – bekommt das diffuse Gemenge eine Struktur in Form von Syntax und Grammatik und kann mit diesen Werkzeugen besser behandelt werden. Intuitiv entscheidet sich die Erzählerin auch für bestimmte Bezeichnungen und wählt Aspekte und Details aus, die ihr wichtiger erscheinen als jene, die nicht erwähnt werden.

Diese Darstellung ist – unabhängig von der Beratungsmethode – der Ansatzpunkt für die weitere Beratung. Die Beraterin kann einerseits mit den angebotenen Begrifflichkeiten und deren Bedeutung für die weitere Beratung arbeiten. Die Erzählung der Klientin bietet der Beraterin auch die Möglichkeit, zuerst sich und dann die Klientin zu fragen, was wohl ausgelassen worden ist.

Ein spezieller Aspekt von Sprache und ihrer Bedeutung und Wirksamkeit ist der Umgang mit Diagnosen und Zuschreibungen. Hier genügt der Verweis auf den Fall „Moribundus" an anderer Stelle.

Die Verwendung bestimmter Sprachmuster ist ein weiterer Aspekt, der für die Beratung von Bedeutung sein kann. Einerseits sollte die Beraterin darauf achten, welche Sprachmuster die Klientin verwendet. Diese Kenntnis eröffnet ihr die Möglichkeit, in ihrer Kommunikation ähnliche Muster zu verwenden, um der Klientin zu zeigen, dass sie sich angenommen fühlen kann. Andererseits kann die Beraterin ihrerseits durch die Verwendung bestimmter Sprachmuster der Klientin Entlastung bieten oder, wie in den hypnotischen Zugängen neue Sichtweisen der eigenen Situation und auch erste Ideen für Lösungswege ermöglichen. Auf dieses Thema werden wir noch bei der Betrachtung des ideodynamischen Prinzips zurückkommen.

Ideodynamik

Ideodynamik beschreibt ein besonderes Phänomen menschlichen Denkens. Es ist ein zusammengesetztes Wort aus den griechischen Begriffen für Idee, Gedanke, Vorstellung und Dynamik. Gemeint ist damit, dass alle unsere Wahrnehmungen bei uns Vorstellungen auslösen, welche in der Folge Emotionen aktivieren, die in unserem Erfahrungsschatz damit verknüpft sind.

Das gilt für Bilder, Worte, sensorische Wahrnehmungen, Gerüche und Geschmäcker gleich. Ein Foto eines geliebten Menschen weckt Erinnerungen an schöne Gemeinsamkeiten ebenso wie der Klang ihrer Worte oder der Geruch ihres Parfüms. Umgekehrt funktioniert das ebenso.

Ein Unternehmen bekam einen neuen Geschäftsführer. Dieser präsentierte sich der Belegschaft bei einer großen Veranstaltung. Dort sagte er sinngemäß: „Ich freue mich, ein so gut funktionierendes Unternehmen zu leiten. Wir haben wunderbare Produkte und werden in den nächsten Monaten und Jahren sicherlich unseren Marktanteil ausbauen können. Ich freue mich auf die Zusammenarbeit mit Ihnen! Kündigungen sind nicht geplant." Zu seiner Verwunderung und Irritation war das Einzige, das von seiner Ansprache im Gedächtnis seiner Mitarbeiterinnen blieb das Thema „Kündigungen". Wer? Wann? Wieso? Dieses Thema beherrschte die Gespräche in den Büros, Gängen und Kantinen.

Dieses Beispiel verdeutlicht einen wichtigen Aspekt dieses Prinzips: auch verneinte Begriffe entfalten ihre volle Wirkung. Denken Sie jetzt bitte nicht, ich wiederhole: NICHT an einen blauen Schäferhund mit einer Zitrone im Maul!

Dieses Prinzip können sich erfahrene Beraterinnen zum Vorteil ihrer Klientinnen zu Nutze machen. Angenommen, die Klientin hat ausführlich über ihre Situation geklagt. In einer Paraphrase könnte die Beraterin dann sagen: „Ich verstehe, dass Sie noch kein Licht am Ende des Tunnels und auch keinen Silberstreif am Horizont sehen." Durch die Verneinung wird diese Aussage für die Klientin akzeptabel – im Gegensatz zu: „Sie werden schon bald das Licht am Ende des Tunnels und den Silberstreif am Horizont sehen!" wo das Risiko besteht, dass sich die Klientin nicht wahrgenommen und wertgeschätzt fühlt. Zugleich ist es fast unvermeidlich, dass die Klientin zumindest kurz ein Licht am Ende des Tunnels und einen Silberstreif am Horizont vor ihrem inneren Auge sieht und die dazu gehörenden Emotionen erlebt.

Kommunikation

Unter Kommunikation verstehen wir im Alltag eine Weitergabe und Entgegennahme von Information. Der Ursprung liegt im lateinischen Wort „communicare", einer Verbalisierung des Adjektivs „communis", das mit gemeinsam, allgemein und öffentlich übersetzt wird. Die Tätigkeit besteht somit darin, etwas gemeinsam oder allgemein oder öffentlich zu machen. Das bezieht sich ursprünglich nicht nur auf Information, wenn wir beispielsweise an das Prinzip der „Kommunizierenden Gefäße" aus der Physik denken. In unserem Alltag jedoch geht es – schon festgestellt – überwiegend um die Weitergabe von Information. Diese Weitergabe erfolgt analog oder digital sowie bewusst, beabsichtigt oder unbewusst.

Kommunikation ist nicht eindeutig, sondern wird von Wahrnehmung und Interpretation bestimmt. Unser Gehirn verarbeitet und repräsentiert ständig verschiedenartige Information mit Hilfe unserer fünf sensorischen Systeme. Unsere Fähigkeit zu sehen, zu hören, zu fühlen, zu riechen und zu schmecken ermöglicht diese Verarbeitung von Information, sowohl auf bewussten als auch unbewussten Wegen (die im Kapitel Wahrnehmung genauer behandelt werden). Dabei greifen Menschen tendenziell bevorzugt auf einen bestimmten Sinneskanal zurück. Dies führt sehr oft dazu, dass verschiedene Menschen ein und dieselbe Situation unterschiedlich wahrnehmen, beschreiben und bewerten. Das Wissen um bevorzugte Sinneskanäle kann einen Erklärungsbeitrag leisten, weshalb Sie als Beraterin zu bestimmten Klientinnen einen schnelleren Zugang finden als zu anderen.

Wir unterscheiden bei der Betrachtung von Kommunikation:

Intrapersonale Kommunikation beinhaltet nicht nur die inneren Dialoge, sondern auch die Aufnahme, Zuordnung und Bewertung von sinnlichen Wahrnehmungen aller Art. Diese erfolgt manchmal bewusst und kontrolliert, doch meist unbewusst und oft automatisiert. Die kleinste Einheit intrapersonaler Kommunikation ist die Weitergabe von elektrischen Aktionspotentialen von einer Nervenzelle zur nächsten am Berührungspunkt dieser Nervenzellen – an einer Synapse. Es gibt allerdings noch einen Mikrobereich in unserer DNS, die im mitochondrialen Zustand auf molekularer Ebene durch Verdoppelung Erbinformation weitergibt. Dies sei der Vollständigkeit halber erwähnt, weil die Biowissenschaften in diesen Bereichen Schwerpunkte setzen. Für die Beratung genügen uns die bewussten und unbewussten Denkprozesse im größeren Maßstab, wobei allerdings auch die inneren Dialoge unserer Klientinnen zum Thema werden können.

Interpersonale Kommunikation: hier treten zwei oder mehr Individuen in direkten Kontakt miteinander. Je nach der Art dieses Kontaktes sprechen wir von einer einseitigen oder gegenseitigen Beobachtung, einer Begegnung, einem Gespräch oder auch von Intimität. Letztere ist in der Beratung nicht vorgesehen, doch oft Thema. Die ideale Form ist zwar die persönliche Begegnung, doch sind auch die elektronischen Technologien anwendbar. Die Telepathie steckt leider noch in den Kinderschuhen.

Disperse Kommunikation: hier kommt es zu keiner persönlichen Begegnung im engeren Sinne. Jemand sendet Botschaften allgemein an mehrere potenzielle Empfängerinnen aus, ohne – trotz aller psychologischen Vorbereitungen – genau vorhersehen zu können, welchen Effekt diese Sendung haben wird. Dabei kann es sich um einen Vortrag, eine Vorlesung, eine postalische Aussendung in gedruckter oder elektronischer Form oder eine Sendung im Fernsehen oder Radio oder in anderen Medien handeln. Ein Großteil der Werbung funktioniert so.

Das Eisberg-Modell

Die Metapher wurde erstmals in den 1930ern von Ernest Hemingway als Beschreibung seines literarischen Stils bekannt, doch ist das Modell viel enger verknüpft mit Sigmund Freud und seiner Theorie des Bewusstseins. Demnach ist uns viel weniger bewusst als unbewusst. In der Kommunikationstheorie geht man davon aus, dass nur ein kleiner Teil des Kommunikationsgeschehens sichtbar ist, während ungleich mehr Aspekte unsichtbar, doch höchst wirksam ablaufen.

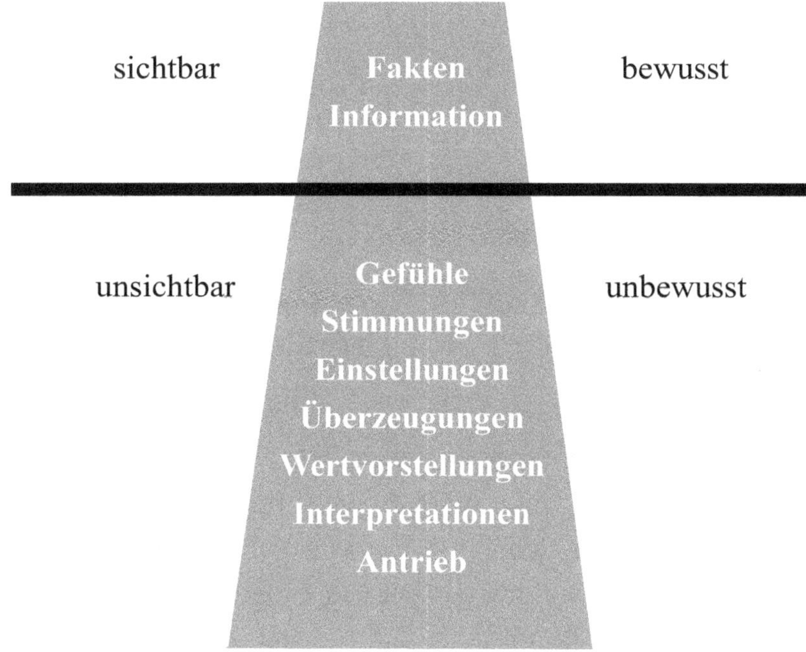

Das Sender – Empfänger – Modell

Wir betrachten in diesem Buch die persönlich stattfindende zwischenmenschliche Kommunikation, weil das die gängige Gestaltungsform für hilfreiche Gespräche ist.

Eine Person möchte einen Gedanken einer anderen Person mitteilen. Dieser Gedanke wird zunächst mittels eines Filters in Sprache kodiert und dann in Form von Schallwellen gesendet. Diese Schallwellen werden von der Empfängerin mit einem eigenen = anderen Filter dekodiert und in eigene innere Bilder übersetzt. Da jeder Mensch sein individuelles Dekodierungssystem hat, weil dieses ein Ergebnis seiner persönlichen Lebenserfahrung ist, kommt Ernst von Glasersfeld zu dem Schluss: „Verstehen ist unwahrscheinlich!". Es ist deshalb sinnvoll, die Antwort der Empfängerin abzuwarten und mit der intendierten Botschaft abzugleichen. Dies führt zu einer der Grundannahmen für funktionierende Kommunikation: „Erst nachdem ich die Antwort gehört habe weiß ich, was ich gesagt habe." Die oft gehörte Frage: „Hast du mich verstanden?" ist folglich nutzlos, da es dafür nur eine Antwort gibt: „Ja!" Die bessere Frage ist: „Wie hast du mich verstanden und was wirst du daher tun?".

Die Axiome des Mental Research Institute (MRI) in Palo Alto

Der bei uns bekannteste Exponent dieses Institutes ist Paul Watzlawick, doch sind auch Don Jackson als Begründer, Gregory Bateson, Richard Fish, Virginia Satir, Janet Beavin, Jay Haley, Jules Riskin, Lynn Segal, John Weakland und William Fry wichtige Persönlichkeiten dieses Instituts. Die dort entwickelten Theorien über menschliche Kommunikation, Familien und Familientherapie, Systemtheorie und deren Umsetzung in therapeutische Methoden sind für die Psychologie und alle davon betroffenen Lebensbereiche ähnlich bedeutsam wie die Psychoanalyse. Die Palo Alto Gruppe wandte sich von der Betrachtung isolierter Individuen ab und beschäftigte sich mit der Entwicklung von Individuen durch ihre Interaktion mit ihrer Umwelt, was zu der Zeit, als man dort an diesen Ideen arbeitete, absolut revolutionär war.

Paul Watzlawick, Janet Beavin und Don Jackson entdeckten fünf pragmatische Axiome der Kommunikation. Diese verstehen sich nicht als Regeln, die man befolgen muss, um wirksam zu kommunizieren, sondern als Regelmäßigkeiten, die bei allen Kommunikationsprozessen beobachtet werden können. In weiterer Folge erst ist Achtsamkeit in diesen Aspekten angeraten, wenn man wirksam kommunizieren möchte.

1. Man kann nicht nicht kommunizieren. Jede Kommunikation ist selbst in ihrer nonverbalen Form Verhalten, und da man sich auch nicht nicht verhalten kann folgt daraus schlüssig, dass man nicht nicht kommunizieren kann. Selbst die Verweigerung von Kommunikation ist eine Form der Kommunikation. Das hängt natürlich auch damit zusammen, dass im Sinne des Sender-Empfänger-Modells immer die Empfängerin über Inhalt und Wert der Botschaften entscheidet.

In seinen Seminaren brachte Watzlawick ein Beispiel aus seinem Leben. Er plante einen Kongress und schrieb einen Brief an einen Freund, in dem er diesen einlud, bei diesem Kongress einen Keynote-Vortrag zu halten. Der Freund war begeistert, antwortete zustimmend und stellte in seinem Antwortbrief einige technisch-organisatorische Fragen. Dieser Brief ging verloren. Nach zwei Wochen begann Watzlawick auf seinen Freund wütend zu werden: dieser hätte doch wenigstens in irgendeiner Weise auf diese freundliche Einladung antworten können. Zur gleichen Zeit allerdings stieg auch der Unmut des Freundes: offenbar war die Einladung nicht ernst gemeint gewesen. Hätten die beiden einander nicht bei einer anderen Veranstaltung getroffen und nach kurzen heftigen Vorwürfen die Situation geklärt, wäre das wohl das Ende ihrer Freundschaft gewesen.

2. Jede Kommunikation hat zwei Aspekte: Inhalt und Beziehung. Während der Inhaltsaspekt den objektiven Teil der Botschaft enthält wird im Beziehungsaspekt über die Einstellung der Kommunikantinnen zu einander informiert. Es geht dabei sowohl um die eigene Einstellung zur anderen Person als auch um die Annahmen über deren Haltung zu einer selbst. Wenn diese Beziehungsdefinitionen zusammenpassen ist konstruktive Verständigung über Inhalte möglich. Wenn die Beziehung jedoch unterschiedlich oder unbefriedigend definiert wird, kommt die Inhaltsebene gar nicht erst zum Tragen. Ebenso wenig wird die Kommunikation funktionieren, wenn eine der beteiligten Personen es an der nötigen Wertschätzung fehlen lässt.

3. Kommunikation ist immer Ursache und Wirkung. Jede Partnerin definiert die Interpunktion der Kommunikation subjektiv. Die eigenen Beiträge werden als vernünftige, moderate und angemessene Reaktionen auf die als aggressiv, unangemessen, ungerechtfertigt und feindselig empfundenen Aktionen und Aussagen der anderen gesehen. Wer das beobachten möchte findet vom Sandkasten bis zum Ehestreit jede Menge Anschauungsmaterial.

4. Menschliche Kommunikation ist analog oder digital. Die digitale Kommunikation verfügt über eine komplexe und logische Syntax, entbehrt aber auf dem Gebiet der Beziehungen einer Semantik. Die analoge Kommunikation verfügt über ein solches semantisches Poten-

zial auf dem Gebiet der Beziehungen, entbehrt aber einer Syntax, die eine eindeutige Definition der Natur von Beziehungen leisten könnte. Mit analogen Elementen wird häufig die Beziehungsebene vermittelt, mit digitalen die Inhaltsebene. So gibt es Tränen des Schmerzes und der Freude, und ein Lächeln kann Sympathie oder Verachtung ausdrücken. Analoge Kommunikation ist mehrdeutig und kann unterschiedlich entschlüsselt werden. Durch mögliche Fehlinterpretationen können Konflikte zwischen den Kommunikationspartnerinnen entstehen. Die Annahme, dass digitale Kommunikation weniger anfällig für Fehlinterpretationen wäre ließ sich nicht lange aufrecht halten.

5. Kommunikation ist symmetrisch oder komplementär. Beziehungen zwischen Partnerinnen basieren entweder auf Gleichheit oder auf Unterschiedlichkeit. In komplementären Beziehungen ergänzen sich unterschiedliche Verhaltensweisen und bestimmen den Interaktionsprozess. Die Beziehungsgrundlage besteht hierbei im Unterschied der Partnerinnen. Häufig drückt sich diese Unterschiedlichkeit in einer Unterordnung aus, d.h. die eine hat die Oberhand über die andere. Eine symmetrische Beziehungsform zeichnet sich dadurch aus, dass die Partnerinnen sich bemühen, Ungleichheiten untereinander zu minimieren. Implizit wird hier nur auf funktionierende Kommunikation Bezug genommen.

Wenn in einer Firma die eine Person sich als Chefin versteht und die andere Person als Mitarbeiterin definiert, und die andere Person das entsprechend sieht, kann die Verständigung über die Inhalte gut funktionieren. Weniger gut funktioniert sie, wenn die Definitionen nicht zusammenpassen. Das könnte der Fall sein, wenn die eine Person sich als Chefin und die andere Person als ihre Mitarbeiterin definiert, die ihre Anweisungen auszuführen hat, während die andere Person sich als Fachexpertin sieht und die Chefin als eine Person, die keine Ahnung hat, betrachtet. Wenn jedoch die Beziehungsdefinitionen weder symmetrisch noch komplementär sind, sondern sich gleichsam überkreuzen – wie bei dem Beispiel Chefin <–> Expertin – kommt es zu keiner funktionierenden Kommunikation. Mit diesen Beziehungen beschäftigt sich die Transaktionsanalyse.

Friedemann Schulz von Thun – das Vier-Ohren-Modell:

Friedemann Schulz von Thun war der erste Inhaber eines Lehrstuhles für Kommunikation (1975 in Hamburg). Sein bekanntester Beitrag zur Kommunikationstheorie ist das „Vier Ohren Modell". Es ist eine Erweiterung des zweiten Axioms von Watzlawick um zwei weitere Aspekte. Zu Inhalt und Beziehung kommen Selbstkundgabe und Appell. Denn jede Person, die etwas von sich gibt, gibt etwas von sich selbst, also die eigene Befindlichkeit preis. Und jede aktive Kommunikation dient einem Zweck, verfolgt eine bestimmte Absicht. Somit hat jede Kommunikation vier Aspekte.

Man kann das Modell von der Seite der Senderin betrachten und spricht dann von den vier Schnäbeln. Wir konzentrieren uns im Sinne des Sender-Empfänger-Modells auf die Empfängerin einer Botschaft als kleinster Einheit der Kommunikation und auf ihre Ohren.

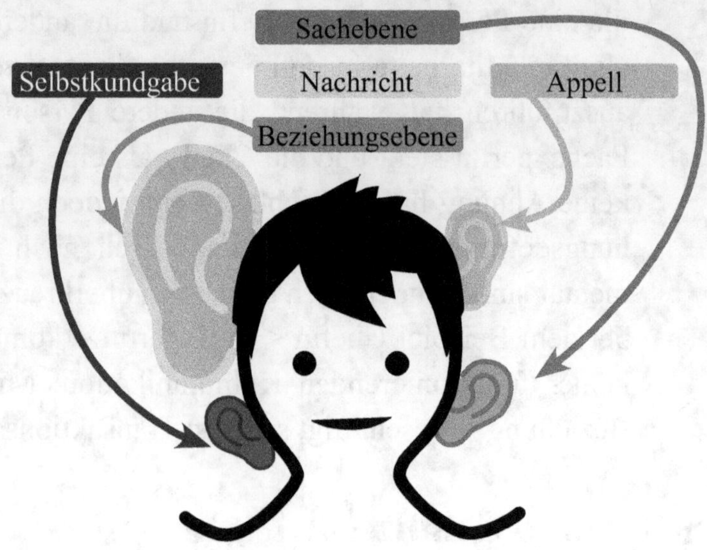

Das Sachohr fragt nach dem Inhalt der Botschaft: Worum geht es? Was ist das Thema? Was ist Sache?

Das Appellohr sucht nach dem Wunsch der Senderin: Was willst du von mir? Was soll ich (für dich) tun?

Das Ohr für die Selbstkundgabe sucht nach der Information über die Befindlichkeit der Senderin: Wie geht es ihr? Wie ist sie drauf? Was hat sie denn?

Das Beziehungsohr kümmert sich zunächst nicht um die anderen Aspekte der Botschaft und sucht nur nach der Beziehungsdefinition der Senderin: Wie stehst du zu mir? Wie weit respektierst du mich? Welche Wertungen meiner Person schwingen mit? Wie sprichst du mit mir? Dieses Ohr ist in der Regel das Schlüsselohr um bereit zu sein, die anderen Aspekte wahrzunehmen. Erst wenn das Beziehungsohr mit dem Beziehungsteil der Botschaft einverstanden ist kann man über Befindlichkeiten, Inhalte und Wünsche sprechen und vielleicht zu Vereinbarungen kommen.

Wertequadrat

Die Wertepolarität geht in ihren Ursprüngen auf Aristoteles zurück und wurde von Nicolai Hartmann 1926 in Form eines Wertequadrats dargestellt. Diese Darstellung wurde 1936 von Paul Helwig für die Psychologie entlehnt und 1989 von Friedemann Schulz von Thun für die Kommunikationstheorie adaptiert. Seither diente es auch zur Definition von Entwicklungsfeldern.

Das Urbeispiel von Aristoteles stellt einander zwei Tugenden gegenüber: Sparsamkeit und Großzügigkeit. Beide sind dabei positiv bewertet. Ihre Übertreibungen jedoch – Geiz und Verschwendung – gelten als Untugenden. Diese vier Werte wurden von Hartmann in einem Quadrat dargestellt:

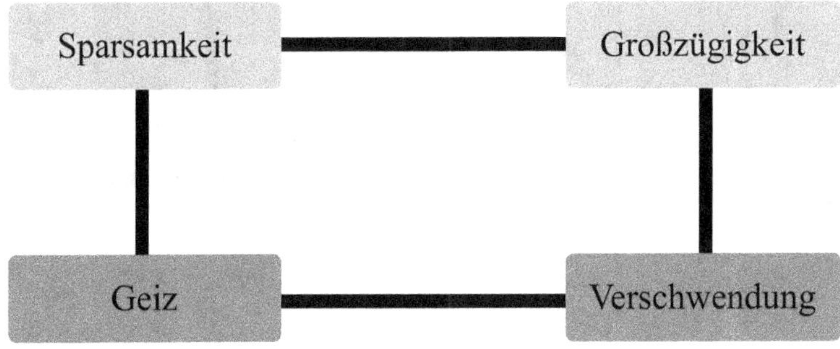

Diese Darstellung wurde für die Anwendung in der Wahrnehmungspsychologie durch Helwig mit zwei Pfeilen versehen:

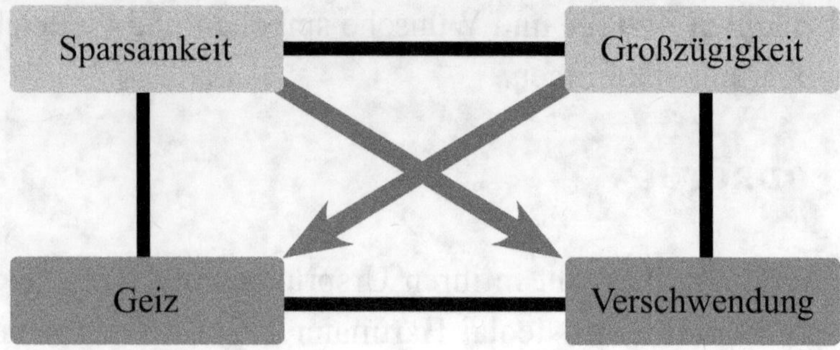

Aus Sicht einer sparsamen Person ist eine großzügige Person verschwenderisch, während Sparsamkeit von einer großzügigen Person als Geiz betrachtet wird. Die Folge dieser Betrachtungsverschiebungen sind oft Abwertungen der jeweils anderen Person.

In der Erweiterung durch Friedemann Schulz von Thun werden diese Pfeile umgedreht:

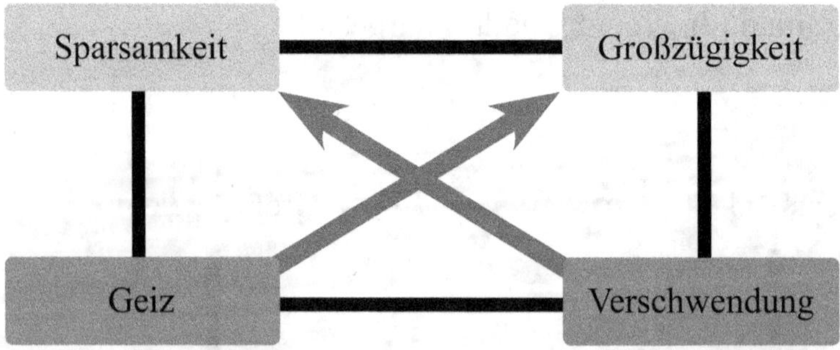

Sie weisen nunmehr den Weg für eine positive Entwicklung. Ein geiziger Mensch wird erst dann sparsam leben können, wenn er zunächst lernt, großzügig zu sein. Ebenso führt der Weg von der Verschwendung zur Großzügigkeit über das Erlernen von Sparsamkeit.

Wertekreis

Der Wertekreis ist eine konsequente Weiterentwicklung des Wertequadrats nach einer Idee von Doris Lutz. Die im Quadrat genannten Verhaltensweisen sind demnach willkürlich ausgewählte Punkte auf dem großen Kreis vielfältiger Verhaltensmöglichkeiten zu einem Grundthema. Auf der positiven Seite des Umgangs mit Geld entsteht dadurch Platz für Bezeichnungen wie asketisch, abwägend, qualitätsbewusst bis impulsiv und Sponsor, auf der anderen Seite des Spektrums finden sich Haltungen wie knausernd, wuchernd und bankrott, um nur einige herauszugreifen. Es eröffnet sich ein großes Spektrum an Möglichkeiten. Die Wahl der Begriffe ist dabei sehr individuell und bietet viel Raum für Interpretation, Abwägung und Diskussion.

Einige Beispiele auf den folgenden Seiten:

Wertekreis Geldbezug

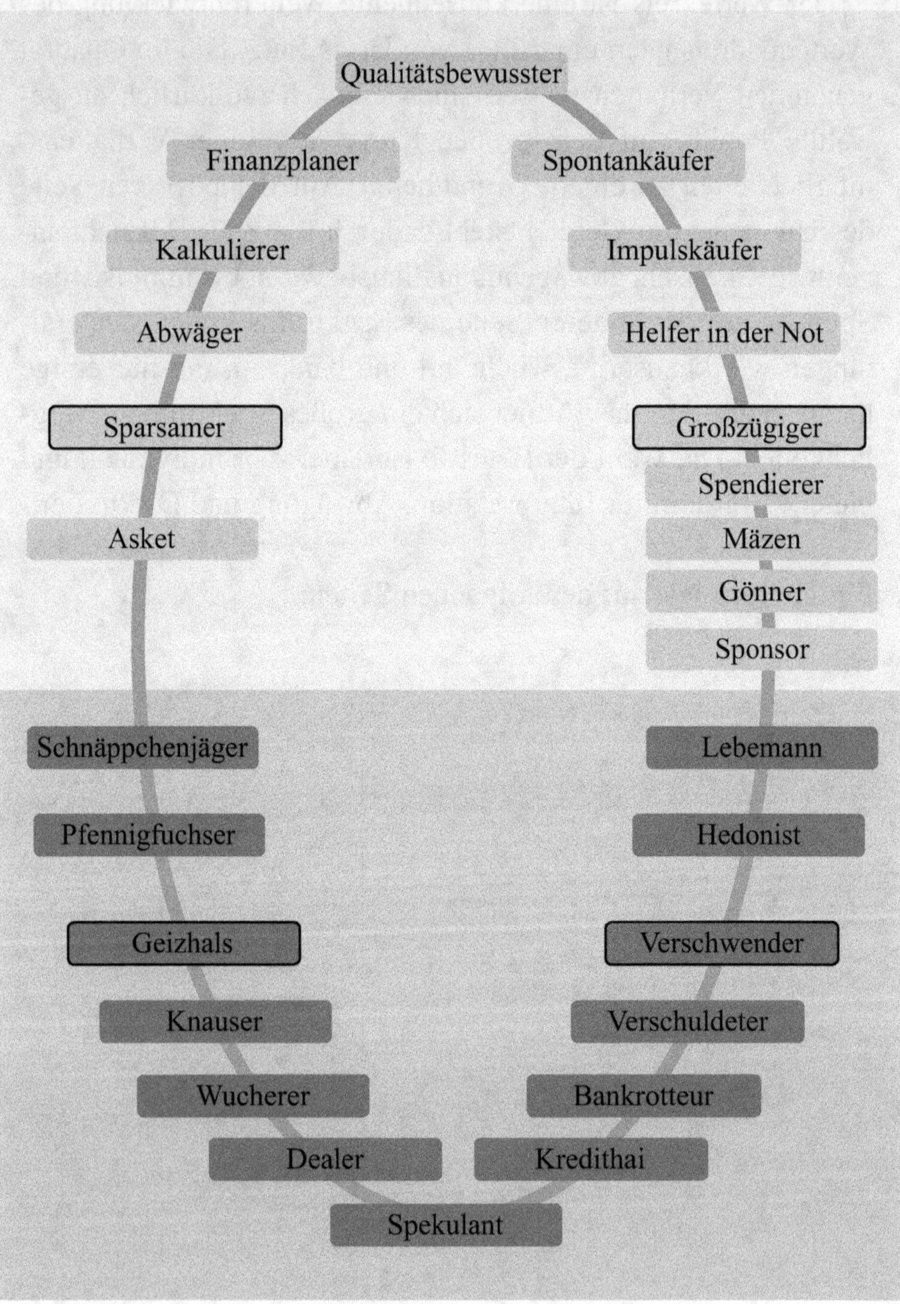

Wertekreis Liebesbeziehung

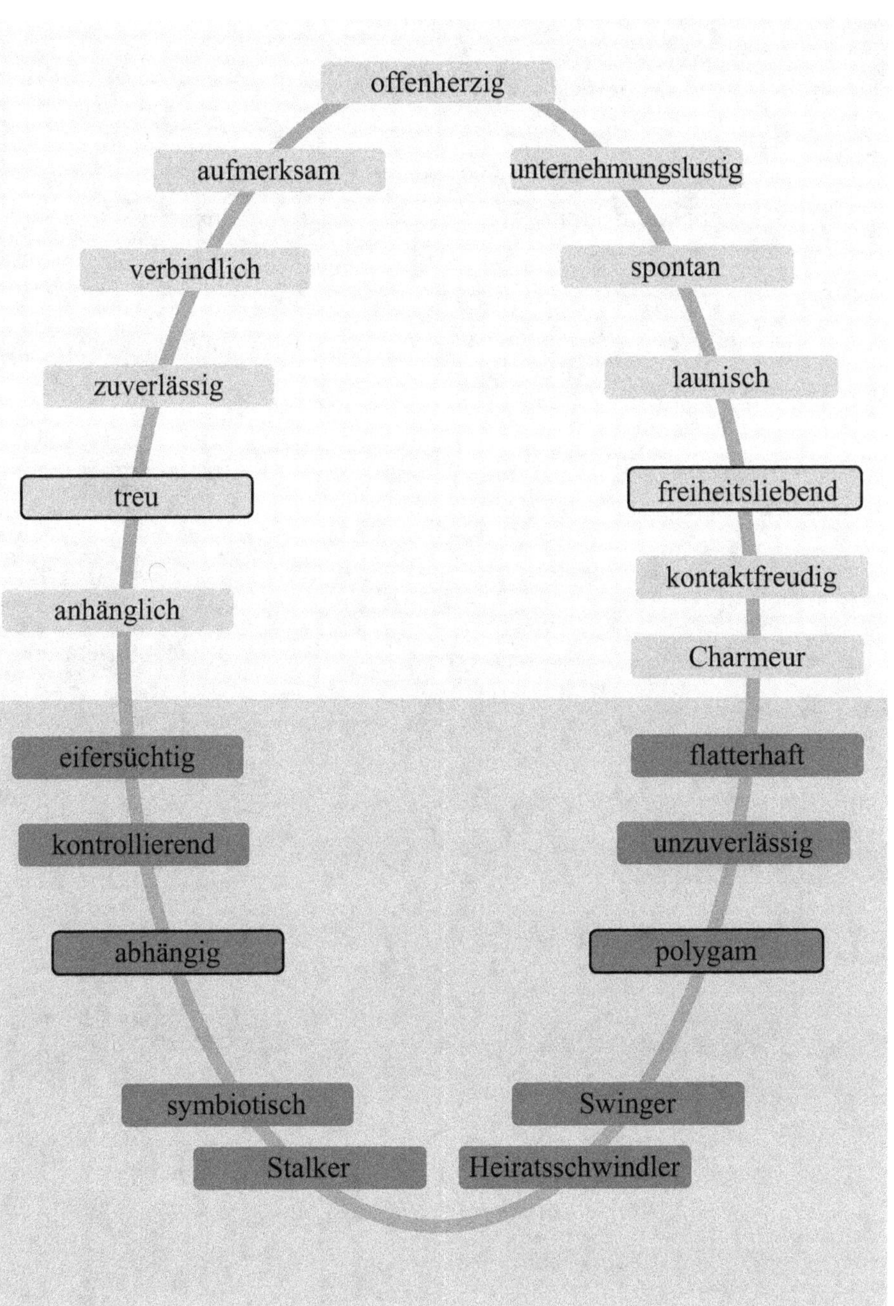

Wertekreis Sozialverhalten

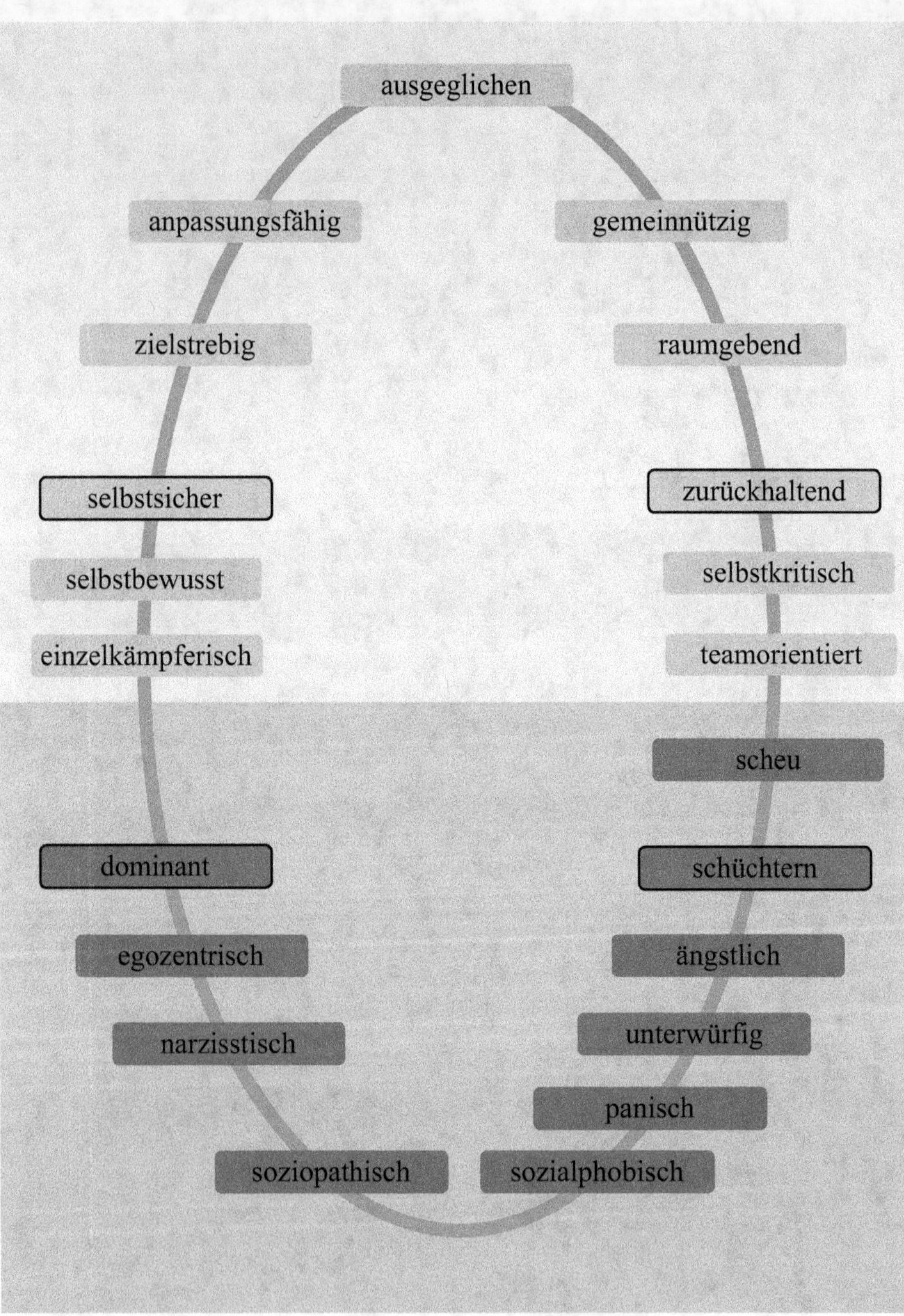

Wertekreis Aktivitätsgrad

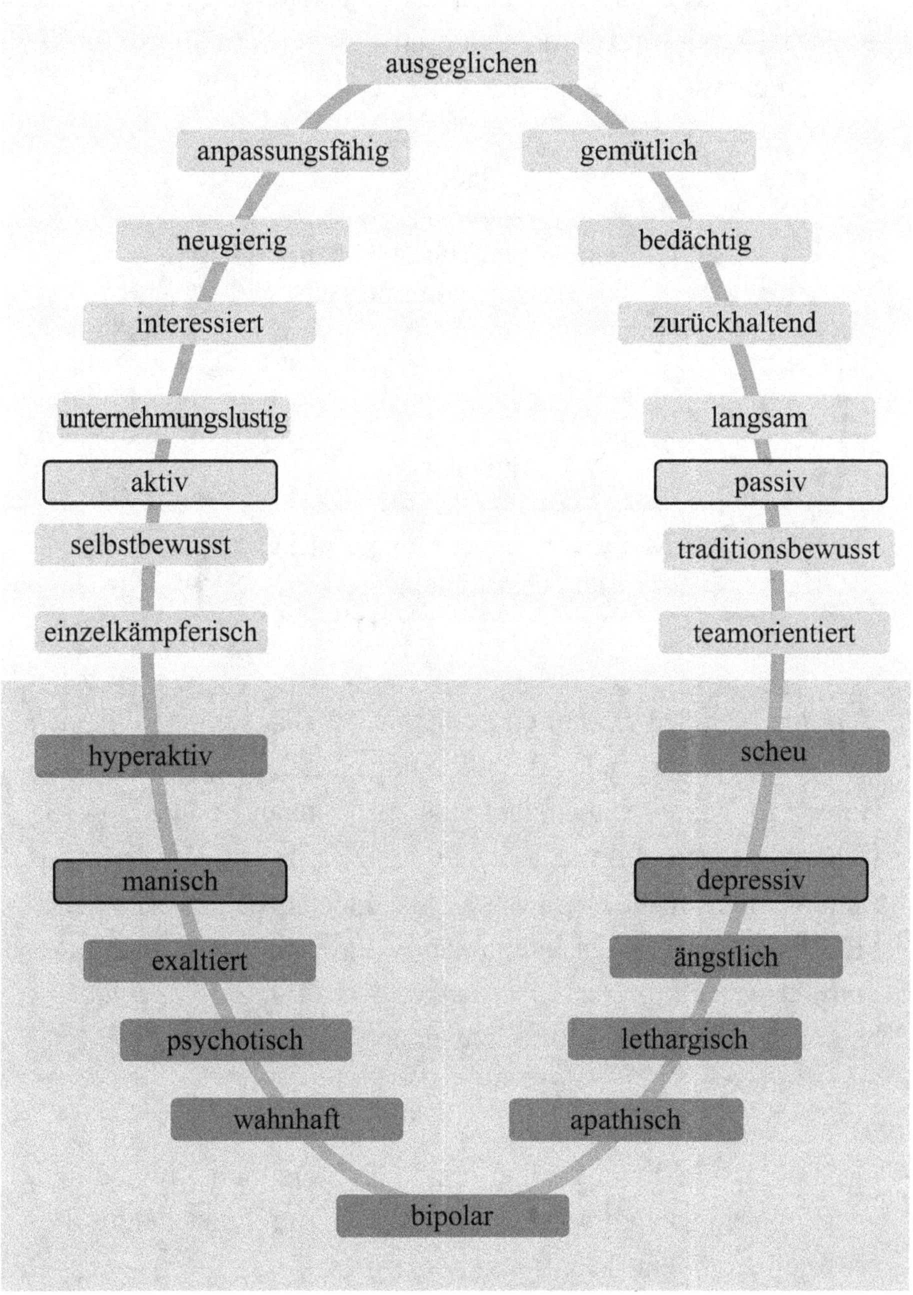

Der Teufelskreis der Kommunikation

In einer Konfliktsituation sieht jede Beteiligte nur ihren eigenen Standpunkt und kann sich davon nicht lösen. Beide machen einander gegenseitig das Leben zur Hölle.

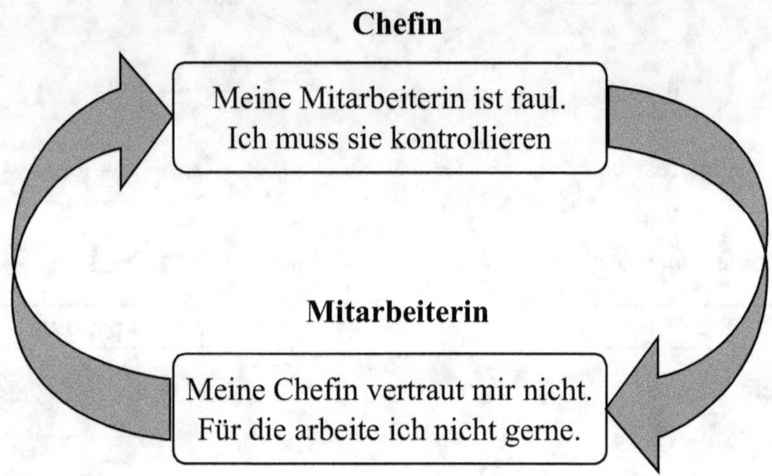

Beide befinden sich in einem Kreislauf sich selbst erfüllender und somit verstärkender Prophezeiungen, den sie gemeinsam in Bewegung halten. Dabei sieht jede das Agieren bei der anderen, während sie sich selbst lediglich im Reagieren sieht. Um den Kreis zu durchbrechen und einen Ausweg zu finden bedarf es einer neuen Sichtweise, einer neuen Interpretation und einer neuen Interpunktion der Situation. Der Kreis hat weder Anfang noch Ende. Es braucht viel Mut und Selbstüberwindung zur Einsicht, selbst Motor und Aufrechterhalterin des Teufelskreises zu sein.

Andererseits macht es bei einem Kreis keinen Unterschied, wo er durchbrochen wird - er ist danach durchbrochen und es eröffnen sich neue Möglichkeiten.

Kommunikation in Organisationen

Dieses Modell basiert auf einem Vortrag von Roswitha Königswieser. Das Segelboot „Kommunikation" fährt bei Sonnenschein und günstiger Brise gemütlich dahin. Man sieht in alle Richtungen bis zum Horizont.

Wenn wir sehen, dass zwei Menschen hier einen Konflikt austragen, ist klar erkennbar, worum es geht und die Argumentationen sind logisch und nachvollziehbar, denn wir befinden uns auf der Ebene der Sache. Doch kennen wir auch Dispute, deren Inhalte und Ziele nicht so klar erkennbar sind. Diese werden meist auch emotional ausgetragen, wobei sich Beobachterinnen oft über die Heftigkeit der Gespräche wundern. Meist sind Muster erkennbar: wenn A etwas sagt ist B sofort dagegen und umgekehrt. In diesen Fällen wird meist ein emotionaler Konflikt scheinbar auf der Sachebene ausgetragen. Der eigentliche Gegensatz liegt unter der Oberfläche auf der Ebene der Beziehung. Deshalb muss man auch genauer hinschauen, weil sich der weite Blick an der Wasseroberfläche spiegelt. Die Konflikte liegen meist in der gemeinsamen Geschichte der Kontrahentinnen, sei es im Beruf (Bevorzugungen, Übergehungen, Rivalitäten, etc.), sei es im Privaten.

Es gibt aber auch Fälle, wo der Blick in die Tiefe eine intakte Beziehung zeigt. Dann liegt oft ein vorgegebener Konflikt vor, der ausgetragen werden muss, um das System zu erhalten. Wir bewegen uns dann auf der Ebene der Struktur der Organisation. Die Beteiligten haben unterschiedliche Funktionen zu erfüllen und einander widersprechende Interessen zu vertreten und dürfen oft nicht einer Meinung sein. Das betrifft etwa verschiedene

Abteilungen eines Unternehmens. Der Vertrieb betrachtet die Produkte aus einem gänzlich anderen Blickwinkel als die Forschung und Entwicklung, die Produktion, der Einkauf, die Buchhaltung und die Personalabteilung, um nur einige zu nennen. Ebenso fänden es die jeweiligen Mitarbeiterinnengruppen eher problematisch, wenn die Betriebsratsvorsitzende mit der Personalchefin gemeinsam Urlaubsreisen unternimmt.

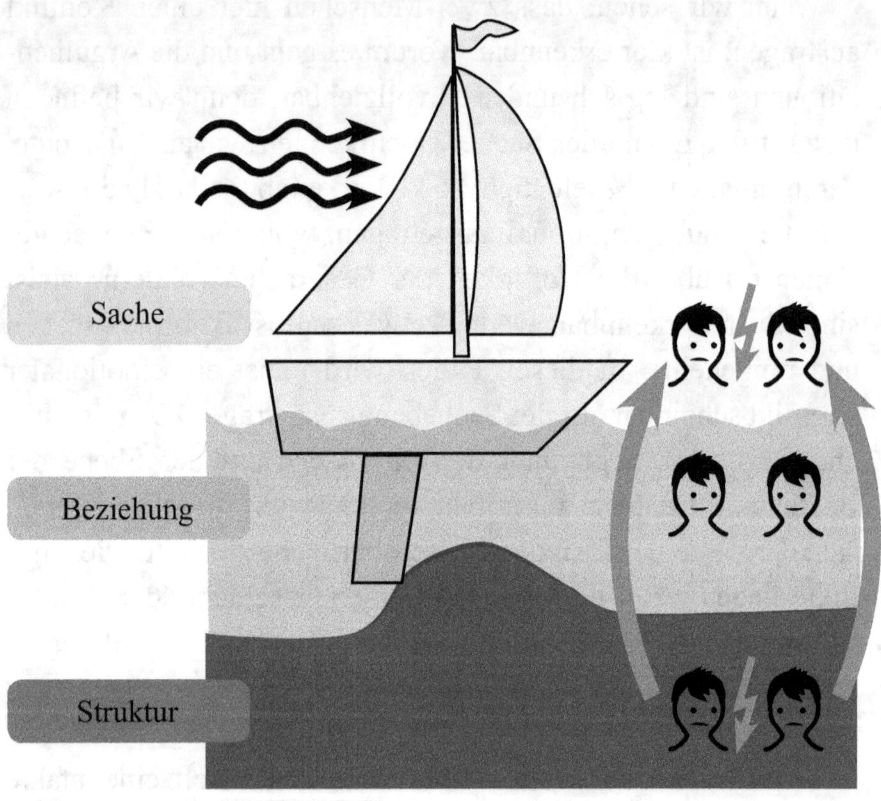

Die Kunst liegt nunmehr darin, solche Konflikte ohne Destruktivität auf der Beziehungsebene möglichst sachlich auszutragen, wobei gegenseitiges Verständnis für die grundlegenden Gegebenheiten notwendig ist. Das kann oft bei Beratungen im Arbeitszusammenhang zum Thema werden.

Heinz von Foerster

Heinz von Foerster ist der Begründer der Kybernetik, doch für die Betrachtung der Kommunikation ist eine Aussage zentral, die zugleich der Titel eines seiner Bücher ist: „Wahrheit ist die Erfindung eines Lügners". Die Paradoxie liegt darin, dass er sich – vorausgesetzt, sein Satz trifft zu – selbst als Lügner bezeichnet. Das erinnert an das Paradoxon des Epimenides aus dem griechischen Altertum, hier zitiert in der Form von Betrand Russel: „Epimenides der Kreter sagte: Alle Kreter sind Lügner."

Die Bedeutung dieses Satzes von Heinz von Foerster liegt woanders. Es gibt für jede Beziehung, gleich ob beruflich oder privat, zwei Gifte in Form von scheinbar harmlosen Fragen: „Wer hat Recht?" und „Wer ist schuld?". Die daraus resultierenden Diskussionen sind endlos und im Endeffekt nicht zielführend. Es gibt jedoch auch ein Heilserum, ebenfalls in Form einer Frage: „Was können wir jetzt zur Verbesserung der Situation tun?"

Kybernetik 0. Ordnung bezieht sich auf so genannte lineare Systeme. Ein bestimmter Input in dieses System führt zu einem vorhersehbaren Output:

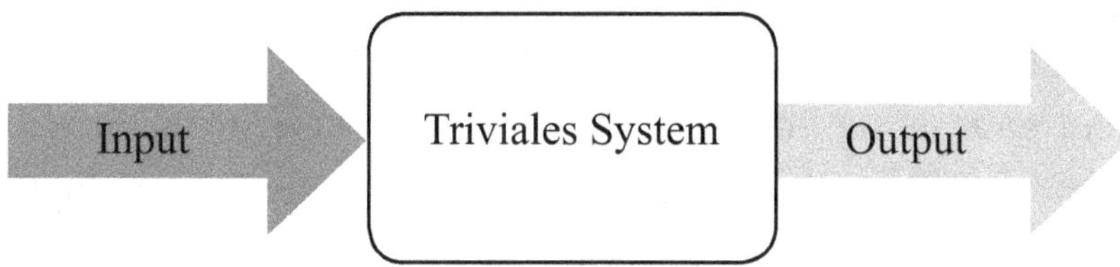

Ein einfaches Beispiel ist das Gaspedal im Auto. Mehr Druck mit dem Fuß führt im Normalbetrieb zu einer höheren Geschwindigkeit. Ähnlich verhält es sich mit antagonistischen Systemen.

Einem Impuls in die eine Richtung steht ein Impuls in die andere Richtung gegenüber. Je nach dem Stärkeverhältnis der beiden Impulse bewegt sich das System in die eine oder die andere Richtung.

Nach diesem Prinzip funktionieren sämtliche Gelenke in Tieren und Menschen. Einem Muskel, der in die eine Richtung bewegt steht ein anderer gegenüber, der dagegenhält und bei Bedarf in die Gegenrichtung bewegt. Man nennt sie beispielsweise Beuger und Strecker. Unseren Unterarm beugt der Bizeps, während ihn der Triceps streckt. In der Gesamtbetrachtung heißen sie Antagonisten.

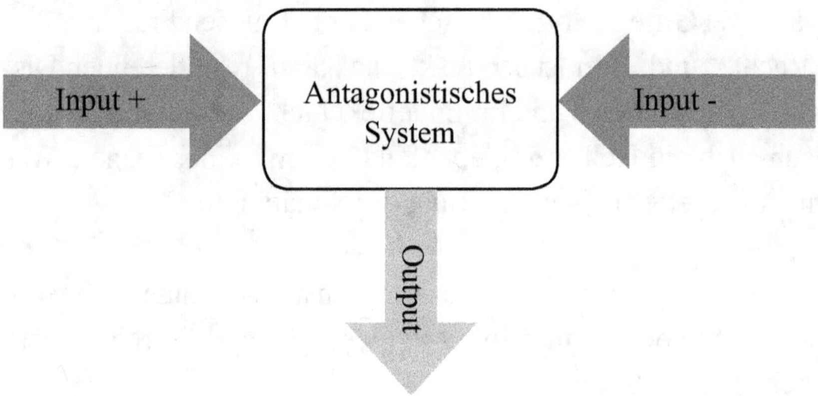

Viele Mentaltrainerinnen im Spitzensport sehen einen Teil ihrer Aufgabe darin, ihren Klientinnen dabei zur Seite zu stehen, dass sie ihre für die jeweiligen Bewegungsabläufe notwendigen Muskel voll aktivieren während sie die entsprechenden Antagonisten möglichst lockerlassen.

Kybernetik 1.Ordnung bezeichnet Regelkreise, die auf einen bestimmten Input eine entsprechende vorgegebene Funktion ausführen, bis der erwünschte Zustand hergestellt ist. in Beispiel dafür ist der Raumthermostat der Heizung.

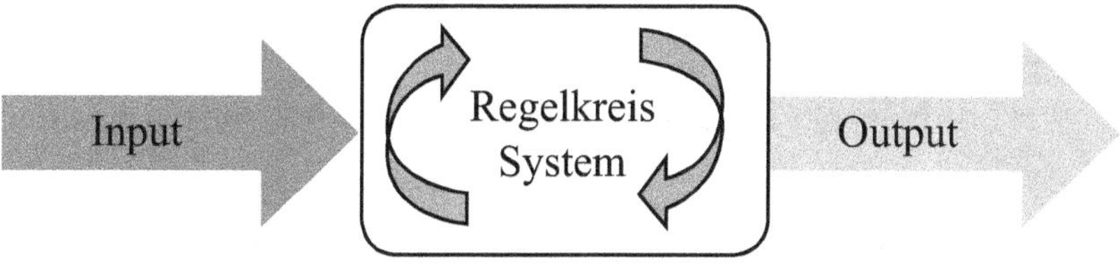

Kybernetik 2.Ordnung verdanken wir Heinz von Foerster. Sie bezieht sich auf nicht-triviale, also lebende Systeme. Der Input bestimmt nicht mehr zwingend den Output, ja mehr noch: es ist nicht einmal sicher, ob es überhaupt einen Output geben wird.

Angenommen, Sie sind in einem Restaurant und essen, als sich ein übelriechender Hund auf Ihren Fuß legt. Angenommen, Sie tun etwas, das Sie in der realen Welt nie täten: Sie geben ihm einen Tritt. Sehr wahrscheinlich wird sich der Hund trollen. Doch Sie können nicht sicher sein, ob er Sie nicht stattdessen beißt. Oder sich erst ein paar Mal trollt bevor er Sie beißt.

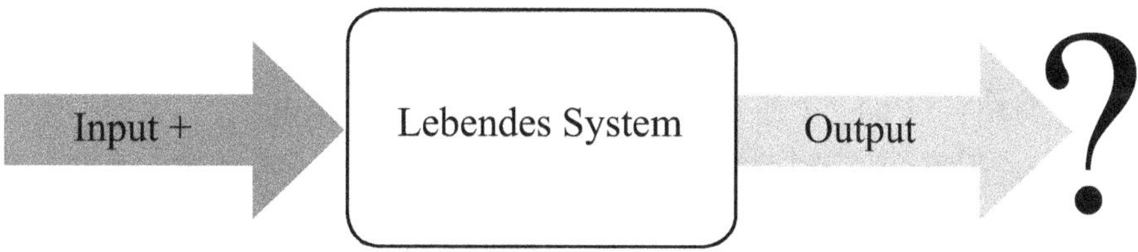

Ein Mann sorgt sich wegen des langsamen Lernfortschritts seines Sohnes im Studium. Er hält den Abschluss des Studiums für wichtig, vermutet die Ursache für das anscheinend langsame Vorankommen im ausgedehnten Nachtleben seines Sohnes und beschließt daher, dessen Taschengeld zu halbieren. Der Sohn zieht aus der neuen Situation seine eigene Konsequenz und sucht sich einen Job. Dieser gefällt ihm so gut, dass er sein Studium abbricht – sehr zur Verzweiflung seines Vaters, der es doch nur gut gemeint hatte.

Ich vermute, dass es auch noch eine **Kybernetik 3.Ordnung** geben könnte:

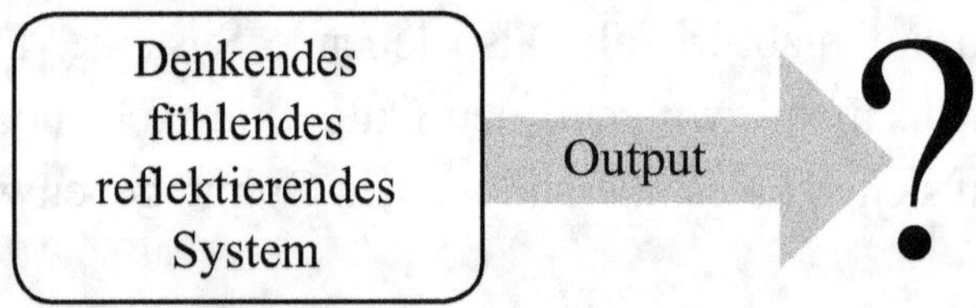

Diese wäre eine menschliche Besonderheit, die darin besteht, dass Output erfolgt ohne spezifischen Input von außen. Der Impuls für Aktionen und Veränderungen kommt dann von innen aus dem Zusammenspiel von Erfahrungen, Emotionen, Wahrnehmungen und Reflexion über sich selbst.

Zu diesem Thema gibt es noch keine Forschung und folglich auch keine Literatur.

Das Gesprächsrad

Dieses Modell dient zur bewussten Gestaltung und Führung eines hilfreichen Gesprächs. Die erste Voraussetzung dabei ist die klare Definition, wer wem helfen soll. Dies ist im beruflichen Umfeld meist klar, doch manchmal verschwimmen die Grenzen im kollegialen und noch mehr im privaten Umfeld. Ich verwende die Bezeichnung „Beraterin" für jene Person, die helfen soll und bezeichne die Person, die Unterstützung möchte als „Klientin".

Unabhängig von den speziellen Methoden und Themenkreisen der professionellen Formen der Beratung – Supervision, Coaching, Psychotherapie – hat sich das Modell des Gesprächsrades für alle als hilfreich gedachten Gespräche als wirksam und nützlich erwiesen. Das gilt ebenso für freundschaftliche Gespräche, die einer der beteiligten Personen helfen sollen.

Hier folgt ein Beispiel für die Verwendung des Gesprächsrades. Es beginnt im rechten oberen Quadranten.

Die Beraterin stellt eine Frage. In der Regel ist diese am Beginn des Gespräches eine Standardfrage. Beim ersten Gespräch lautet diese: „Was führt Sie zu mir?" Bei weiteren Gesprächen lautet sie: „Worüber möchten Sie heute sprechen?" Mit steigender Erfahrung als Beraterin sind natürlich auch andere Einstiegsfragen möglich. So lange man jedoch Sicherheit für den Beginn einer Sitzung braucht sind diese zwei Standardfragen hilfreich. Die Klientin hört die Frage an.

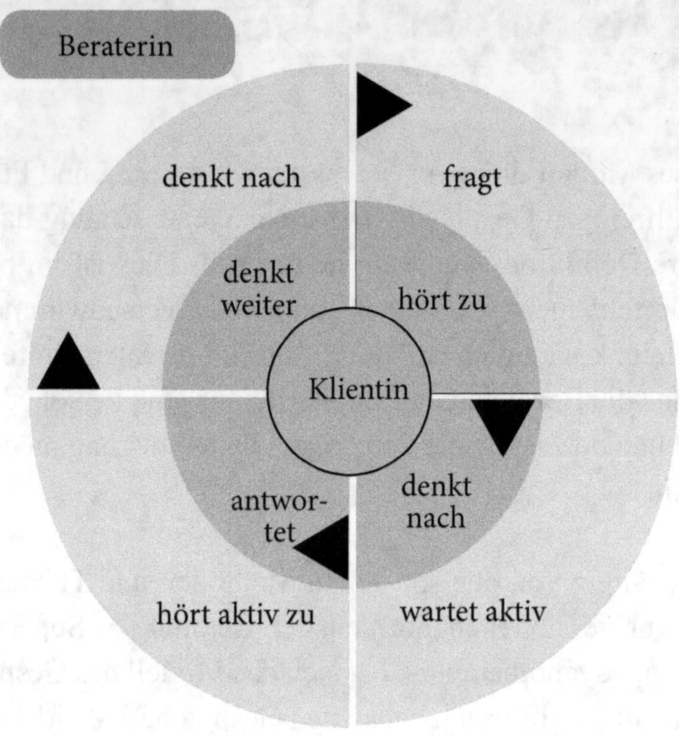

Die zweite Phase ist für viele Beraterinnen sehr schwierig durchzuhalten: die Klientin denkt nach. Unerfahrene Beraterinnen erwarten aber, dass ihre Frage sofort beantwortet wird. Wenn jedoch die Antwort auf sich warten lässt werden Sie unsicher: war die Frage unverständlich? Oder gar falsch? Reflexartig versuchen sie dann nachzubessern. Sie ergänzen die Frage, erklären sie oder wandeln sie ab. Das hindert aber die Klientin daran, nachzudenken. Beachten Sie als Beraterin: je länger ihre Klientin über die Antwort nachdenkt, umso „besser" war Ihre Frage. Ziel des Gespräches ist ja die Erweiterung des Denkhorizonts der Klientin. Wenn die Antwort auf Ihre Frage schon da ist, dann war die Frage wahrscheinlich nicht neu. Wenn sie aber die Aufmerksamkeit der Klientin in eine neue Richtung fokussiert, dann muss erst das Gedankengebäude innerlich neu sortiert werden. Daher können Sie davon ausgehen: je länger Ihre Klientin über die Antwort nachdenkt, umso hilfreicher war Ihre Frage. Die Frage endet bekanntlich mit einem Fragezeichen. Dieses besteht aus einer Schleife und einem Punkt, der im Englischen „full stop" genannt wird. Danach kommt nichts mehr! Aktives Warten bedeutet, dass die Beraterin mit ihrer vollen Aufmerksamkeit bei der Klientin bleibt, sie ansieht. Dabei kann sie besonders Veränderungen im Aussehen (Gesichtsfarbe, Mimik) und in der Haltung (Körperhaltung, Gestik, Atmung) der Klientin ganz bewusst wahrnehmen. Solche Veränderung im Äußeren können auf Veränderungen im Inneren hinweisen.

Im dritten Schritt antwortet die Klientin. Hier ist es die Aufgabe der Beraterin, aktiv und vor allem genau zuzuhören.

Die vierte Phase schließlich braucht von der Beraterin Erfahrung und Mut, denn es entsteht scheinbar eine Pause. Diese kommt der Beraterin meist länger vor als der Klientin. Diese Pause ist jedoch entscheidend dafür, dass sich das Rad drehen kann. Die Beraterin denkt darüber nach, was sie gehört hat und wie deshalb ihre nächste Frage lauten wird.

Dieses Grundmodell kann noch erweitert werden: wenn es der Beraterin passend erscheint kann sie nach der Antwort der Klientin eine Kontrollschleife in Form einer Paraphrase einfügen. „Habe ich richtig verstanden, dass …?" Dies gibt einerseits Gelegenheit, längere Ausführungen der Klientin zusammenzufassen, vielleicht sogar auf den Punkt zu bringen. Andererseits zeigt ein solches Vorgehen auch Wertschätzung und Interesse. Drittens gibt es auch Gelegenheit für ein Reframing der Klage in einen Wunsch. Dazu an anderer Stelle mehr.

In der Übung „**Tempobremse**" lernen angehende Beraterinnen, diese Pause zu nutzen, indem ihnen dabei eine eigene „Coach der Beraterin" jene Fragen stellt, die sie sich in der Praxis selbst stellen sollen. Das Setting der Übung ist so:

Die Übung beginnt damit, dass die Beraterin der Klientin eine Frage stellt. Zur Vereinfachung verwende ich dabei die Standardfrage: „Was führt Sie zu mir?" Die Klientin antwortet, wobei die Beraterin aufmerksam und aktiv zuhört. Sobald die Antwort fertig ist dreht sich die Beraterin zur Coach:

Die Coach stellt im Folgenden standardisierte Fragen, die von der Beraterin der Reihe nach beantwortet werden:

1. Was haben Sie gehört?

2. Welche Frage möchten Sie auf Grund des Gehörten stellen?

3. Welche andere Frage könnten Sie auf Grund des Gehörten stellen?

4. Welche dritte Frage könnten Sie auf Grund des Gehörten stellen?

5. Welche Frage werden Sie stellen?

Nachdem die Beraterin sich entschieden hat, welche Frage sie als nächste stellen wird, wendet sie sich wieder der Klientin zu und stellt ihr diese Frage:

Nach der Antwort der Klientin dreht sich die Beraterin sofort wieder zu ihrer Coach und das Ritual geht weiter mit den standardisierten Fragen:

Nach Punkt 5 beginnt der Kreislauf von Neuem.

Ziel der Übung ist die Internalisierung der standardisierten Fragen für die vierte Phase des Gesprächsrades. Am Anfang fällt diese Übung den Studierenden schwer, weil sie mit der Klientin nicht in einen Dialog kommen.

Dieses Vorgehen verhindert zugleich einen oft gemachten Fehler von Beraterinnen. Sie denken bereits in Phase 2 darüber nach, was sie als nächstes fragen könnten. Das zieht ihre Aufmerksamkeit von der Klientin ab, zusätzlich wirkt die Antwort in Phase 3 eher irritierend, und wenn dann Phase vier ausbleibt und stattdessen gleich die nächste Frage gestellt wird, beginnt das Gespräch zu holpern, verliert den „roten Faden", und meist fühlt sich die Klientin mit ihrer Antwort nicht wertgeschätzt.

Schichten der Kommunikation

Für die Analyse von Gesprächen hat sich ein Modell bewährt, das den Inhalt unterschiedlichen Schichten zuordnet. Je nach Art der Betrachtung kann man dabei von einerseits äußerlich, oberflächlich, beliebig oder unverbindlich und andererseits von innerlich, tief, persönlich oder intim sprechen. Beide am Gespräch beteiligten Personen können im Regelfall bewusst steuern, in welche Schicht sie ihre Kommunikation verlegen. Meist wird es als irritierend erlebt, wenn eine der beteiligten Personen eine oder mehrere Schichten überspringt, während das allmähliche und stufenweise Durchlaufen der Schichten als harmonisch, manchmal tröstend und manchmal hilfreich erlebt wird.

Auch wenn dieses Modell als Hilfestellung für Beraterinnen und Berater entwickelt wurde leistet es auch im privaten Alltag gute Dienste in der Gestaltung von Beziehungen. Daher bringe ich ein Beispiel aus dem Alltag.

Zwei Personen begegnen einander, egal wo. Sie können einander kurz grüßen und dann weitergehen, sie können einander kurz und floskelhaft fragen, wie es denn so geht und das nähere Eingehen auf die Frage mit der Danke-gut-Floskel abwehren und dann weitergehen. Sie waren auf der Ebene des **small talk** und haben einen eher oberflächlichen Austausch absolviert.

Sie könnten aber auch ihr Gespräch auf die nächste Ebene bringen und über **Fakten** reden. Die eine Person könnte erzählen, dass ihre Großmutter mit dem Fahrrad gestürzt ist und jetzt mit gebrochenem Oberschenkel im Spital liegt. So lange die andere Person über Unfälle, Brüche, Spital und Ähnliches redet bleiben beide auf der Ebene der Fakten, können dann kurz zum small talk wechseln und sich verabschieden.

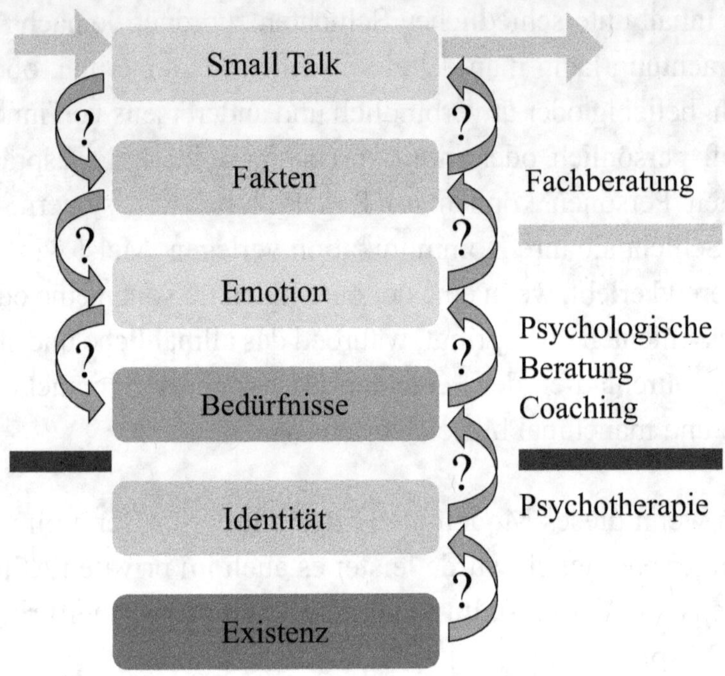

Die Schicht small talk ist die Schicht für den ersten aktuellen Kontakt und sollte auch die Schicht für die Beendigung des Gespräches sein. Jedes andere Ende würde als jäh, unerwartet und meist irritierend erlebt.

Wenn die Person, der das Ereignis geschildert wurde einfühlsam ist kann sie das Gespräch auf die nächsttiefere Ebene der **Gefühle** bringen, etwa mit der Frage: „Wie geht es Dir damit?" Diese Frage ermöglicht der betroffenen Person, über ihre Emotionen zu reden. Wir wissen, dass es sich dabei nie um ein einziges Gefühl handelt. Vielmehr haben wir in solchen Situationen immer einen ganzen Cocktail von Emotionen in uns. Die Mischung der Emotionen zum Unfall der Großmutter kann beispielsweise beinhalten:

- Mitleid mit der alten Frau, die leidet
- Ärger über ihre Verwegenheit, mit 90 noch mit dem Rad zu fahren
- Angst, dass die Oma sterben könnte
- Sorge wegen der zu erwartenden Pflegebedürfnisse
- Unmut, weil gerade jetzt beruflich so viel zu tun ist
- Schlechtes Gewissen, weil die Oma doch immer da war, wenn man selbst sie gebraucht hat
- und noch viele mehr.

Wenn das Gespräch von hier wieder auf die Ebene der **Fakten** wechselt, etwa mit der Frage nach den geplanten Aktionen der Betroffenen kann es mit **Small Talk** beendet werden und wird im Rückblick meist als ein gutes Gespräch gelten.

Es geht aber noch weiter in die Tiefe. Statt sich mit den Emotionen zu begnügen könnte die Fragerin auf die Ebene der **Bedürfnisse** wechseln und die Betroffene fragen, was sie denn benötigte, damit es ihr mit der Situation besser ginge. Hinter dieser Frage steht die Erkenntnis, dass unsere Emotionen in direktem Zusammenhang mit unseren Wünschen, Sehnsüchten und Bedürfnissen stehen. Erfüllte Bedürfnisse lösen meist positive Gefühle aus, während nicht erfüllte als unangenehm erlebt werden.

Die Frage nach den Bedürfnissen hat einerseits den Aspekt der erweiterten Empathie. Die Betroffene fühlt sich in der Regel noch besser verstanden und angenommen in ihrem Leid. Andererseits lädt die Frage bereits zur Suche nach Auswegen aus der belastenden Situation ein, oder zumindest zu Möglichkeiten, das Belastende erträglicher zu machen. Bedürfnisse in dieser Situation könnten sein:

- Entlastung im Beruf
- Entlastung in der Fürsorge um die Oma
- Erleichterungen im übrigen Alltag

Wenn das Gespräch zwischen Freundinnen stattfindet könnte die Freundin aktiv etwas tun, wie beispielsweise abwechselnd die Oma besuchen, auf die Kinder aufpassen, im Haushalt mithelfen, etc. Eine Kollegin wiederum könnte einige Aufgaben am Arbeitsplatz kurzfristig übernehmen, eine Chefin könnte sogar ein paar freie Tage gewähren.

In professionellen Beratungssituationen wird es in der Regel nicht möglich sein, dass die Beraterin aktive Beiträge leistet. (Eine Ausnahme bildet hier die Sozialarbeit). Wenn sich die Beratung rein als Gespräch vollzieht wird es daher im Anschluss an die Identifizierung der Bedürfnisse der Klientin darum gehen, Möglichkeiten zu suchen, wie sie diese Notwendigkeiten erfüllen könnte. Man spricht von der Suche nach Ressourcen. Krisenhaft erlebte Situationen führen oft zu einer Einengung des Blickfeldes. Man konzentriert sich so sehr auf die negativen Aspekte, dass man Möglichkeiten zur Bewältigung der Situation nicht erkennen kann. Sobald man im Gespräch ein paar Optionen gefunden hat kann die Beraterin ihre Klientin allmählich Schicht für Schicht wieder hinaufführen. Zunächst genügt in der emotionalen Schicht die Frage, wie es der Klientin nunmehr gehe. Geht es ihr nicht besser ist das ein Anlass, weiter auf der Ebene der Bedürfnisse zu arbeiten, weil die Klientin vielleicht noch etwas braucht, das noch nicht zur Sprache gekommen ist.

Geht es der Klientin besser kann man mit ihr auf die Ebene der Fakten gehen und mit ihr einen Handlungsplan erarbeiten. Was wird sie tun? In welcher Reihenfolge? Was ist der erste Schritt? Wenn die Klientin ihren Plan für die nächste Zeit hat und sich auch bereit fühlt, ihn umzusetzen kann auf der Ebene des Small talks die Verabschiedung erfolgen, eventuell mit Vereinbarung eines nächsten Termins.

Bis zur Schicht der Bedürfnisse gilt die Vorgehensweise, dass die Beraterin ihre Klientin durch Fragen von einer Schicht zur nächsten führt. Es hat sich bewährt, dabei keine Schicht zu überspringen, sondern wirklich Schritt für Schritt vorzugehen.

Für die innersten zwei Schichten gelten andere Regeln. Es wäre ein fataler Beratungsfehler, Klientinnen von sich aus in diese Regionen zu führen. Sie repräsentieren den innersten Kern jedes Menschen. Gespräche darüber initiieren Klientinnen in Situationen großer Bedrängnis von sich aus. Die tiefgehende Besprechung dieser Bereiche erfordert von der Beraterin eine psychotherapeutische Fachausbildung.

Die nächste Schicht betrifft die **Identität** der Person. Im konkreten Fall könnte die Enkelin fragen: „Was bin ich doch für ein Unmensch, dass ich bei all dem Leid meiner Oma egoistisch an meine eigenen Bedürfnisse denke?" Es geht also um eine – in vielen Fällen negative – Selbstdefinition. Während in einer Therapie an dieser Frage gearbeitet werden könnte und sollte, empfiehlt es sich für alle anderen Formen der Beratung, die Klientin durch Fragen wieder eine Ebene höher zu führen, etwa „Was brauchen Sie. um eine Selbstdefinition zu finden, mit der Sie sich positiv identifizieren können? Wie könnten Sie das bekommen? Wie werden Sie sich dann fühlen? Was werden Sie dann machen? Was ist jetzt Ihr erster Schritt?"

Die innerste Schicht ist zugleich der Kern der Person: **Existenz und Sinn**. Wozu ist man auf dieser Welt und welchen Sinn hat das Leben? Klientinnen, die in dieser Schicht Fragen haben benötigen unbedingt Antworten, die sie sich aber letztendlich und wirksam nur selbst geben können. In unserem Beispiel könnte die Frage lauten: „Hat ein so furchtbar egoistischer Mensch wie ich denn überhaupt ein Recht zu leben?" Es ist einsichtig, dass hier auch manchmal Suizidgedanken hochkommen. Auch hier ist die explizite Bearbeitung der Psychotherapie vorbehalten, und alle anderen Berufsgruppen seien dringlichst davor gewarnt, hier ihr Glück zu versuchen. Sie haben jedoch sehr wohl die Möglichkeit, ihre Klientin durch Fragen wieder in die höheren Schichten zu führen. Das könnte so beginnen:

- „Wie müssten Sie sein, damit Sie Ihr Leben als sinnvoll erleben?" (Identität)

- „Was brauchen Sie dafür, eine solche Identität aufzubauen?" (Bedürfnisse)

- Wie werden Sie sich fühlen, wenn Ihnen das gelungen sein wird? (Gefühle)

- „Was werden Sie jetzt konkret tun?" (Fakten)

Auf der Ebene der Fakten wäre dann sinnvoll, für die Bearbeitung der innersten Fragen eine Psychotherapeutin zu empfehlen. Sie können aber bei Bedarf die Klientin auf den oberen Ebenen weiter begleiten oder aber eine Unterbrechung der Begleitung für die Dauer der Therapie vereinbaren.

Ganz wichtig ist, zu beachten, dass es in einer Beratung, aber auch in einer Therapie unzulässig wäre, die Klientin durch Fragen in die innersten Ebenen Identität und Sinn zu führen. Diese werden jedoch manchmal von den Klientinnen aufgeworfen.

Rituale

Manchmal geht es bei der Kommunikation nicht um die Inhalte, ja es ist sogar bisweilen das Gegenteil dessen gemeint, was auf der Sachebene verbalisiert wird. In solchen Fällen handelt es sich meist um Rituale.

Ein sehr schönes Beispiel dafür erzählte Gerhard Schwarz in einem seiner beliebten und sehr gut besuchten Seminare an der Alpen-Adria-Universität in Klagenfurt am Wörthersee in Kärnten. Interessierte nahmen weite Reisen auf sich, um diese Seminare mitzuerleben. Die Geschichte ging in etwa so:

Gerhard war Mitte der 80-er Jahre etwas großartiges gelungen – er hatte in einem afrikanischen Land einen Stammeskrieg befriedet. Wie bei vielen solchen Kontroversen fühlten sich beide Parteien im Recht, und nach ihrer jeweiligen Logik waren sie es auch. Der eine Stamm betrieb Ackerbau und Viehzucht, der andere war nomadisch jagend unterwegs. Die Nomaden hatten einige Tiere der Sesshaften getötet und aus deren Sicht gestohlen. Die Nomaden waren sich keiner Schuld bewusst. Gerhard fand heraus, dass die beiden Völker Eigentum unterschiedlich definierten. Für die Viehzüchter entstand Eigentum an einem Tier durch dessen Eingliederung in die Herde. Für die Nomaden hingegen entstand Eigentum erst durch das Töten eines Tieres. Auf Grundlage dieses Verständnisses konnte eine Einigung erzielt werden, die ein friedliches Nebeneinander der Völker ermöglichte.

Die Regierung des Landes erwies ihre Dankbarkeit durch ein einmaliges Geschenk: Gerhard durfte als einziger Mensch in ein großes Naturreservat einreisen und dort kampieren. Gerhard rüstete sich aus mit einem geländegängigen Fahrzeug mit Schlafplatz und Kochgelegenheit, Safarianzug, Tropenhelm und einer sündteuren Kamera für tolle Fotos. Solcherart adjustiert fuhr er in das Reservat hinein.

Natürlich gab es keine Straßen, doch mit seinem Fahrzeug kam er gut voran, auch wenn es etwas holprig war. Nach einer Weile erblickte er eine Horde Affen in der Savanne. Erfreut hielt er an, stieg aus und ging mit seiner Kamera auf die „Verwandten" zu. Diese bekamen jedoch Angst und fletschten die Zähne. Auch die beschwichtigenden Worte: „Ich bin's ja nur, der Onkel Gerhard aus Wien!" nützten nichts – wahrscheinlich konnten die Affen nicht Deutsch. Als Gerhard trotz Drohverhaltens näher kam, kletterten die Affen auf einen Baum. Gerhard ging noch näher unter der – leider irrigen – Annahme, dass sich die Tiere jetzt doch in Sicherheit fühlen müssten und tolle Motive für Fotos abgeben würden. Damals wusste er noch nichts über die Physiologie dieser Tiere, doch wurde er sehr schnell belehrt. Wenn sie Angst haben können Affen den Inhalt ihres Magens und Darms blitzschnell verflüssigen und zielgenau absondern – Gerhard bekam das alles voll ab. Die Säure hatte verheerende Folgen für Helm, Anzug und Kamera. In dieser Situation kam eine besondere Eigenschaft meines Freundes zum Tragen. Während die Meisten aus dem Wagen ein Gewehr oder eine Axt geholt hätten fragte er sich, was aus diesem unangenehmen und kostspieligen Erlebnis zu lernen wäre.

Wie lernt man aus einem Erlebnis? Zunächst muss man ihm eine Überschrift, einen Namen geben. Das war relativ leicht, denn Gerhard hatte im Wortsinn einen „Anschiss" bekommen. Dieses Phänomen war ihm im übertragenen Sinne aus seiner Beratungstätigkeit für mehrere große Firmen bekannt. Was konnte man in solchen Situationen tun? Eher nichts. Je mehr man sich verteidigte und rechtfertigte, umso mehr bekam man auf den Deckel. In seinem Fall war es noch klarer, dass man besser die Lippen zusammenpresst, denn sonst hätte er ja auch noch etwas in den Mund bekommen.

Wo immer es also nicht um Inhalte und Argumente geht, kann es sich nur um ein Ritual handeln. Rituale haben meist die Aufgabe, bestimmte hierarchische Verhältnisse zu bestätigen und zu festigen. Was soll in den Unternehmen bestätigt werden? Nun, die Verhältnisse, wer oben und wer unten ist, denn alle Versuche für ein ähnliches Verhalten von Seiten Untergebener haben unweigerlich zur Beendigung des Arbeitsverhältnisses geführt. Was ist somit das optimale Verhalten, wenn man einen Anschiss bekommt? Mund halten, duschen, frisch anziehen. Zusätzlich jedoch kam Gerhard zu einer anderen, auch für das Berufsleben eminent wichtigen Erkenntnis, nämlich die Antwort auf die Frage, wer von den beiden – Chef oder Mitarbeiter – mehr Angst hat: immer der Chef, sonst müsste und könnte er nicht!

Diese Geschichte erzähle ich sowohl Chefinnen als auch Mitarbeiterinnen, da beide Seiten daraus etwas lernen können. So war es auch bei der Schulung von Mitarbeiterinnen im Callcenter eines großen Unternehmens.

Da der Betrieb weiterlaufen musste beschloss man, diese Schulung auf zehn Vormittage mit jeweils vier Teilnehmerinnen aufzuteilen. Es ging um Themen der Selbstorganisation und Psychohygiene, und in einer der Gruppen der ersten Woche erzählte ich auch die Geschichte von den Affen. Am Morgen des ersten Seminartags der zweiten Woche sagte eine Teilnehmerin: „Bitte, erzählen Sie uns die Geschichte von den Affen!" Auf meine etwas verwunderte Nachfrage berichtete sie: „Wir sitzen in einem Großraumbüro für vierzig Personen. Freitagnachmittag rief unser Chef einen Kollegen zu sich ins Nebenzimmer. Er brüllte so laut, dass wir unsere Kunden in den Headsets kaum verstanden und etliche fragten, was bei uns los sei. Wir machten uns große Sorgen um unseren Kollegen und waren überrascht als er mit einem breiten Grinsen wieder hereinkam und sagte, er habe die ganze Zeit an die Affen denken müssen. Also bitte, erzählen Sie uns die Geschichte von den Affen!"

Wie schon erwähnt erzähle ich diese Geschichte bei Bedarf auch Führungskräften als Einladung, sich mit ihren Ängsten anders auseinanderzusetzen.

Es gab noch einen speziellen Fall von Ritual, der auch viel häufiger vorkommt als man erwarten würde.

In einem ehemals staatlichen Unternehmen, das landesweit tätig ist, gibt es eine Zentrale und mehrere Regionalstellen. Eine junge Dame – nennen wir sie Julia – war Leiterin einer dieser Regionen mit mehreren hundert Mitarbeiter*innen. In einem monatlichen Coaching mit den Regionalleiter*innen berichtete sie über eine Situation, die sie schon mehrmals erlebt hatte. Einmal im Quartal kam der für ihren Bereich zuständige Direktor zu einem „Office Day" in ihre Region und erklärte dort der versammelten Mitarbeiterschar – und ihr – die Pläne und Absichten der Zentrale. Am Ende fragte er nach Fragen und Kritik, und Ilona hatte immer wieder die Sinnhaftigkeit von Beschlüssen in Frage gestellt und dafür ziemlich aggressive Antworten vom Direktor bekommen. Da sie sich nicht vorstellen konnte, dass es sich um ein Ritual handeln könnte beschlossen wir, ein Experiment zu machen. Julia, die eine junge und sehr attraktive Frau war, sollte für den nächsten Office Day ihre wallende Mähne in einen Knopf bändigen, statt der Kontaktlinsen eine Brille mit schwarzem Rand aufsetzen, statt ihrer lockeren bunten und weit offenen Bluse eine hochgeschlossene mit Rüschen, statt des Minirocks ein graues Kostüm und statt der Highheels flache Pumps tragen. Zudem sollte sie vor der Veranstaltung vor dem Spiegel ein leichtes Lächeln aufsetzen und mit unsichtbarem imaginärem Klebeband fixieren. Und natürlich sollte sie statt in der ersten in der letzten Reihe sitzen.

Sie berichtete beim nächsten Coaching, dass zunächst ihre Mitarbeiterinnen besorgt gefragt hätten, was denn mit ihr los und ob sie krank sei. Bedingt durch den unsichtbaren Klebestreifen habe sie nur wortlos gelächelt. Nach seiner Präsentation habe der Direktor wieder zu Fragen und Kritik eingeladen und dabei herausfordernd zu ihrem sonst üblichen Sitzplatz geschaut. Als er sie dort nicht sah blickte er suchen umher bis er sie in der hintersten Reihe fand. Er sah sie auffordernd an und sie lächelte stumm zurück. Drei Tage später erhielt sie eine E-Mail von ihm mit großem Lob für ihre Verhaltensänderung.

In der Beratung, besonders im Kontext von Organisationen kann es von Vorteil sein, den Gedanken, es könnte sich bei der belastenden Situation um ein Ritual handeln, im Hinterkopf zu haben. Doch das kann auch im Privatleben gelten.

Ein Ehepaar kam in Beratung, weil beide meinten, zu wenig Sex in ihrer Ehe zu haben. In den Berichten zeigte sich ein Muster. Der Mann kam freudig nach Hause, brachte vielleicht auch Blumen oder Pralinen mit und freute sich auf einen schönen Abend. Seine Frau jedoch machte ihm Vorwürfe wegen irgendwelcher Versäumnisse und sonstiger sie ärgernder Dinge, was zu einem großen Streit mit abschließendem Rückzug des Mannes führte. Ihm war die Lust vergangen, während seine Frau jetzt offen gewesen wäre für Zärtlichkeiten. Die Beraterin zeigte für beide großes Verständnis und erzählte dem Paar, dass es zwei weit verbreitete Sichtweisen über den Zusammenhang zwischen Sex und Beziehung gibt. Die eine geht davon aus, dass die Beziehung gut wäre, wenn sexuell alles stimmt während die andere erst eine Klärung der Beziehung voraussetze, damit die sexuelle Begegnung möglich und erfüllend sein kann. Als der Mann die Vorwürfe seiner Gattin und den Streit als „rituelles Vorspiel" für schönen Sex interpretieren konnte, kamen beide wieder voll auf ihre Rechnung.

Probleme und Lösungen

Wir haben schon im Kapitel über die Ziele von Beratung gesehen, dass Klientinnen zur Beratung immer ein Problem mitbringen, gleichsam als ihre Eintrittskarte. Ohne Problem geht man nicht zu einer Beratung. Ein Problem legitimiert gleichsam den Wunsch nach Beratung. Das kann ein rein fachliches Problem sein oder ein seelisches, meist handelt es sich um eine Kombination aus beidem.

Wenn die Beraterin das Problem in den Mittelpunkt stellt wird es eher eine Fachberatung werden, während für eine psycho-soziale Beratung immer die Klientin im Mittelpunkt der Aufmerksamkeit bleiben sollte. Ich verweise auf die bereits dargestellte Unterscheidung zwischen Fachberatung und psychosozialer Beratung im Kapitel: Kontinuum der Beratung.

Dieses breite Spektrum erfuhr ich schon sehr früh in meiner Ausbildung. Ich machte ein Praktikum bei der Kummernummer, damals noch ein Jahr mit 40-Stunden-Woche und Betrieb in drei Schichten: 7:00 bis 13:00, 13:00 bis 19:00 und 19:00 bis 1:00 morgens. Wir saßen in einem Büro im 4. Bezirk in Wien bei zwei schwarzen Telefonen mit Wählscheibe und einer angehängten Ohrmuschel zum Mithören für eine Kollegin bei schwierigen Gesprächen. Es konnten zwei Beraterinnen gleichzeitig beraten. Morgens war weniger los, da war man manchmal allein, jedoch die Nachtschicht war immer zu zweit. Die Themen rangierten von 7:02: „Können Sie mir sagen, wann der Fürnkranz aufsperrt?" bis 23:30: „Sagen Sie mir einen Grund, warum ich noch weiterleben soll." Und dazwischen das ganze breite Spektrum menschlicher Notsituationen.

Klientinnen erhoffen sich von der Beratung Lösungen. Achtung! Das müssen nicht unbedingt Lösungen für das Problem sein! Zwar wünschen sich viele Klientinnen, das Problem loszuwerden. Aber manchmal geht es auch darum, mit dem Problem besser umgehen zu können und dadurch weniger darunter zu leiden. Dazu hilft manchmal schon, es besser zu verstehen.

Einige Beratungsansätze gehen davon aus, dass zunächst die Ursachen und Gründe des Problems erforscht werden müssen, bevor man darangehen kann, Lösungen zu suchen. Andere Ansätze basieren auf der Annahme, dass es nicht so wichtig ist, wo die Klientin hergekommen ist als wo sie hingehen, was sie erreichen möchte. In jedem Fall sollte die Entscheidung über das erwünschte Ziel allein bei der Klientin liegen.

Betrachten wir die folgende Metapher. Angenommen, unsere Klientin befindet sich auf der Place de la Nation, in die neun große Straßen einmünden. Während eine analytisch orientierte Beratung darauf abzielen würde, herauszufinden, wie die Klientin hierhergekommen ist wäre es eher Ziel einer lösungsorientierten Beratung, die Klientin darauf zu fokussieren, welchen Weg sie nunmehr einschlagen möchte – oder vielleicht hat sie auch Lust, eine Weile hier zu bleiben. In jedem Fall wird es sich als hilfreich erweisen festzustellen, wo sich die Klientin gerade befindet und vielleicht auch, wie es ihr geht.

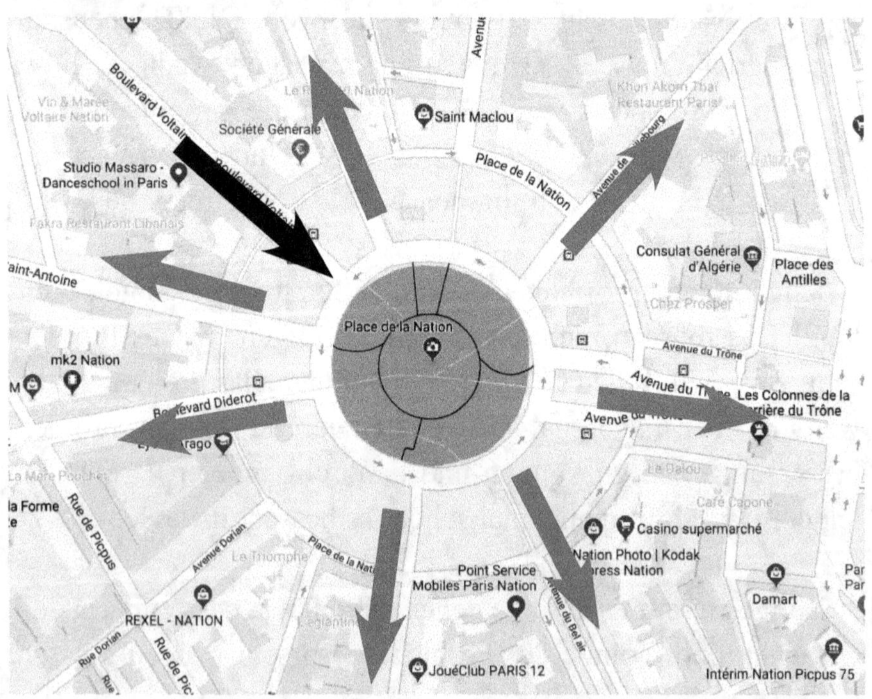

Manchmal geht es in Beratungen gar nicht um das präsentierte Problem, sondern um etwas ganz anderes, das sich erst im Laufe des Gesprächs herauskristallisiert. Außerdem könnte ein totales Desinteresse der Beraterin an der Problemerzählung der Klientin als ein Mangel an Wertschätzung erlebt werden.

Eine Klientin rief mich an: sie sei Mitte 30, ihre Kinder bereits groß genug, dass sie wieder beruflich aktiv werden könnte. Sie vereinbarte mit mir drei Termine Bewerbungscoaching. Beim ersten Termin sagte sie: „Eigentlich geht es um etwas ganz anderes: ich bin seit 15 Jahren mit einem tollen Mann verheiratet, habe drei wohlgeratene Kinder und seit zwei Jahren einen großartigen Liebhaber. Alle wollen ständig etwas von mir, und das bringe ich nicht mehr auf die Reihe." Ich legte die vorbereiteten Arbeitsunterlagen für das Bewerbungscoaching wortlos zur Seite.

Diagnosen

Manchmal bringen Klientinnen zusätzlich zur Eintrittskarte „Problem" auch noch eine Diagnose zur Beratung mit. Diese wurde in der Regel zuvor von einer klinischen Psychologin oder Ärztin erstellt. Das übliche Verfahren ist dabei klar geregelt.

Der Ausgangspunkt und damit Anlass für die Erstellung einer Diagnose sind Beschwerden, die einerseits von der Klientin, andererseits von ihrem unmittelbaren Umfeld eingebracht werden. Es folgt die Anamnese, also die Untersuchung diverser Aspekte des Leidenszustandes. Zuerst werden die Symptome erfasst und das Verhalten analysiert. Je nach Bedarf und Anlass gibt es somatische Untersuchungen bis zu Röntgenaufnahmen und MRTs, und andererseits auch verschiedene psychologische Testungen.

Aus der Summe der Resultate dieser Untersuchungen wird eine Diagnose erstellt, die in der Regel ein bestimmtes Krankheitsbild definiert. Aus dieser Diagnose folgt zwingend die Behandlung, die anzuwenden ist. Diese Form der Diagnostik birgt allerdings ein Risiko, das auch in sehr vielen Witzen über Ärztinnen eine Rolle spielt: die Patientin als Person verschwindet hinter ihrer Diagnose. Sie ist dann nicht mehr Frau Meier oder Frau Müller, sondern nur noch „die Psychose" oder „die Essstörung", im stationären Bereich vielleicht noch mit einer Zimmernummer versehen.

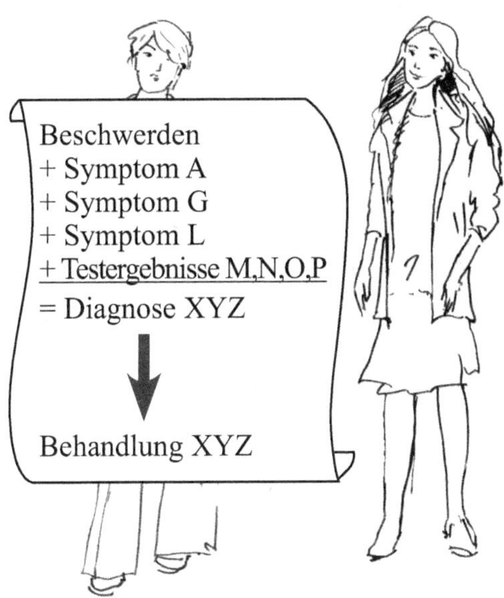

Gestatten Sie mir, einen kurzen Witz darüber zu zitieren: Die Primaria kommt morgens auf die Station. Die Nachtschwester berichtet: „Die Simulantin auf Zimmer 12 ist heute Nacht gestorben." Die Primaria: „Jetzt übertreibt sie aber!"

Es gibt jedoch auch ein seriöses Fallbeispiel. Eine Frau kam zur Beraterin und klagte, ihr 8-jähriger Sohn sei ein Bettnässer. Die Beraterin hatte gerade am Wochenende ein Seminar bei Frank Farrelly, dem Begründer des „Provokativen" Ansatzes besucht und wendete freudig das eben erst gelernte bei dieser Klientin an, indem sie diese fragte, was das bedeute. „Na, er pinkelt ins Bett!" Die Beraterin äußerte sich bewundernd darüber, wie toll es doch sei, wenn ein Bub den ganzen Tag pinkeln könne. „Das macht er doch nur in der Nacht!" Nun das seien doch auch acht Stunden. „Wollen Sie mich veräppeln?" Die Beraterin verneinte und fragte, wie lange der Bub denn pro Nacht uriniere. Auf die Antwort der Mutter, es sei vielleicht eine Minute erklärte die Beraterin: „Der Tag hat 24 Stunden à 60 Minuten, das macht 1440 Minuten. Davon ist Ihr Sohn eine Minute lang Bettnässer. Was ist er in den restlichen 1439 Minuten?" Es änderte nichts daran, dass das nasse Laken der Mutter lästig war. Der Bub wurde aber nicht mehr auf diese einzige Verhaltensweise reduziert, sondern in seiner Ganzheit wieder sichtbar, mit all seinen positiven und liebenswerten Eigenschaften und Verhaltensweisen.

Derzeit gibt es zwei große Diagnosesysteme: ICD und DSM.

ICD steht für „International Statistical Classification of Diseases and Related Health Problems". Herausgegeben von der WHO (Welt Gesundheits Organisation der UNO) ist ICD seit 1994 in Verwendung, derzeit in der Version 10. Dieses Klassifikationshandbuch bietet in 22 Hauptkapiteln 14 000 Codes. Version 11 wurde im Mai 2019 fertiggestellt und gilt ab 2022.

DSM ist das „Diagnostic and Statistical Manual of Mental Disorders" und wird von der American Psychiatric Association herausgegeben. Es ist rein deskriptiv und akausal. Version 5 erschien 2013. Dieses Handbuch, das nur in den USA verwendet wird und für die Abrechnung mit Krankenversicherungen ausschlaggebend ist, beschränkt sich einerseits auf psychische Störungen und Verhaltensauffälligkeiten – was im ICD in Kapitel V behandelt wird – bietet dafür zusätzlich auch Richtlinien für die Behandlung. Es wird vielerorts als kritisch gesehen, dass mehr als die Hälfte der Expert*innen, die dieses Handbuch ausgearbeitet haben, direkte Bindungen an die Pharmaindustrie haben.

ICF ist die „International Classification of Functioning, Disability and Health" und wurde von der WHO erstmals 2001 herausgegeben. Es ergänzt den ICD um den jeweils aktuellen Krankheitsstatus und berücksichtigt damit erstmals auch die Schwere der Erkrankung. Die Verwendung dieses Systems hat sich noch nicht durchgesetzt.

Diagnostiziert wird in allen Systemen eine Störung in der Person des Individuums. Eine andere Sichtweise auf Diagnosen in Beratung und Psychotherapie sieht das, was diagnostiziert wurde, nicht als das eigentliche „Problem", sondern als einen ersten oder zehnten oder hundertsten Versuch, mit einer tieferliegenden Belastung umzugehen. Betrachten wir dazu die folgende Metapher. Jemand hatte einen Unfall und erlitt dabei einen Beinbruch. In der Unfallklinik wurde dieses Bein eingerichtet, vielleicht mit ein paar Schrauben zusammengeflickt und anschließend eingegipst. Nach einiger Zeit wurde der Liegegips gegen einen Gehgips ausgetauscht – die Patientin kann sich frei bewegen, auch auf der Straße, wobei sie verständlicher Weise humpelt. Angenommen, eine außerirdische Ärztin sieht diese Frau, beobachtet sie und kommt zur Diagnose, dass sie eine Gehbehinderung hat. Sie kommt weiters zu dem Schluss, dass diese Behinderung durch diesen komischen Klotz an ihrem Bein hervorgerufen wird. Daraus resultiert die therapeutische Maßnahme, selbigen zu entfernen. Wenn der innere Heilungsprozess weit genug fortgeschritten ist, kann das gut gehen. Jedoch anderenfalls drohen schreckliche Konsequenzen bis zur permanenten Verkrüppelung.

Nicht alles was hinkt ist ein Vergleich. Der Unterschied bei psychischen Leidenszuständen ist meist, dass der „Gips" nicht von einer Ärztin angelegt worden ist, sondern von der Patientin selbst. Dahingegen sind Ärztinnen, Therapeutinnen und Beraterinnen allzu schnell bereit, die Lösung im möglichst raschen und radikalen Entfernen des „Gipses" zu sehen. Mein

Schlüsselerlebnis dazu hatte ich während meines Praktikums in der psychiatrischen Abteilung im SMZ Ost, das heute Donauspital heißt.

Der Patient war 26 Jahre alt, ungefähr 180 Zentimeter groß, athletisch, intelligent und sympathisch. Seine Diagnose lautete Schizophrenie. Seit seinem achtzehnten Geburtstag lebte er mit dem Gefühl, dass auf seinem Kopf und seinen Schultern drei Gnome saßen, die ihn mit schwarzen Schleiern umwaberten und daran hinderten, sich selbst zu spüren. Zusätzlich hatte er das Gefühl, alle seine Chakren seien offen und verströmten seine Lebensenergie nach außen. Er hatte drei Exorzismen erduldet, die jedoch keine Besserung herbeigeführt hatten. Ich hatte nur ein einziges Gespräch mit ihm. Dabei fragte ich ihn kurz vor dem Ende, was er an seinem Leben ändern würde, wenn er das mit einem einzigen Fingerschnippen tun könnte. Sofort antwortete er, dass er sich gerne besser spüren wollte. Doch auf die Frage, was dann anders wäre antwortete er, dass er dann erst spüren würde, wie schlecht es ihm wirklich gehe.

Wenn die meisterwünschte Verbesserung eine Verschlechterung bedeutet halte ich es für sehr vernünftig, schizophren zu bleiben.

Ein radikales Beispiel soll das weiter untermauern. In einer Justizanstalt beginnt ein junger Insasse nach etwa vier Wochen Haft, seinen eigenen Kot zu essen. Er kommt auf die Krankenstation, wird psychiatrisch diagnostiziert, jedoch ohne konkreten Befund. Verschiedene Maßnahmen von gutem Zureden bis zu Drohungen bleiben erfolglos. In der systemischen Therapie kommen nach einer Phase des Aufbaus von Vertrauen und therapeutischer Beziehung die Zusammenhänge zur Sprache. Der junge Mann war in der ersten Zeit mehrmals vergewaltigt worden. Sobald er begann seinen eigenen Kot zu essen, ekelte den Mithäftlingen so sehr, dass sie von ihm abließen. Damit hatte sich die Logik seines Verhaltens eröffnet und das primäre Ziel der Therapie war, Wege zu finden, wie er sich schützen könnte, ohne dieses Verhalten, vor dem ihm selbst ekelte weiter praktizieren zu müssen.

Ein wichtiges Anwendungsgebiet der Diagnostik ist die Verrechnung von Beratung und Therapie mit Versicherungen und Krankenkassen. Bei Klientinnen, die bereits eine Diagnose mitbringen ist das meist unproblematisch, obwohl ich auch da zur Vorsicht rate. In meiner forensischen Arbeit mit Straftäterinnen und der Supervision mit Beraterinnen und Therapeutinnen in diesem Kontext zeigte sich oft, dass die Delinquentinnen ihre Diagnosen als Erklärung, ja oft sogar Rechtfertigung für ihre Taten ins Treffen führten und sich keines eigenen Verschuldens bewusst waren. Folglich zeigten sie auch keine Bereitschaft für Therapie, Beratung und Veränderung und wollten keine Verantwortung für ihre Vergangenheit und ihre Zukunft übernehmen.

Das Anliegen von Krankenkassen und Versicherungen ist verständlich, weil sie nur für Leistungen bezahlen wollen, die begründet sind. Daher zahlen Krankenkassen erst bei Diagnosen, die ein gewisses Gewicht haben und in der Regel die Arbeitsfähigkeit der Versicherten einschränken. Das bringt weniger die Beraterinnen, deren Leistungen von den Kassen nicht honoriert werden, jedoch die Psychotherapeutinnen bisweilen in schwierige Situationen. Manche Klientinnen hätten gern einen Zuschuss der Krankenkasse, was jedoch nur mit einer schwerwiegenden Diagnose möglich ist. Also fordern sie die Therapeutin auf, ihnen diese Diagnose eben zuzuschreiben.

Mein Zugang ist folgender: „Ihnen eine schwere Diagnose zu geben wäre Betrug. Ich bin jedoch ein ehrlicher Mensch, und ich glaube, dass auch Sie nicht über Ihre intimsten Themen mit einem Betrüger reden wollen. Ich biete Ihnen deshalb an, dass wir ehrlich bleiben und uns den potenziellen Beitrag der Krankenkasse teilen, indem Sie mir entsprechend weniger zahlen." Das traf bisher immer auf volles Verständnis.

Bei den Gefälligkeitsdiagnosen habe ich zusätzlich die Befürchtung, dass sich diese irgendwann verselbständigen und die Klientin verunsichert wird, ob nicht vielleicht doch etwas dran ist. Umgekehrt kann die Meinung der Beraterin, dass der Klientin keine schwerwiegende Diagnose zugeschrieben werden kann, von dieser auch als eine positive Intervention gesehen werden.

Diagnosen können jedoch auch segensreich sein. Eine Klientin bekam erst mit 40 Jahren die Diagnose, sie sei eine Asperger-Autistin. Damit war sie glücklich. Endlich hatte sie eine plausible Erklärung für all die Schwierigkeiten und Konflikte, die sie ihr ganzes Leben durchgestanden hatte, weil sie sich unverstanden und fremd in der Welt gefühlt hatte. Nun konnte sie sich diese Diskrepanzen erklären, fand neue Strategien für den Umgang damit und fühlt sich heute paradoxer Weise gesünder als zuvor ohne Diagnose.

Diagnosen lassen sich nach zwei Aspekten unterscheiden. Einerseits sind sie quantitativ oder qualitativ, andererseits objektiv oder subjektiv, wobei hier auch noch unterschieden werden kann, ob sie durch die Klientin oder die Beraterin beziehungsweise Therapeutin vorgenommen werden. Das ergibt die folgende Matrix:

quantitativ objektiv	quantitativ subjektiv Klientin	quantitativ subjektiv Beraterin/Therapeutin
qualitativ objektiv	qualitativ subjektiv Klientin	qualitativ subjektiv Beraterin/Therapeutin

Quantitativ objektiv sind Aspekte feststellbar, die mit entsprechenden Messgeräten in Zahlenwerten ausgedrückt werden können: Blutdruck, Puls, sämtliche Blutwerte und sonstigen medizinischen Messungen. Ein spezielles Thema in diesem Zusammenhang stellen noch die psychologischen Tests dar, die auch von vielen klinischen Psychologinnen teilweise kritisch gesehen werden.

Qualitativ objektiv sind jene Aspekte, die zwar die von außen beobachtbaren Veränderungen beschreiben, diese jedoch nicht quantifizieren: Rötungen des Gesichtes und sonstiger Stellen der Haut, Beschleunigung des Atems, Veränderungen der Redegeschwindigkeit. Hierzu zählen auch Beschreibungen der äußeren Erscheinung und des Verhaltens.

Quantitativ subjektiv aus Sicht der Klientin sind Angaben über bestimmte Phänomene ihres Lebens, welche die Klientin auf einer imaginären Skala definiert: „Wie gut geht es Ihnen heute?" – „Wie stark war die Panikattacke?" – „Wie sicher fühlen Sie sich in diesen Situationen?"

Qualitativ subjektiv aus Sicht der Klientin sind meist Aussagen, in welchen verschiedene Situationen verglichen werden sollen. „Was fällt Ihnen leichter?" – „Was ist Ihnen wichtiger?" – „Wer ist Ihnen näher?"

Quantitativ subjektiv aus Sicht der Beraterin/Therapeutin sind Einstufungen auf vorgegebenen Skalen. An vielen psychiatrischen Kliniken wird in der Morgenrunde die Suizidgefährdung der Patientinnen thematisiert. Hier gibt es von der einfachen Variante ja/nein (wobei meist neben den Namen der als gefährdet eingestuften Patientinnen ein Magnetpunkt angebracht wird) bis zur mehrstufigen Skala verschiedene institutionseigene Vorgangsweisen.

Qualitativ subjektiv aus Sicht der Beraterin/Therapeutin findet sich in der Regel in den Protokollen von Beratungen und Therapieverläufen, wo die Entwicklung der Klientinnen eingeschätzt wird.

Natürlich gibt es auch Mischformen. Meine Kollegin Katharina Kainz hat mit einer Klientin, deren Diagnose auf Depression lautet vereinbart, dass sie statt der verbalen Befindlichkeitserörterung einander zu Beginn und am Ende der Sitzung die Hand geben und die Stärke dieses Händedrucks der Maßstab für ihre Befindlichkeit sein soll. Dieses Ritual gibt den Sitzungen eine besondere Note und zaubert zudem ein Lächeln auf das Gesicht der Klientin, was ja für depressive Menschen untypisch ist.

Diese Ergebnisse bedürfen noch einer Interpretation bezüglich ihrer Relevanz für die Situation der Klientin und die eventuell sinnvollen Ziele einer darauf basierenden Beratung oder Therapie. Alle bisher erwähnten Formen der Diagnostik haben eines gemeinsam: sie beschreiben ein Individuum und versehen es mit einer Zuschreibung, quasi einem Etikett. Diese Form der Diagnostik widerspricht jedoch dem im systemischen Ansatz vorherrschenden Prinzip, dass die Klientin nicht an sich, sondern an und in ihrem System leidet und daher eher dem System als der Klientin eine Diagnose zukommt. In der Frühzeit der systemischen Familientherapie sprach man noch von der „schizophrenogenen Familie" als einem Familiensystem, in welchem zwangsläufig ein Mitglied schizophren werden musste. Mit der kognitiven Wende um 1980 herum wurde dieses Konzept zwar aufgeweicht, doch würde es auch heute noch dem systemischen Gedanken eher entsprechen, dem System eine Diagnose zu geben als der einzelnen Klientin.

Einen Vorstoß in diese Richtung unternahm Karl Tomm. Dr. Tomm ist Professor für Psychiatrie an der University of Calgary. Er ist auch Direktor des Calgary Family Therapy Centre, das er 1973 gründete.

Karl Tomm war als Universitätsprofessor und Psychiater an einer Universitätsklinik tätig, als er Anfang der 1990-er in eine knifflige Situation geriet. Sein Dekan forderte ihn auf, seinen Patientinnen Diagnosen nach dem DSM zu geben. Er weigerte sich und war damit zunächst erfolgreich. Doch nach kurzer Zeit kam der Dekan mit dem Träger der Klinik wieder und wiederholte die Forderung nach Diagnosen, doch diesmal mit mehr Nachdruck. Der Hintergrund war die Finanzierung der Behandlungen durch die Krankenversicherungen, die eine diagnostische Grundlage für die Bewilligung von Behandlungen verlangten, auf deren Grundlage sie auch das Ausmaß an Therapie festlegten. Karl Tomm bot an, eine neue Form der Diagnostik zu entwickeln.

Als systemisch denkender Psychotherapeut sah er die Probleme seiner Klientinnen/Patientinnen nicht in deren Persönlichkeit sondern in ihren Interaktionen mit ihren Umwelten, insbesondere mit den Menschen in ihrem Umfeld. Das Ergebnis seiner Arbeit war ein Modell der zwischenmenschlichen Kommunikationsmuster (Interpersonal Patterns, kurz IP). .

WIP = Wellness IP – Muster für Wohlbefinden

PIP = Pathologizing IP – Muster, die krank machen

HIP = Healing IP – Muster, die heilen

TIP = Transforming IP – Muster für Veränderung

DIP = Deteriorating IP – Muster für Verschlimmerung

SCIP = Socio-Cultural IP – gesellschaftliche und kulturelle Muster

Zusätzlich entwickelte er eine einfache Form der Darstellung:

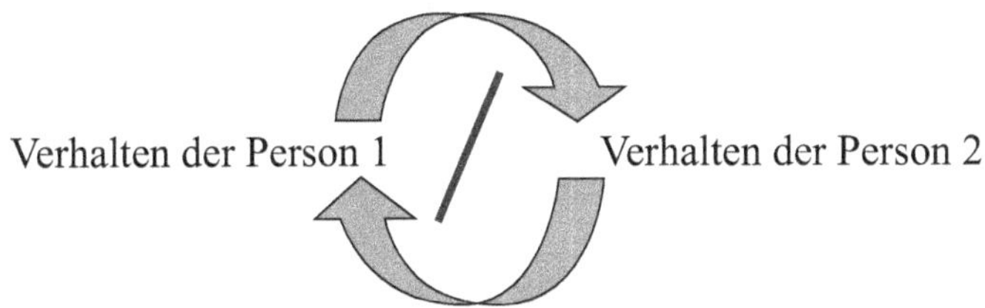

In einem solchen Kommunikationsmuster „führt" das Verhalten von Person 1 gleichsam zwangsläufig zum entsprechenden Verhalten von Person 2 und umgekehrt, was dieses Muster aufrechterhält. Das ist bei einem Wohlfühlmuster meist willkommen und wohltuend:

Bei pathologisierenden Mustern kann das ein Teufelskreis sein, unter dem beide Beteiligten leiden:

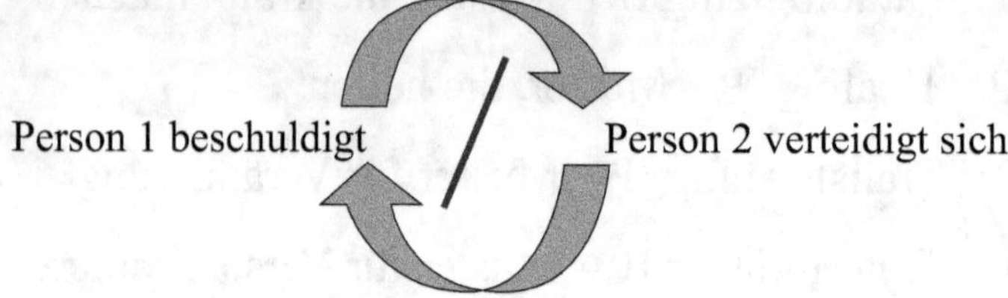

Hier könnte ein heilendes Muster helfen:

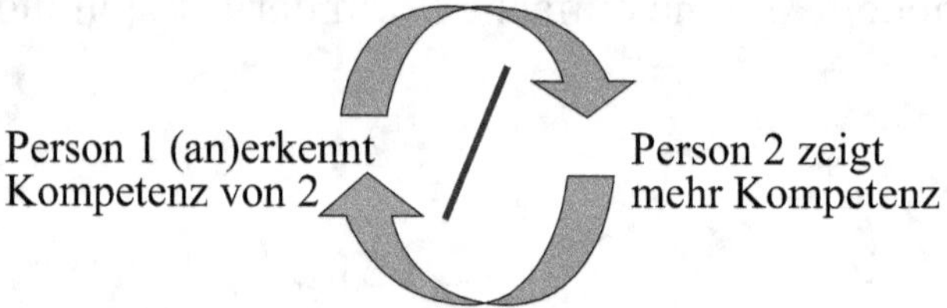

Es gäbe auch die Möglichkeit, den Diskurs zu transformieren, wobei diese Transformation auch von Person 2 ausgehen kann:

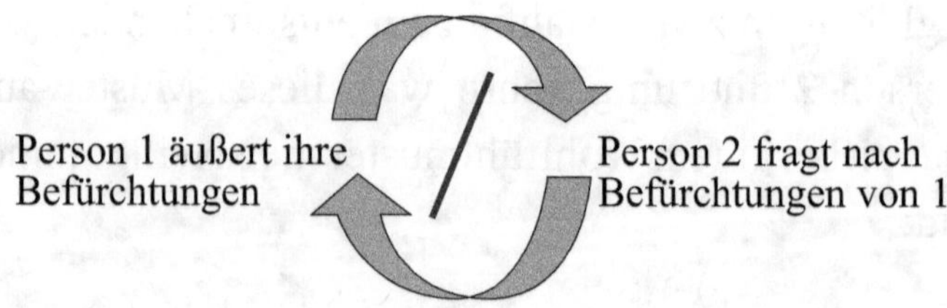

Es gibt auch Muster, die die Situation verschlimmern können:

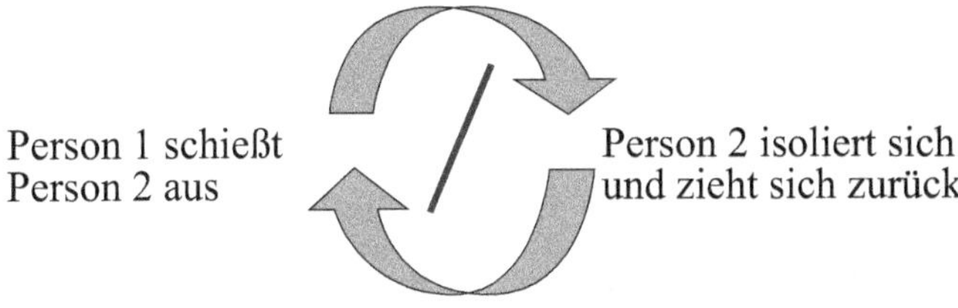

Schließlich kam noch die Erkenntnis, dass auch die soziokulturellen Gegebenheiten eine wichtige Rolle spielen:

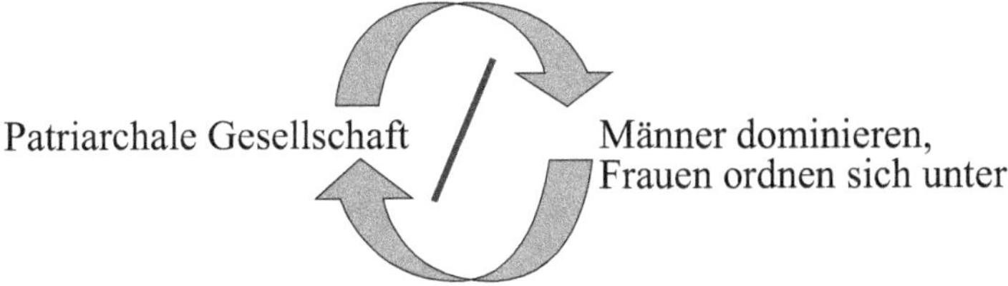

Den praktischen Sinn dieser IPs sieht Karl Tomm in

- Verzögerung der Zeit
- Komplementäre Verbindung
- Externalisierung von Verhalten
- Bekanntheit

Ziel der Therapie ist das Erkennen der schädlichen Verhaltensweisen, ohne jemandem im System Schuld zuzuweisen, und das Finden und Nutzen der jeweils passenden wohltuenden und heilenden Verhaltensmuster.

Karl Tomm blieb leider am Ende keine Wahl: er musste nach DSM diagnostizieren.

Besucherin – Klägerin – Kundin

Insoo Kim Berg und Steve de Shazer haben eine Kategorisierung entwickelt, die es Beraterinnen erleichtern soll, in ihrer Arbeit einen förderlichen Zugang zu ihren Klientinnen und auch zu ihren eigenen Ressourcen und Kompetenzen zu finden. Diese wurde oft als eine Typologie der Personen missverstanden. Gemeint ist jedoch die jeweilige Form der Beziehung, die an die Beraterin unterschiedliche Anforderungen stellt und sich im Laufe der Beratung, oft auch innerhalb der einzelnen Sitzungen ändern kann. In meiner langjährigen Arbeit mit Beraterinnen auf verschiedenen Ebenen der professionellen Positionierung beklagten sich viele über mangelnde Fortschritte im Beratungsprozess und suchten dafür oft die Ursache bei sich selbst. Dies führte dann zu Selbstzweifeln bezüglich der eigenen Kompetenz als Beraterin und manchmal sogar zur grundlegenden Infragestellung der persönlichen Eignung für den Beruf. Eine Möglichkeit, wieder die volle Handlungsfähigkeit zu gewinnen liegt in der Überlegung, in welchem Modus sich die Person, die der Beraterin gegenübersitzt, gerade befindet.

Ist meine Klientin im **Besucherinnenmodus**? Eine Besucherin möchte zunächst in Ruhe ankommen und sich akklimatisieren. Sie möchte sich mit dem Raum, mit der Beraterin und mit der Situation vertraut machen – also, wenn wir das Wort wörtlich nehmen: Vertrauen aufbauen. Das ist auch sehr vernünftig und berechtigt. Es ist jedoch nicht das, was Beraterinnen in ihren Ausbildungen gelernt haben, nicht zuletzt, weil die Klientinnen noch nicht bereit sind, sich auf irgendwelche großartigen

Methoden einzulassen. Bei Beraterinnen entsteht dann leicht das Gefühl, dass sie die falschen Methoden gewählt haben oder die Klientin einfach nicht verstehen. In jedem Fall erleben sie diese Situationen oft als frustrierend. Hier kann es sehr entlastend sein, auf die Kompetenz der Klientin zu vertrauen und davon auszugehen, dass diese intuitiv spürt, was sie braucht, um sich zu öffnen. Ihr diese Zeit zu geben ist daher ein Ausdruck von Professionalität als Beraterin. Natürlich gibt es auch erfahrene Klientinnen, die sehr schnell zur Sache kommen.

In meiner Zeit bei der Ö3 Kummernummer gab es eine Gruppe so genannter Daueranruferinnen. Einige hatten psychiatrische Diagnosen und informierten uns regelmäßig über ihre bevorstehenden Klinikaufenthalte oder Konflikte mit Nachbarinnen oder schrien ins Telefon, um sich abzureagieren. Eine Daueranruferin war anders. Sie erzählte, sie heiße Evi und sei 14 Jahre alt und plauderte über ihre Wochenendaktivitäten und Freundinnen. Alles schien in guten Bahnen zu laufen, sie klang zufrieden und deshalb fragte ich sie einmal, warum sie denn bei der Kummernummer anrufe. Sie meinte, einfach zum Plaudern. Ob das nicht alle so machten? Auf die Auskunft, dass unsere Anruferinnen meist Kummer und Sorgen hätten, oft verzweifelt oder gar am Rande des Selbstmordes wären sagte sie: „Ich würde mich niemals umbringen, denn das Leben ist urcool und ich bin viel zu neugierig auf das, was noch kommt!" Evi, danke für dieses Statement!!!

Ist meine Klientin im **Klägerinnenmodus**? Während die Besucherin von der Beraterin nur deren Präsenz braucht und vielleicht gerne eine Tasse Kaffee hätte – die sie in der Regel nicht bekommt – benötigt die Klägerin vor allem ein großes weitgeöffnetes Ohr. Sie möchte sich ihr Leid von der Seele reden, und zwar möglichst ohne Unterbrechung und in einer mitfühlenden und wertschätzenden Umgebung. Was eine Klägerin braucht ist die Erlaubnis, ihr Herz nach eigener Art auszuschütten, auch mal weinen zu dürfen. Sie tut das bei einer Beraterin, weil vielleicht ihre unmittelbare Umwelt ihre Klagen nicht mehr hören will, weil sie dort vielleicht statt des gesuchten Verständnisses und Mitgefühls eher Vorhaltungen und „gute Ratschläge" bekommt, weil vielleicht gerade diese ihr nächsten Menschen für sie die Auslöser oder Verursacherinnen ihres Leidens sind.

Klägerinnen sind noch nicht bereit, nach Auswegen und Lösungen zu suchen. Sie haben zunächst und vordringlich das Bedürfnis, ihr Leid abzuladen.

Eine ältere Dame brachte es für mich sehr treffend auf den Punkt. Ich war damals Berater bei der „Kummernummer". Wir hatten zwei Stunden lang mit einander telefoniert, genauer gesagt: ich hatte ihr zwei Stunden lang zugehört. Bevor sie zum Abschluss kam sagte sie: „Wissen Sie, ich habe ja einen Mann, doch der schafft es nicht so wie Sie, mir zwei Stunden zuzuhören und hin und wieder ein paar freundliche Grunzlaute zu machen!" Diese Geräusche signalisieren Präsenz und sind Teil des „Aktiven Zuhörens".

Vor Jahren meldete sich bei mir ein 45-jähriger Klient, der schon am Telefon sagte, er brauche Dreifacheinheiten, also nicht 50, nicht 90, sondern 120 Minuten dauernde Sitzungen. In der ersten dieser Sitzungen begann er zu erzählen, und irgendwann hatte ich das Bedürfnis, selbst aktiv zu werden und stellte eine Frage. Er bat mich, ihn doch bitte nicht zu unterbrechen. Nach einer weiteren halben Stunde machte ich einen zweiten Versuch, der ebenso abgeblockt wurde. Daraufhin sagte ich, dass ich durchaus bereit wäre so weiterzumachen, wenn ich mich darauf verlassen könne, dass er mir sagen würde, wann ich etwas sagen dürfe. Diese Zusicherung bekam ich. Und dann wartete ich – mehr als elf Monate! Da sagte er nach Ablauf einer Stunde: „So, jetzt können Sie etwas sagen." Die Wartezeit mag lang erscheinen, doch wenn man bedenkt, dass in diesem knappen Jahr die furchtbare Leidensgeschichte von 45 Jahren Platz bekam, dann war sie doch recht kurz.

Ist meine Klientin im „**Kundinnenmodus**"? Eine Kundin will, auch wenn sie es vielleicht anders formuliert, gemeinsam mit der Beraterin nach Lösungen für sich in ihrer Situation suchen. Eine solche Lösung kann darauf abzielen, die Situation zu verändern, oder die eigene Verhaltensweise zu modifizieren, oder vielleicht auch nur eine andere Betrachtungsweise zu finden, oder weniger darunter zu leiden oder diese Situation los zu werden, oder oder oder. Was das tatsächliche Ziel ist entscheidet allein die Klientin. Da es keine Patentrezepte für soziale Situationen gibt, geht es nie um die „richtige" Lösung, sondern immer um die für die Klientin „passende". Auch wenn die Klientinnen oft dezidiert die Beraterin fragen, was sie tun sollen, ist es im psychosozialen Bereich meist ein Fehler, hier konkrete Anweisungen zu geben. Dadurch verschöbe sich die Verantwortung für das Verhalten der Klientin auf die Beraterin, die jedoch die

Umstände nur aus den Erzählungen der Klientin kennt und somit sehr einseitig und rudimentär informiert ist.

Mit Kundinnen können Beraterinnen endlich tun, wofür sie ausgebildet worden sind. Dennoch ist auch die Zeit mit Besucherinnen und Klägerinnen vollwertige Beratungszeit. Die Besucherin benötigt diese Zeit, um sich zu orientieren und zu entscheiden, ob sie sich bei ihrer Beraterin ausreichend sicher und geborgen fühlt, um über oft sehr intime Aspekte ihres Lebens zu reden. Die Klägerin braucht die wertschätzende Empathie der Beraterin, um die vielen Fakten und Emotionen, die ihr inneres Chaos ausmachen, in eine erste Ordnung zu bringen, indem sie darüber spricht und als Prinzip für diese Ordnung die Grammatik und die Begrifflichkeit verwendet. Es macht einen Unterschied, welche Bezeichnung die Klientin für ein Erlebnis verwendet: Unglück, Gemeinheit, Katastrophe, Verbrechen. Diese Begriffe sind erste Ansatzpunkte für eine entsprechende Form der Beratung, weil man mit diesen verschiedenen Sachverhalten ja ganz unterschiedlich umgehen kann. Daher sollte man den Wert des Klagens für den Prozess der Beratung nicht unterschätzen, und man sollte auch das Weinen der Klientin entsprechend zulassen und würdigen.

Ein kleiner praktischer Hinweis zum Weinen: irgendwann könnte die Beraterin den Eindruck gewinnen, dass die Klientin im Weinen „festhängt" und deshalb intervenieren wollen. Aufforderungen, mit dem Weinen aufzuhören oder sich doch endlich zu beruhigen sind hier meist kontraproduktiv, weil sie dem Weinen eine Bedeutung als unerwünscht geben. Besser bewährt hat sich die Bestärkung, dass es gut ist, wenn die Klientin weint und nach einer Weile die Aufforderung, doch einen tiefen Atemzug zu nehmen.

Physiologisch ist tief atmen das Gegenteil von Weinen, weil dieses mit eher flachem Atem verbunden ist. Oft sind die Klientinnen nach diesem tiefen Atemzug wieder bereit und fähig zu reden.

In der Praxis haben sich noch zwei weitere Kategorien gezeigt.

Ist meine Klientin im **Spielerinnenmodus**? Spielerinnen spielen soziale Spiele, und diese Interaktionen heißen nicht so, weil sie lustig sind, sondern weil sie bestimmten Regeln folgen. Eric Berne, der Begründer der Transaktionsanalyse hat in seinem Buch „Spiele der Erwachsenen" insgesamt 120 Spiele beschrieben, wobei er jeweils 40 Spiele den Ecken des ebenfalls von ihm kreierten Dramadreiecks zuordnete.

Das Dramadreieck findet man sehr oft in den Berichten unserer Klientinnen, bevorzugt wenn sie im Klägerinnenmodus sind. Die drei Positionen des Dreiecks sind „Opfer", „Täter" und „Retter".

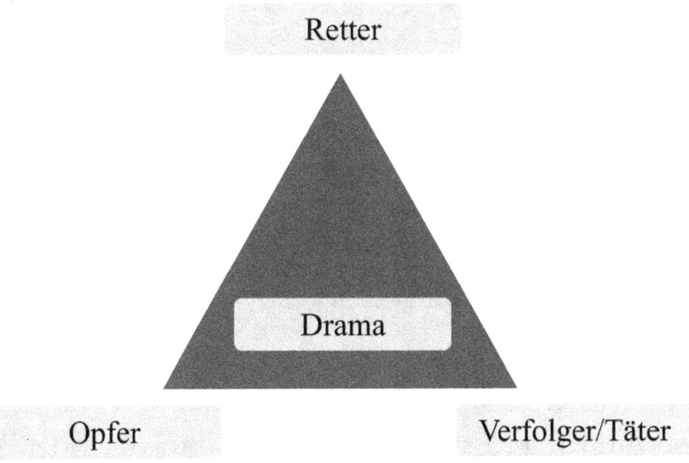

Das Drama entsteht erst durch die Einbeziehung aller drei Positionen. Das Opfer klagt über die Bösartigkeit des Verfolgers und sucht jemanden der es rettet. Das Karussell kann sich allerdings sehr schnell drehen indem der Täter sich daraufhin vom Retter verfolgt fühlt und das Opfer bittet, ihn vor diesem zu „retten" und die Vorwürfe zurückzuziehen. Und auch der Retter kann sich vom Opfer bedrängt fühlen und die Unterstützung des vormaligen Verfolgers suchen, um aus seiner ewigen Retter-Rolle herauszukommen. Die „Befriedigung" in diesen Spielen liegt in ihrer Vertrautheit, der relativen Sicherheit, die die Regeln bieten und der Verbundenheit mit den zwei anderen Mitspielern.

Es gibt eine vierte Position:

Ich spiele nicht mit

Diese ist insofern mit Vorsicht zu genießen, als sie eine verdeckte Opfer-Position sein kann: „Ihr spielt dieses böse Spiel mit mir und ich leide darunter, also hört jetzt gefälligst auf, mich damit zu quälen!"

Wirksamer erreicht man diese Position, indem man das Spiel offenlegt und die Beteiligten fragt, ob sie es dennoch weiterspielen möchten.

Einer meiner Klienten war damit sehr erfolgreich. Nach dem frühen Tod seines Vaters fragte ihn seine Mutter immer wieder, was sie gegen ihre Einsamkeit und Langeweile tun sollte. Er machte ihr die verschiedensten Vorschläge und Angebote, doch nichts schien zu passen. In Kenntnis des Drama-Dreiecks sagte er zu ihr: „Schau, was wir seit Monaten tun heißt als Spiel „Ja, aber". Ich mache Dir Vorschläge und Du erklärst mir, warum sie nicht funktionieren. Was müsste ich Dir vorschlagen damit Du sagst: „Ja, das mache ich!"?" Danach wurde er nie mehr gefragt, und seine Mutter war auch nicht beleidigt. Sie fand sich eine Frauenrunde, mit der sie in der schönen Jahreszeit Wanderungen unternahm. In der kalten Zeit spielten sie Karten.

Ist meine Klientin im **Sammlerinnenmodus**? In diesem Fall präsentiert sie sich als lösungsbereit und interessiert, vermeidet jedoch jegliche Arbeit an dieser Lösung. Sie verlangt vielmehr von der Beraterin Lösungsideen. Falls sich diese dazu breitschlagen lässt kommt meist die Antwort: „Ja, das hat mit schon Frau Dr. Meier gesagt. Haben Sie nichts Neues für mich?" – Zusätzlich zu dem Druck auf die Beraterin, der so aufgebaut wird schwingt auch eine leise Abwertung der Kompetenz der Beraterin mit. Auch hier könnte der Ausweg in einer – wertschätzenden! – Offenlegung liegen wie „Ich habe den Eindruck, dass Sie sehr genau abwägen, welcher Weg für Sie der richtige sein könnte und das ist eine große Kompetenz. Woran werden Sie erkennen, welches Vorgehen hier am besten für Sie passt? Wie werden Sie das entscheiden? Bis wann möchten Sie sich dafür Zeit lassen und die derzeitigen Belastungen auf sich nehmen? Wie werden Sie dann konkret vorgehen?"

Der Wechsel der Positionen kann eine Weile dauern oder sehr rasch erfolgen, auch bisweilen innerhalb einer Sitzung hin und her. Für die Beraterin sind hierbei einige Grundprinzipien von Bedeutung:

- Unsere Klientinnen haben das Recht, in der jeweiligen Position zu verharren oder diese zu wechseln.

- Auch wenn Beraterinnen am liebsten mit Kundinnen arbeiten und die anderen Beziehungsformen manchmal sogar als mühsam empfinden, gebührt allen Klientinnen der höchste Respekt und die Wertschätzung allein schon dafür, dass sie in die Beratung gekommen sind.

- Diese Kategorisierung dient ausschließlich der Beraterin als Schutz gegen zu hohe Erwartungen an sich selbst, bei deren Nichterfüllung schon manche dazu geneigt waren, an ihren Fähigkeiten zu zweifeln.

- Egal welchen Modus unsere Klientin wählt – die Beratung ist selbstverständlich gebührenpflichtig!

Überblick der Beziehungsmodi unserer Klientinnen:

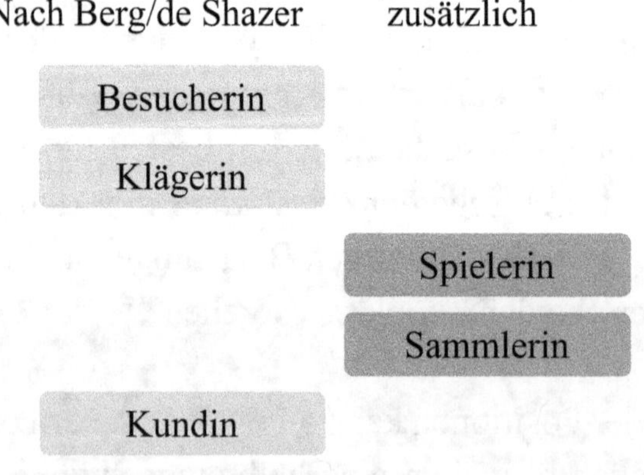

Problem Talk –> Solution Talk

Von Steve de Shazer stammt ein weiteres hilfreiches Prinzip:

Das Reden über Probleme schafft Probleme.
Das Reden über Lösungen schafft Lösungen.

Es ist ein oft beobachtetes Phänomen, dass Menschen einander ihre Probleme erzählen und dabei eine ganz düstere Stimmung entsteht. Besonders häufig trifft man es in Wartezimmern von Ärztinnen an. Die Wartezeit ist oft lang, besonders ältere Patientinnen kommen oft zur Ärztin und lernen einander allmählich kennen. Erst grüßen Sie einander nur. Mit der Zeit kommen sie miteinander ins Gespräch, und der einfachste Anknüpfungspunkt dafür ist die Frage, was denn der anderen Person fehle. Darauf kommt eine Aufzählung der Leiden. Im Gegenzug erzählt die fragende Person ihre Symptome, und ehe man es sich versieht findet ein paradoxer Wettstreit statt, wer das schlimmere Krankheitsbild hat. Eine Ärztin hat deshalb sogar ein Schild in ihrem Wartezimmer aufgehängt: „Die p.t. Patientinnen werden gebeten, keine Symptome auszutauschen!"

Ein ähnliches Phänomen gibt es auch unter Studierenden in Gesundheitsberufen. Teil der Ausbildung ist dort auch die Krankheitslehre. Die verschiedenen Pathologien werden ausführlich beschrieben, und oft hört man dabei Studierende einander zuflüstern: „Huch, das habe ich auch!"

Das Reden über Probleme und Leiden und Symptome führt oft zu einer Einengung des Blickwinkels und erzeugt eine Problemtrance. Gedanken und Gespräche führen alle wie in einem Tunnel in die gleiche Richtung von Schmerz und Krankheit und Hilflosigkeit.

Um den Zugang zu Lösungen zu ermöglichen ist es notwendig, dieser Problemtrance zu entkommen und eine Lösungstrance zu erzeugen. Erst dann ist es möglich, am Ende des Tunnels Licht zu sehen und sich vorstellen zu können, dass alles auch wieder gut werden kann:

Probleme sind Lösungen in Arbeitskleidung.

Man könnte demnach Beratung auch begreifen als eine Begleitung der Klientinnen aus dem Problemland ins Lösungsland. Das Ziel ist eine Verlagerung der Aufmerksamkeit von den belastenden und unangenehmen Dingen des Lebens zu allem, was positiv ist und hoffnungsvoll stimmen kann.

Gemeint ist nicht, dass man überhaupt nicht über die Probleme reden soll, aber nur maximal 10% der Zeit in der Beratung. Schließlich möchte man bisweilen wissen, wofür man eine Lösung sucht. Doch die restliche Zeit gehört den Lösungen.

Eine besonders elegante Form der Überleitung vom Problemland ins Lösungsland besteht darin, dass die Beraterin die Klientin nach der Darstellung des Problems nach dessen erwünschtem Gegenteil fragt und dann nur noch davon spricht. Denken Sie an das ideodynamische Prinzip und das Gesetz der psychischen Energie: Energie folgt der Aufmerksamkeit. Und wenn Beraterinnen die Wahl haben geben Sie lieber dem erwünschten Ziel als dem Problem zusätzliche Energie.

Prozessgestaltung mit Fragen

Die Erfahrung zeigt, dass etwa 95% aller Beratungen und Therapien mit guter Fragetechnik zu hervorragenden Ergebnissen geführt werden können. Dies ist unabhängig von der gewählten Methodik. Besonders hilfreich ist dabei die Nutzung des im Kapitel Kommunikation vorgestellten Gesprächsrades. Durch gezielte Fragen kann die Beraterin das Gespräch in jene Bahnen lenken, die ihr hilfreich erscheinen. Sollte sie aus den Antworten der Klientin den Eindruck gewinnen, dass ein anderer Weg hilfreicher sein könnte, kann sie durch entsprechende Fragen das Gespräch auch umlenken. Mehr noch, im Zweifel kann sie auch die Klientin fragen, in wie weit sie diese Richtung des Gesprächs für hilfreich und zielführend erachtet.

Grundlegend unterscheidet man zwischen offenen und geschlossenen Fragen. Als geschlossen bezeichnet man jene Fragen, die mit „Ja.“ oder „Nein.“ oder „Das weiß ich nicht.“ beantwortet werden können. In der Regel werden sie in professionellen Beratungen meist als Kontrollfragen verwendet, etwa in der Rückfrage, ob man die Klientin richtig verstanden hat, dass …, der so genannten Paraphrase der Erzählung der Klientin, in der man mit eigenen Worten und komprimiert wiedergibt, was man als Beraterin aus dem Bericht der Klientin herausgehört hat.

Da die häufige Verwendung geschlossener Fragen in der Klientin leicht das Gefühl erwecken könnte, ausgefragt oder gar verhört zu werden hat sich in der Beratung die Verwendung offener Fragen bewährt. Diese geben der Klientin die Gelegenheit, zusammenhängend zu erzählen, was einerseits der Beraterin viel mehr Information bringt und andererseits auch von der Klientin als Zeichen von Interesse und Wertschätzung erlebt wird. Offene Fragen heißen auch oft W-Fragen, weil das verwendete Fragewort mit dem Buchstaben W beginnt: wer, was, wo, wann, wie, womit und ähnliche. Eine Art von W-Fragen gilt nicht als offen, nämlich jene, die mit „Warum" und dessen Umschreibungen beginnt. Das liegt darin begründet, dass diese Fragen oft als Kritik und Aufforderung zur Rechtfertigung verstanden werden, auch wenn dies nicht beabsichtigt ist, was im Weiteren zu einer Verteidigungshaltung und Vorsicht im Gespräch führt. Die unterschiedlichen Methoden haben jeweils eigene Frageformen entwickelt, weshalb wir uns mit diesen später ausführlicher beschäftigen werden.

Fragen sind immer auch als Interventionen – also aktive Eingriffe in den Denkprozess der Klientin – zu sehen, weil sie diesen Prozess in bestimmte Bahnen lenken während sie andere mögliche Bahnen ausschließen oder zumindest deren weitere Verfolgung schwieriger machen.

Einige Tipps für Ihre Fragetechnik:

- Bevor Sie eine Frage formulieren, sollten Sie wissen, was Sie damit erreichen wollen.

- Stellen Sie immer nur eine Frage.

- Formulieren Sie Ihre Fragen kurz, präzise und leicht verständlich.

- Lassen Sie der Klientin ausreichend Zeit zum Nachdenken, bevor sie antwortet.

- Vermeiden Sie in Ihren Fragen Vorausinformation über die von Ihnen bevorzugte Antwort.

- Unterlassen Sie in Ihren Fragen Wertungen und verzichten Sie darauf, Vorwürfe zu machen.

- Generell sollte die Fragerichtung vom Ganzen zu den Details, vom Allgemeinen zum Besonderen, vom Bekannten zum Unbekannten und vom Einfachen zum Komplexen verlaufen.

Prozessgestaltung mit aktiv Zuhören

Eine weitere Strategie der hilfreichen Gesprächsführung ist das aktive Zuhören. Die meisten Menschen haben beim Zuhören nicht die Absicht zu verstehen, sondern zu antworten und sind längst damit beschäftigt, innerlich zu überlegen, was sie als nächstes sagen werden. Sie warten auf ihr Stichwort um zu beginnen und nehmen dadurch nur wenig von der Aussage der anderen wahr.

Um über die Motive, die Hintergründe und das Wertesystem der anderen mehr Information zu bekommen, ist es jedoch notwendig, genauestens hinzuhören. Hierzu bietet sich das aktive Zuhören an. Das bedeutet, mit der vollen Aufmerksamkeit bei der anderen zu sein und eventuell eine Zusammenfassung des Gehörten anzubieten. Geübte Beraterinnen machen diese Zusammenfassung des Gehörten immer, auch wenn sie diese nicht immer ihren Klientinnen mitteilen. Oft ist es sinnvoll, nicht die gleichen Wörter wie die Klientin zu verwenden, sondern mit eigenen Worten die Aussage wiederzugeben. Hilfreich sind dafür am Satzanfang Redewendungen wie:

- „Habe ich Sie richtig verstanden ...“
- „Sie meinen also ...“
- „Heißt das für Sie ...“
- „Wenn ich Sie richtig verstehe, dann...“

Wenn die Klientin ihrer verbalen Wiederholung zustimmt, können Sie davon ausgehen, sie möglichst gut verstanden zu haben.

Tipps für gutes Zuhören:

- Nicht sprechen! Sie können nicht zuhören, wenn Sie sprechen!

- Druck mindern. Zeigen Sie der Klientin, dass sie frei sprechen kann!

- Machen Sie deutlich, dass Sie zuhören wollen! Halten Sie Blickkontakt! (auch wenn die Klientin nicht zu Ihnen schaut)

- Halten Sie Störungen und Ablenkungen fern!

- Stellen Sie sich auf ihre Klientin ein!

- Haben Sie Geduld und unterbrechen Sie nicht!

- Beherrschen Sie sich und geben Sie ihren Gefühlen keine Oberhand!

- Fragen Sie!

- Nicht sprechen!

Prozessgestaltung mit Einhaken

Eine oft geäußerte Befürchtung junger Beraterinnen liegt in der Sorge, es könnten ihnen die Fragen ausgehen. Dann käme es vielleicht zu einem Stillstand im Beratungsgespräch, dadurch ansteigender Nervosität bei ihnen – und vielleicht auch bei der Klientin – und damit zu noch mehr Verunsicherung bei beiden. Gegen diesen Stillstand hilft sehr wirkungsvoll die Technik des Einhakens.

Jeder Satz, den die Klientin sagt bietet mehrere Möglichkeiten, direkt in diesen einzuhaken und Fragen zu stellen. Nehmen wir ein simples Beispiel, das mit Beratung wenig zu tun hat. Jemand sagt: **„Ich habe dem Hund einen großen Knochen gegeben.“** In diesen Satz kann man bei fast jedem Wort einhaken und Fragen finden.

Ich:

Wer ist noch für das Füttern des Hundes zuständig?

Habe:

Wann haben Sie das getan?

Dem:

Welchen anderen Hunden geben Sie noch Knochen?

Hund:

Was für ein Hund ist das?
Wem gehört der Hund?
Wie stehen Sie zu diesem Hund?
Für welche anderen Tiere setzen Sie sich ein?

Einen:

Wie viele Knochen bekommt der Hund üblicherweise?

Großen:

Wie groß war der Knochen?
Was für ein Knochen war das?
Woher hatten Sie den Knochen?

Knochen:

Was geben Sie dem Hund sonst noch?

Gegeben:

Wie geben Sie dem Hund seinen Knochen?

Manche dieser Fragen können naturgemäß hilfreicher sein als andere, doch die Auswahl erhöht die Selbstsicherheit in der Beratungssituation und manifestiert wieder den Ästhetischen Imperativ von Heinz von Foerster: „Handle stets so, dass die Zahl der Handlungsmöglichkeiten größer wird."

Prozessgestaltung mit Reframing

Das Wort Reframing heißt wörtlich „neu rahmen" und bezeichnet eine Methode, einer bestimmten Verhaltensweise oder Situation eine neue Bedeutung zuzuschreiben, die einen anderen, aus Sicht der Klientin „besseren" Umgang damit ermöglicht. Grundlage dieses Vorgehens ist die Annahme, dass die Bedeutungsgebung – im Sinne des Sender-Empfänger-Modells im Kapitel „Kommunikation" – eine individuelle Denkleistung ist und somit auch immer mehrdeutig sein kann.

> Dem griechischen Philosophen Epiktet wird die Aussage zugeschrieben: „Es sind nicht die Dinge selbst, die uns beunruhigen, sondern unsere Vorstellungen und Meinungen von den Dingen."

In der Regel fällt es uns schwer, Dinge wertfrei zu betrachten. Wir geben ihnen fast automatisch eine Bedeutung mit Bezug auf uns selbst und akzeptieren sie oder lehnen sie ab. Die erste Lektion von sechzig in kreativem Denken des bekannten Kreativitätsexperten Edward de Bono führt deshalb das Aufschieben der Wertung als Grundlage der Kreativität ein. Dem dualen Prinzip von „gut oder schlecht" fügt er als dritte Möglichkeit das „interessant" – im englischen Original „po" – bei, was impliziert, dass etwas zunächst zur Kenntnis genommen und erst nach näherer Untersuchung entschieden werden soll, ob wir es als gut oder schlecht qualifizieren oder weiter in der Schwebe belassen wollen.

In der Praxis werden zwei Arten von Reframing unterschieden:

Beim **Inhaltsreframing** wird das Geschehen oder Verhalten selbst in einem neuen Licht betrachtet. Die lästige Einmischung der Schwiegermutter könnte auch ein Ausdruck ihrer Fürsorge und Anteilnahme sein, die Vorwürfe einer Freundin auch Sehnsucht nach mehr Gemeinsamkeit.

In einer Paarberatung ging es ziemlich hitzig zu. Die Beraterin befragte den Mann, der ihr einiges über sich und seine Wünsche erzählte, worauf die Frau wütend fragte, wieso er ihr das noch nie erzählt habe. Etwas später beklagte der Mann, dass seine Frau nicht mehr Sex mit ihm haben wolle. Die beiden waren verblüfft, als ihnen die Beraterin am Ende der Sitzung rückmeldete, die beiden hätten einander Liebeserklärungen gemacht. Auf Rückfrage erläuterte sie, dass man sowohl den Wunsch nach mehr Information über den Partner als auch jenen nach Sex mit der Partnerin auch so interpretieren könne. Diese Umdeutung war in den folgenden Sitzungen der Ausgangspunkt für eine Annäherung.

Ein besonders wirksames Inhaltsreframing verwendet der hypnosystemische Ansatz. Während in den anderen Zugängen eine Wiederholung eines alten unerwünschten Musters als „Rückfall" bezeichnet wird, dem oft auch noch ein Versagen und eine Endgültigkeit innewohnt – der ehemalige US-Präsident George W. Bush galt als trockener Alkoholiker, der keinen Tropfen Alkohol anrühren durfte, weil er sonst wieder hoffnungslos der Sucht verfallen wäre – nennt man eine solche Episode dort eine „Ehrenrunde" des alten Musters. Diese Ehrenrunde hat zwei Funktionen. Sie erinnert die Klientin an die Zeiten, die sie hinter sich lassen möchte, und sie weist sie darauf hin, dass das neue Muster ihre volle Aufmerksamkeit erfordert, weil es noch nicht automatisiert und ausreichend verankert ist. Damit bekommt der „Rückfall" eine positive Bedeutung für die Festigung des neuen Musters, in dessen Dienst er sich stellt und verliert so seine Bedrohlichkeit.

In der hypnosystemischen Arbeit wird meist schon zu Beginn der Beratung das Thema durch Reframing in die Richtung der Lösungsorientierung reframt. Die Klientin beschreibt ihr Problem, worauf die Beraterin sie fragt, ob sie richtig verstanden habe, dass die Klientin sich nach dem positiven Gegenteil sehnt. Wenn etwa die Klientin über private Einsamkeit und Freudlosigkeit in ihrer Arbeit klagt könnte die Paraphrase der Beraterin lauten: „Verstehe ich Sie richtig, dass Sie sich nach einem netten Kreis von Freundinnen und interessanten Aufgaben in Ihrer Arbeit sehnen?" Sobald die Sehnsüchte der Klientin genauer abgeklärt sind wird nur noch über diese und ihre Realisierung gesprochen.

Beim **Kontextreframing** wird ein bestimmtes Verhalten insofern relativiert, als es berechtigter Weise in der gegebenen Situation als hinderlich gesehen werden kann, jedoch in anderen Situationen und Zusammenhängen (Kontexten) vorteilhaft sein könnte. Wenn sich eine Klientin als schüchtern erlebt, weil sie in Diskussionen ihre Meinung nicht vehement vertritt, so könnte dieses Verhalten in anderen Situationen als respektvolle Zurückhaltung erlebt werden.

In einer Variante des Kontextreframings erörtert man zunächst, wie sich die Klientin in der beschriebenen Situation gerne verhielte und sucht dann andere Situationen, in welchen der Klientin das erwünschte Verhalten möglich ist, um dann die Bedeutung des aktuellen Kontextes neu zu definieren. Viele Menschen erleben Bewerbungsgespräche als Prüfungen und entwickeln Hemmungen wie in der Schulzeit. Es fallen ihnen die wichtigsten Dinge nicht ein und sie fühlen sich unwohl. Eine Situation, in der sich viele wesentlich besser fühlen ist in einem Laden, wo sie überlegen, ob sie etwas kaufen wollen oder nicht. Wenn es der Klientin nunmehr gelingt, das Bewerbungsgespräch als eine Verhandlung auf Augenhöhe mit offenem Ausgang zu betrachten, bei welchem eine Person, die eine Mitarbeiterin sucht sich ihr als Arbeitgeberin „schmackhaft" machen will während sie Kompetenzen und Leistungsbereitschaft zu bieten hat und entscheiden soll, ob das Angebot für sie interessant ist, kann sie mit einer anderen Einstellung zu diesem Gespräch gehen, mit der sie wahrscheinlich wesentlich sicherer auftreten und agieren kann.

Prozessgestaltung mit Utilisieren

Diese Technik geht auf Milton H. Erickson, den Begründer der modernen therapetischen Hypnose zurück. Utilisieren heißt sinngemäß „Nutzbar Machen". Im Gegesatz zum psychoanalytischen Konzept des „Widerstandes" und den für den Umgang damit entwickelten Methoden vermeidet die Beraterin die Konfrontation der Klientin, ihrer Ansichten und ihrer Verhaltensweisen mit als allgemeingültig betrachteten Normen. Sie nutzt vielmehr diese Überzeugungen und Verhaltensweisen zum Nutzen der Klientin mit dem Ziel, dieser ein befriedigenderes Leben in ihrem Umfeld zu ermöglichen.

Von Milton Erickson gibt es die Geschichte, dass er als junger Arzt in einer psychiatrischen Anstalt einen Patienten zugewiesen bekam, der alle – Ärztinnen wie Patientinnen – fürchterlich nervte. Er hielt sich für Jesus Christus und wollte ständig predigen und alle bekehren. Die Erwartung war, Erickson solle ihn überzeugen, dass er nicht Jesus sei. Doch dessen Vorgehen war dieser Erwartung diametral entgegengesetzt und es entspann sich in etwa folgender Dialog:

– „Ich habe gehört, Sie sind Jesus Christus."

– „Ja, der bin ich!"

– „Dann war Josef ihr Vater?"

– „Ja, der war es!"

– „Er war doch Zimmermann!"

– „Ja, das stimmt!"

– „Dann müssen Sie ja sehr viel von der Arbeit mit
Holz verstehen!"

– „J a a a …"

– „Wunderbar! Wir brauchen für die Bibliothek neue
Regale und die Leute in der Tischlerwerkstatt brauchen
dringend jemanden, der sich da auskennt. Sind Sie bereit,
da mitzuarbeiten?"

Der Patient konnte nur noch zustimmen und mitgehen. Er
hatte natürlich keine Ahnung von Tischlerei, doch lernte er sehr
schnell und verbrachte den Rest seines Lebens mit der Herstellung wunderbarer Möbel und bekam dafür viel Anerkennung.
Und es störte niemanden mehr, dass er nach wie vor überzeugt
war, Jesus Christus zu sein.

Erickson utilisierte die Überzeugung des Patienten, um ihm
ein respektiertes Dasein in seinem Umfeld zu ermöglichen ohne
ihn davon überzeugen zu müssen, dass er nicht Jesus Christus sei.

Solche Situationen werden in der alltäglichen Beratung nicht
vorkommen, doch gibt es viele Klientinnen, die von einer ähnlichen Intervention ihrer Beraterin profitieren könnten.

Nehmen wir als Beispiel eine Klientin, die alles perfekt machen
will. Früher oder später wird ihr dieser Anspruch zu viel, und im
schlimmsten Fall ist ihr Weg in den Burn Out vorprogrammiert. Selbst
wenn ihre Beraterin sie genau vor dieser Gefahr warnt und ihr dringend empfiehlt, etwas leiser zu treten und ihre Ansprüche zu reduzie-
ren, und selbst wenn auch ihre Ärztin das genauso sieht, wird es ihr
schwer fallen, weil es ihrer Grundstrategie im Leben widerspricht.

Hier ist vielleicht der passende Ort in diesem Buch, um über menschliche Grundstrategien zu schreiben. Eric Berne, der Begründer der Transaktionsanalyse definierte fünf Grundstrategien, die in der westlichen Kultur universell verbreitet sind. Es gibt davon noch viele mehr, doch ging er davon aus, dass alle Menschen unseres Kulturkreises diese fünf Strategien – in unterschiedlich starker Ausprägung – in sich tragen, weil sie in der vorsprachlichen Entwicklungsphase gelernt und verinnerlicht werden. Diese Strategien dienen nicht nur zum Gewinn von Zuneigung und Liebesbezeugungen, sondern auch zum Erfolg im Alltag und zum Überleben. Diese fünf Strategien heißen:

Sei perfekt! – Wer alles richtig macht muss doch erfolgreich sein und von allen geschätzt, geachtet und geliebt werden.

Sei schnell! – Es gibt keinen zweiten Sieger, nur einen ersten Verlierer, und den Letzten beißen die Hunde.

Streng dich an! – Selbst wenn du es nicht schaffst, so hast du dich doch zumindest bemüht.

Sei gefällig! – Mach es allen Recht. Sei höflich, freundlich, nett, adrett und attraktiv.

Sei stark! – Was dich nicht umbringt macht dich hart. Aufgeben soll man höchstens einen Brief.

Man nennt diese fünf Grundstrategien auch Antreiber, weil sie im weiteren Verlauf des Lebens uns antreiben, uns ihnen entsprechend zu verhalten, auch wenn sie längst nicht mehr adäquat und hilfreich sind. Da sie aber so tief in uns verwurzelt sind haben sie auch viel Macht, besonders wenn wir das Gefühl haben, unter Druck zu stehen.

Eine weit verbreitete Methode für den Umgang mit diesen Antreibern besteht darin, sich für bestimmte Situationen „Erlauber" zu definieren. Das sind möglichst kurze Sätze, die in bestimmten Situationen einen Antreiber außer Kraft setzen, weil er nicht zu den aktuellen Erfordernissen passt. Diese Sätze sind individuell zu finden und beziehen sich nur auf die jeweilige Art von Situationen.

Mein Freund Johannes Völgyfy, Multimaster und Trainerlegende, macht in einigen seiner Seminare eine Sequenz zum Gedächtnistraining. Er setzt sich vor die Gruppe und hinter ihm notiert eine Teilnehmerin zu den vorgegebenen Zahlen von 1 bis 40 Begriffe, die von den Teilnehmerinnen zugerufen werden. Das sieht dann in etwa so aus:

1. Giraffe
2. Paris
3. Big Mac
4. und so weiter bis 40

Danach fragen die Teilnehmerinnen, wo die Giraffe steht oder was der Begriff Nummer 3 ist, und Johannes nennt die jeweilige Nummer oder den passenden Begriff. Als Perfektionist hat er den Anspruch an sich, alles richtig zu wissen. Weil das jedoch den Stress erhöht hat er sich einen Erlauber definiert: „38 sind genug!"

Er weiß noch immer alle 40, doch ist er dabei viel lockerer.

Es wäre mit ziemlicher Sicherheit ein Irrweg, die Antreiber loswerden zu wollen, selbst wenn sie im aktuellen Lebensabschnitt manchmal als hinderlich erlebt werden, weil sie im bisherigen Leben eine wichtige Funktion erfüllt haben.

Wenn man stattdessen die Methode der Utilisation nutzen will, kann man die Strategie, die manchmal Stress erzeugt dafür nutzen, zu einem besseren Ausgleich zu gelangen. Das hieße dann, die perfekte Balance zwischen Anspannung und Erholung zu finden und konsequent (perfekt) umzusetzen. Die Fähigkeit der Klientin zur Perfektion wird so für ihre Gesundheit nutzbar gemacht und sie muss damit keine neue Strategie lernen.

Ein oft geäußertes Anliegen von Klientinnen ist der Wunsch zu lernen, nein zu sagen. Dieser Mangel ist eine Auswirkung des Antreibers „Sei gefällig!", der manchmal auch mit „Mach es allen Recht!" beschrieben wird. Als Utilisation wäre hier die Lösung, dass die Klientin lernt, zu sich selbst gefällig zu sein und es sich selbst Recht zu machen.

Utilisation hilft oft auch bei der Veränderung unerwünschter Muster. Ein neues Verhalten zu erlernen bedeutet oft einen großen Aufwand. Wenn sich hingegen das neue Verhalten weitestgehend am alten orientiert, ist die Chance für eine Änderung viel größer. Beispielsweise werden auf diese Weise gute Ergebnisse bei Klientinnen erreicht, die sich das Rauchen abgewöhnen wollen. In einem ersten Gespräch wird erarbeitet, wann und wie die Klientin raucht. Danach wird sie eingeladen, dieses Verhalten genau zu beobachten und fallweise einen einzigen Schritt im Ablauf wegzulassen: das Anzünden der Zigarette.

In der hypnosystemisch orientierten Beratung kommt am Beginn noch ein anderer Schritt hinzu. Eine Zielsetzung, die eine Verneinung beinhaltet wird nicht als zielführend betrachtet. Nicht-Rauchen beinhaltet noch immer das Rauchen. Deshalb steht am Anfang die Definition eines positiven Zieles, das die Klientin erreichen möchte. Einfach gesagt: was ist für sie das positive und erwünschte Gegenteil von „Rauchen"? Ab dann geht es in der Beratung nur um die Erreichung dieses Zieles.

Eine Anmerkung zum Thema Work-Life Balance. Dieser Begriff wird aus meiner Sicht oft missverstanden durch die Annahme, es gebe einerseits Work und andererseits Life, und die beiden müssten miteinander in ein Gleichgewicht gebracht, die Anstrengung der Arbeit im Privatleben ausgeglichen werden. Dem steht die Sichtweise, der ich eher anhänge entgegen, dass bereits im Arbeitsleben ein guter Ausgleich zwischen Anspannung und Entspannung Platz haben muss und somit die korrekte Schreibweise „Worklife Balance" ist. Das Arbeitsleben als solches darf nicht zur Erschöpfung der Mitarbeiterin führen – eine gewisse Müdigkeit nach Erledigung der Aufgaben ist jedoch legitim. Gerade bei Führungskräften wird oft der Vergleich mit Spitzensportlern gebraucht. Dann sollte man diesen Vergleich allerdings auch konsequent zu Ende denken. Der momentan bestbezahlte Fußballer Europas dürfte Cristiano Ronaldo sein. Er erbringt pro Woche seine Spitzenleistung 90 Minuten lang, in so genannten „englischen Wochen" mit nationalen und internationalen Bewerben kann sich dieses Pensum verdoppeln. Dazu kommen pro Woche maximal 20 Stunden Training auf dem Platz und 5 Stunden Workout in der Muckibude. Zeigen Sie mir die Top-Managerin, die pro Woche 90 Minuten im Büro und 25 Stunden bei Schulungen, Coaching und Sparring verbringen kann!

Prozessgestaltung mit Visualisieren

Im Laufe einer Beratung kann es sich als sinnvoll erweisen, Zusammenhänge und Vorstellungen nicht nur zu besprechen, sondern auch sichtbar zu machen. Diese Visualisierungen ersetzen nicht das Gespräch, sie sind oft eine wertvolle Ergänzung, geben manchmal einen Überblick und können dann wieder die Fokussierung auf bestimmte Details ermöglichen. Die folgenden Methoden sind gängige Vorgehensweisen, die die Beraterin ihren Klientinnen als Möglichkeit anbieten kann. Letztendlich entscheidet aber die Klientin, ob sie das auch machen will.

Zeichnen, malen, basteln, spielen

Die einfachste, jederzeit anwendbare Methode ist das Zeichnen. Es genügt ein Blatt Papier und ein Bleistift, wobei ein Satz Buntstifte noch besser ist. Wenn man noch einen Vorrat an Wasserfarben oder Acrylfarben in der Praxis hat, erweitert sich die Vielfalt der Möglichkeiten, wobei man darauf achten sollte, dass diese Farben ungiftig und leicht abwaschbar sind. Besonders Kindern und Jugendlichen fällt es oft leichter, etwas zu zeichnen oder zu malen, als über ihre Situation zu reden. Doch auch Teams und Gruppen nutzen diese Möglichkeit gerne, um ihre Situation zu veranschaulichen. Das macht Wünsche, Sorgen und Konflikte oft besser besprechbar.

Genogramm

Das Genogramm ist die grafische Darstellung der Familiensituation einer Klientin. Die Generationen sind in Zeilen angeordnet. Meist geht es um die Person, ihre Eltern, manchmal auch Großeltern und eventuelle Kinder. Es haben sich in der Praxis einige Zeichen eingebürgert:

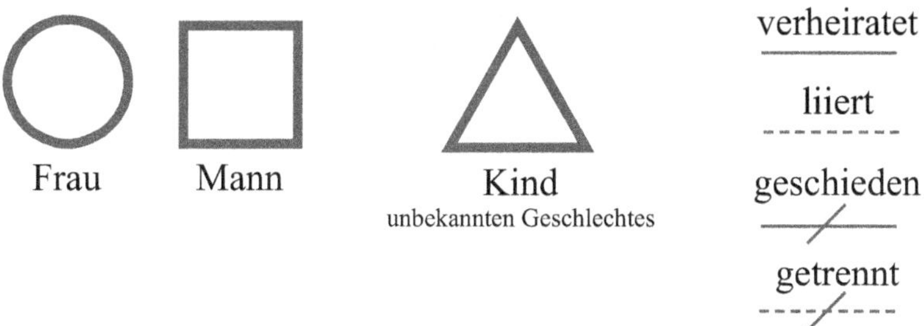

Das könnte in etwa ein solches Bild ergeben:

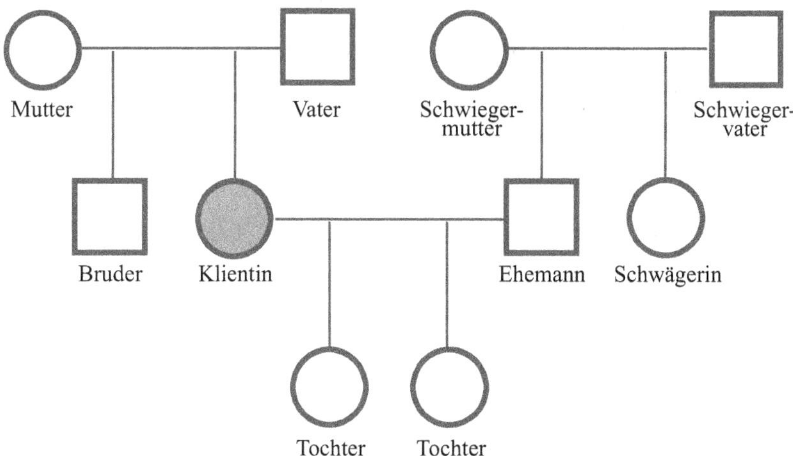

Bei der Erarbeitung in der Beratungssituation ist es üblich, die Klientin in den Mittelpunkt der Zeichnung zu setzen und rot auszufüllen. Damit wird ihr signalisiert, dass es bei dieser

Betrachtung des Gesamtbildes immer um sie geht und sie im Beratungsprozess die wichtigste Person ist. Zur weiteren Verdeutlichung könnte man auch noch die Namen und das Alter der jeweiligen Personen vermerken. Mit diesem Bild vor Augen ist es manchmal leichter, die Beziehungen der Klientin zu den einzelnen Familienmitgliedern zu besprechen, deren Erwartungen zu hinterfragen und auch ihre positiven Beiträge zu würdigen, sowie zukünftige Aktionen zu planen.

Auch wenn es eine Wiederholung ist: es geht weniger darum, dass die Beraterin die Familie besser kennenlernt als dass die Klientin ihre Familie mit etwas Distanz betrachten und so für sich Erkenntnisse gewinnen kann.

Ein Klient kam zu mir, um sich auf eine Familienaufstellung vorzubereiten. Nach der Abklärung seiner Vorgeschichte und seiner Erwartungen an die Aufstellung erklärte ich ihm die Funktionsweise des Genogramms und lud ihn ein, für die nächste Sitzung sein Genogramm vorzubereiten. In der darauffolgenden Sitzung zeigte er mir einen Bogen Flipchart, auf dem in kleiner Schrift acht Generationen penibel verzeichnet waren. Bei näherer Betrachtung fanden wir ein Muster, das sich mehr als zehnmal wiederholte:

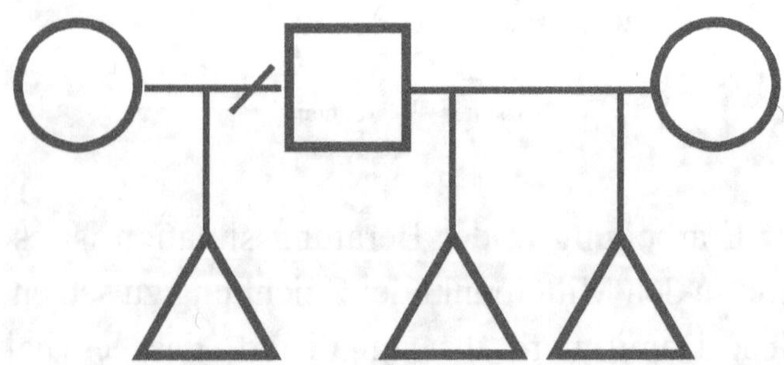

Einer seiner Vorfahren war verheiratet und hatte mit seiner Gattin ein Kind. Danach kam es zur Scheidung und er hatte mit der nächsten Ehefrau zwei weitere Kinder. Als wir dann die momentane Situation meines Klienten groß herauszeichneten, ergab sich folgendes Bild:

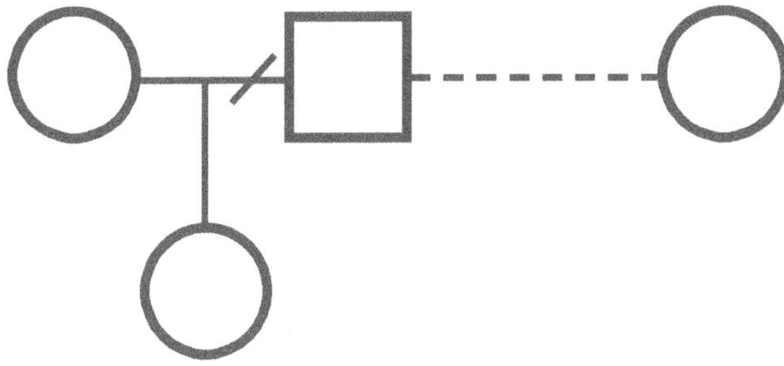

Er war verheiratet und hatte eine Tochter. Jetzt hatte er eine andere Frau kennengelernt und sich in sie verliebt. Die Fragestellung für ihn war, ob er sich scheiden lassen und seine neue Liebe heiraten solle. Der Anblick seines großen Genogramms und der Vergleich mit seiner aktuellen Situation war für ihn eine Offenbarung, weil er, dem seine Herkunftsfamilie sehr wichtig war, erkannte, dass viele seiner Vorfahren in einer ähnlichen Situation gewesen waren wie er jetzt. Sichtbar waren nur jene, die sich für die Scheidung entschieden hatten, währen das Dilemma der anderen nicht sichtbar wurde. Damit war für ihn die Beratung erfolgreich beendet, er sah auch keine Notwendigkeit mehr für eine Aufstellung. Wie er sich letztendlich entschieden hat habe ich nie erfahren.

Organigramm

Ein Organigramm ist die Veranschaulichung der strukturellen und hierarchischen Zusammenhänge und wird daher überwiegend in der Beratung im Wirtschaftsbereich angewendet. Es hat meist folgende Form:

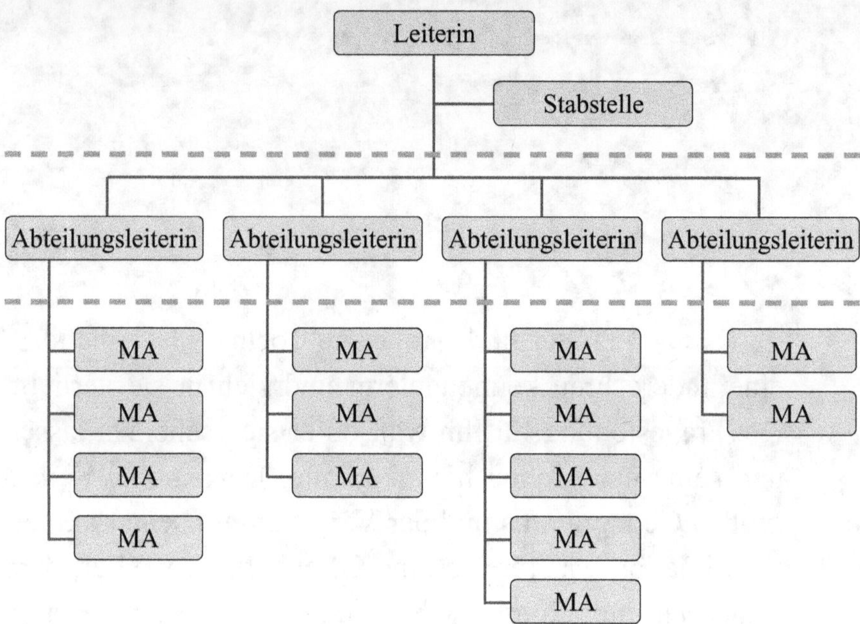

Je nach Größe des Unternehmens ist das Organigramm auch größer und komplexer, aber das Grundprinzip ist gleich. Auch wenn in jedem der Kästchen ein Name steht, so ist dieser aus Sicht des Unternehmens leicht austauschbar, während die Funktionen, die durch die Kästchen dargestellt sind, für die reibungslose Arbeit der Organisation unverzichtbar sind. Sie sind meist mit einer klaren Beschreibung der Aufgaben und Zuständigkeiten verbunden, der so genannten Arbeitsplatzbeschreibung oder neudeutsch „job description". Darin enthalten ist auch, was die jeweilige Funktionärin zu tun hat („need to do"), was sie selbständig entscheiden darf („right to decide") und von wem sie einerseits ihre Aufträge bekommt und an wen sie andererseits zu berichten und ihre Arbeitsergebnisse zu liefern hat („line of reporting"). Implizit ist darin auch enthalten, wie viel Information diese Mitarbeiterin bekommt („need to know"), was ein zusätzliches Machtinstrument ist. Die Verbindungslinien zeigen den Dienstweg und den Informationsfluss auf. Die zwei strichlierten Linien markieren klar die hierarchischen Grenzen.

Wann immer ich eingeladen werde, in einer Firma beratend tätig zu werden frage ich nach dem Organigramm. Die häufigste Antwort ist: „Bitte sehr, hier ist es, ganz neu und druckfrisch – aber es stimmt nicht mehr!" Ein Kollege aus Amerika beruhigte mich mit einem Erfahrungssatz: „If we did business the way we say we do business we would be out of business!" Der daraus abgeleitete Merksatz auf Deutsch lautet: „Der nachhaltige Erfolg eines Unternehmens resultiert aus der freiwillig erbrachten zusätzlichen Leistung engagierter Mitarbeiterinnen." Und tatsächlich ist die größte Gefahr für ein Unternehmen nicht der Streik der Belegschaft, sondern Dienst nach Vorschrift.

Ich habe eine zweite Angewohnheit bei solchen Gelegenheiten: ich gehe auf die Toilette in der Führungsetage, mit einer einzigen Neugier: was steht auf die Wände geschrieben? In einem Weltunternehmen der IT-Branche stand auf der weiß getünchten Wand in schöner Schrift ein einziger Satz: „Ich denke also bin ich – hier fehl am Platz!" Im weiteren Verlauf meiner Beratungstätigkeit bei diesem Unternehmen fand ich die Richtigkeit dieser Inschrift bestätigt – und sie war nach einem Monat noch immer unkommentiert an der gleichen Stelle!

Systemanalyse

Eine weitere Methode für einzelne Klientinnen wie auch Gruppen ist die Systemanalyse. Sie macht Beziehungen deutlich sichtbar und lädt die Klientin ein, über alle wichtigen Kontakte im Beruf und im Privatleben intensiv und strukturiert nachzudenken. Manchmal hilft es, parallel zur grafischen Systemanalyse auch noch eine Liste zu verwenden. Diese könnte so aussehen:

Person/ Gruppe	Erwartungen an mich	meine Erwar- tungen an sie	!	Q	Handlungs- bedarf	☼
A						
B						
C						

In einem ersten Schritt werden Personen oder Personengruppen (Kolleginnen, Kundinnen, Großeltern, …) identifiziert. Der zweite Schritt betrifft die Spalten zwei und drei, wo die gegenseitigen Erwartungen möglichst knapp und doch genau festgehalten werden. In Spalte vier notiert man die Wichtigkeit dieses Kontaktes und in Spalte fünf deren Qualität aus subjektiver Sicht der Klientin. Es hat sich bewährt, für beide Spalten mit drei Kategorien das Auslangen zu finden, also sehr wichtig – wichtig – weniger wichtig, wobei letztere zur Vereinfachung des Bildes im grafischen Teil eher nicht berücksichtigt werden, sowie gut – ok – konflikthaft. Die letzten zwei Spalten werden erst am Ende ausgefüllt.

Nun geht es an die grafische Darstellung.

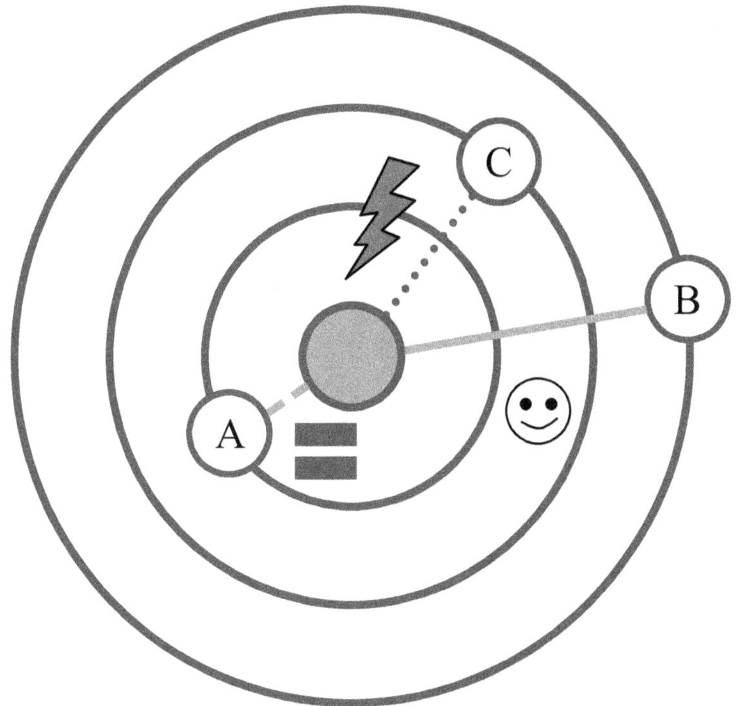

Die Klientin ist im Mittelpunkt. Die konzentrischen Kreise stehen für die Häufigkeit des Kontakts: täglich – wöchentlich – monatlich. Die einzelnen Personen der Liste werden auf die Kreise verteilt.

Nun kommt die Bedeutung, die die Klientin dem Kontakt zumisst durch drei verschiedene Stricharten zum Ausdruck:

――――――――― sehr wichtig

― ― ― ― ― mittel wichtig

· · · · · · · · · · · weniger wichtig

Im nächsten Schritt wird die Qualität der Beziehung aus Sicht der Klientin eingetragen:

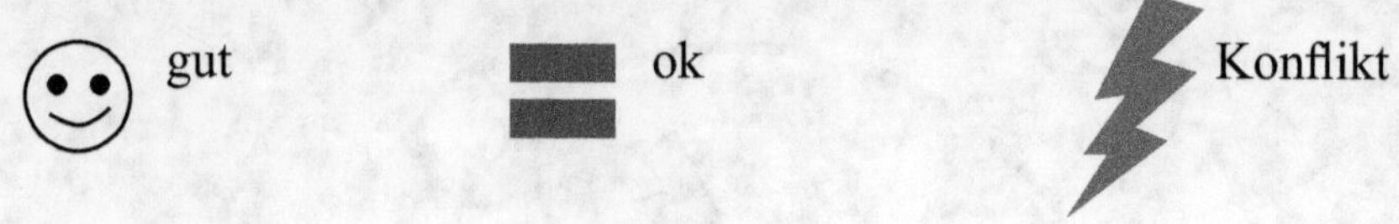

Auf Grundlage dieses Überblicks kann man bei jedem einzelnen Kontakt die Fragen stellen:

Akzeptieren?
Neu verhandeln?
Abbrechen?

Dies führt zur vorletzten Spalte der Liste: welche konkreten Schritte möchte die Klientin setzen, wie und wann?

Und in die letzte Spalte kommt ein Vermerk, sobald dieser jeweilige Schritt tatsächlich umgesetzt worden ist.

Prozessgestaltung mit Erlebbarmachen

Nach den Sinneszugängen Hören und Sehen kommen wir nun zur Qualität des Erlebens. Die einfachste Form sind Beratungsgespräche in der freien Natur statt in einer Praxis, manchmal auch im Spazierengehen. Die dafür oft verwendete Bezeichnung als „peripatetische Beratung" ist leider nicht korrekt. Der griechische Philosoph Aristoteles unterrichtete seine Schüler ab dem Jahr 335 vor unserer Zeitrechnung in einer Halle mit der Bezeichnung „Peripatos", was wörtlich „Wandelgang" bedeutet. Jedoch fand der Unterricht nicht im Gehen statt. Manchmal wählt man diese Methode mangels Verfügbarkeit eines geschlossenen Beratungsraumes, manchmal auch aus anderen Erwägungen.

Vor etlichen Jahren wurde ich von einem internationalen Konzern gebeten, den Direktor eines Werkes im Ausland zu beraten. Er war – zu Unrecht, wie sich erst nach Jahren und etlichen Prozessen herausstellte – wegen fahrlässiger Tötung durch Unterlassung der Durchführung einer Schutzmaßnahme angeklagt und durfte den Standort des Werks nicht verlassen, außer für die Verhandlungstermine in der Hauptstadt. Also flog ich alle zwei Monate in die Hauptstadt, fuhr dann mit dem Taxi 270 km zu ihm und am Abend wieder zurück. Da ich dort über keinen Beratungsraum verfügte erfolgte die Beratung im Spazierengehen. Wir suchten einen schönen Ort für unsere Gespräche und machten diesen zugleich zu einem „sicheren Ort" für ihn, wohin er jederzeit gehen konnte, um seine Familie nicht allzu sehr mit seinen Sorgen zu belasten und von wo er auch ungestört zwischen meinen Besuchen mit mir telefonieren konnte. Sofort nach seinem Freispruch kehrte er mit seiner Familie in sein Heimatland zurück.

Phantasiereisen bieten eine Möglichkeit, auch im Beratungsraum sinnliches Erleben zu ermöglichen. Das sollten allerdings nur gut geschulte und geübte Beraterinnen anwenden, weil damit auch leicht Schaden angerichtet werden könnte.

Die Klientin wird eingeladen, es sich bequem zu machen und eventuell auch die Augen zu schließen, um sich in Gedanken auf eine Reise zu begeben. Ziel dieser „Reise" ist die verstärkte Kontaktnahme mit den eigenen Fähigkeiten und Kräften, die in der Sprache der Beraterinnen auch oft als Ressourcen bezeichnet werden.

Wesentliche Merkmale guter Phantasiereisen sind der bewusste Einsatz einer angenehmen Stimmfärbung, die beschreibende Gestaltung ausschließlich positiver und angenehmer Situationen und die Verwendung möglichst offener und mehrdeutiger Formulierungen, die der Phantasie der Klientin ausreichend Raum für das Entwickeln eigener Vorstellungen lassen.

Es gibt allgemeine Phantasiereisen, die in verschiedenen Büchern niedergeschrieben sind und oft auch auf Tonträgern im Handel erworben werden können. Diese eignen sich besonders gut für den Hausgebrauch der Klientin, vorzugsweise am Abend vor dem Einschlafen und schon im Bett.

Geübte Beraterinnen können jedoch auch Phantasiereisen speziell für die Klientin erfinden und deren jeweiligem Anliegen genau anpassen. Dabei verweben sie Bilder und Situationen aus dem Leben der Klientin kunstvoll mit positiven Suggestionen. Diese Phantasiereisen sollten in der Beratungssituation verwendet werden, damit anschließend das Erleben der Klientin besprochen und für die Erreichung ihrer Ziele genützt werden kann. Manchmal nehmen sich Klientinnen Tonaufnahmen solcher Reisen mit nach Hause.

Phantasiereisen, die zum Einschlafen genützt werden haben ein offenes Ende, das selten gehört wird, weil die Klientin schon während der Erzählung einzuschlafen pflegt. Alle anderen Phantasiereisen müssen einen Abschluss enthalten, der die Klientin wieder in das Hier und Jetzt der Realität zurückführt. Besonders gut gelingt das in mehreren Schritten.

Im ersten Schritt wird die Klientin darauf vorbereitet, dass die „Rückkehr" bevorsteht: „Sie können sich nunmehr allmählich darauf vorbereiten, in das Hier und Jetzt zurückzukehren."

Im zweiten wird sie informiert, wie diese Rückkehr vor sich gehen wird: „Ihr Blutdruck und Ihr Herzschlag und Ihre Atmung werden sich wieder normalisieren und Sie werden erfrischt und hellwach sein."

Im dritten Schritt wird diese Rückkehr angeleitet: „Sie können nunmehr wahrnehmen, wie sich Ihr Blutdruck und Ihr Herzschlag und Ihre Atmung wieder normalisieren, und wenn Sie bereit sind nehmen Sie drei tiefe Atemzüge, und beim dritten Atemzug öffnen Sie die Augen und sind erfrischt und hellwach!"

Wenn nötig kann die Beraterin den Prozess des Erwachens noch verstärkt begleiten, indem sie laut und deutlich bis drei zählt.

Ich habe schon darauf hingewiesen, dass nur geschulte und erfahrene Beraterinnen solche Phantasiereisen anleiten sollten, weil sie für die Klientinnen mit Trancephänomenen verbunden sind und damit einer erhöhten Suggestibilität. Ein grober Fehler, der mir von einer Klientin berichtet wurde unterlief einem Trainer, der eine Gruppe durch eine Phantasiereise führte und am Ende sagte: „Und jetzt kommt zurück in diesen Raum zu Eurem lieben Trainer Franz!" Die Klientin erlebte das als argen Übergriff, weil sich dadurch der Trainer in ihrer Phantasie festsetzte.

In den Bereich des Erlebens gehören auch **Rollenspiele**. Es gibt dazu von Seiten der Klientinnen ein breites Spektrum an Einstellungen, von totaler Ablehnung bis zu großer Begeisterung. Manchmal hat es allerdings auch die Beraterin in der Hand, diese Methode ihren Klientinnen so zu präsentieren, dass deren Bereitschaft zum Mitmachen steigt. Meist genügt es schon, die Bezeichnung „Rollenspiel" zu vermeiden. Wenn die Beraterin mit einer einzelnen Klientin über deren Verhalten in bestimmten Situationen oder mit einer bestimmten Person arbeitet, kann es hilfreich sein, die Klientin einzuladen, für eine solche Situation verschiedene Verhaltensmöglichkeiten auszuprobieren. Dabei kann die Klientin sowohl ihre eigene Position als auch jene der anderen Person einnehmen und im geschützten Raum experimentieren.

Rollenspiele in Gruppen erfordern mehr Geschick der Beraterin, weil hier etliche Komponenten zum Tragen kommen können, die sich ihrem Einfluss entziehen. In der Regel haben

Gruppen ihre eigenen Geschichten und Dynamiken und inoffiziellen Rollenverteilungen. Raoul Schindler hat dazu eine Rangdynamik entwickelt, die weite Verbreitung gefunden hat. Demnach gibt es mehrere Gruppenrollen, die mit griechischen Buchstaben bezeichnet werden:

α: als **Alpha** bezeichnet man die Führungsperson in der Gruppe. Diese muss nicht automatisch den höchsten Rang in der Hierarchie haben. Entscheidend ist vielmehr, dass die anderen Gruppenmitglieder dieser Person Kompetenz und Autorität zubilligen und bereit sind, sich von ihr führen zu lassen.

β: **Beta** sind all jene Personen, die der Führungsperson unterstützend zur Seite stehen, für diese Dinge erledigen und verschiedene Aufträge ausführen.

γ: Als **Gamma** bezeichnet man die Fachexpertinnen und Spezialistinnen für all jene Bereiche, die für den Erfolg der Gruppe notwendig sind. Sie sind meist vom manchmal auftretenden Gerangel um die Führungsposition ausgenommen und können sich ganz auf ihren Fachbereich konzentrieren.

Ω: **Omega** ist eine ziemlich undankbare, doch für Gruppen wichtige Rolle. Sie beschreibt die Außenseiterin im Innenbereich. Omegas werden bestenfalls milde belächelt, jedoch oft auch angegriffen und manchmal sogar gemobbt und in der Regel nicht ernst genommen. Sie sind anders als die anderen und zeigen das in Kleidung, Verhalten, Auftreten und Wortmeldungen. Je nach ihrer Persönlichkeit und den Gegebenheiten der Gruppe sind sie Hofnärrinnen, Clowns, Bearbeiterinnen von Randthemen – und leiden oft unter dieser Position. Wenn Gruppen sich zusammentun und die Omega-Person ausschließen, zeigt sich, dass eher bald eine andere Person diese Rolle bekommt.

Anti-α: Es liegt in der Natur der Sache, dass bisweilen Personen auftreten, die eine Alternative zur momentanen Alpha-Person bieten. Sie sehen die Dinge nicht nur anders, sie haben auch andere Vorstellungen von Zielen und Lösungen für die Gruppe. Je nach Gruppenkultur werden sie – meist von den Betas – bekämpft bis sie sich zurückziehen oder die Alpha-Person offen zum Showdown herausfordern.

Da die Beraterin die Historie und die Rollenverteilung und die Dynamik der Gruppe nur in den seltensten Fällen kennt, ist bei Rollenspielen in Gruppen große Achtsamkeit geboten. Oft haben Teilnehmerinnen Angst, sich zu blamieren oder bloßgestellt zu werden. Andere wiederum freuen sich über die Gelegenheit, ihre Kompetenz oder sogar Überlegenheit zu demonstrieren – leider oft auf Kosten der anderen, wie etwa der Omega-Person. Besonders heikel kann es werden, wenn die Chefin dabei ist. Dies kann in manchen Gruppen die Sorge auslösen, unter beurteilender Beobachtung zu stehen und schlimmstenfalls den Job verlieren zu können.

Ich habe für solche Situationen den „Positiven Double Bind" entwickelt. Während im normalen Double Bind jedes Verhalten falsch ist, ist hier jedes Verhalten richtig. Zunächst stelle ich die Behauptung auf, dass Menschen am besten aus Fehlern lernen, und zwar sowohl aus den selbst gemachten wie den beobachteten. Danach wird das Rollenspiel vorgestellt. Doch bevor die Durchgänge beginnen kommt noch eine zusätzliche Anweisung: „Da es hier darum geht, dass alle möglichst viel lernen und wir ja schon wissen, dass dazu Fehler sehr wichtig sind, sollten Sie sich vor Ausführung der Aufgabe überlegen, wie viele Fehler Sie als Dienstleistung für Ihre Kolleginnen absichtlich machen werden, doch behalten Sie diese Entscheidung für sich." Egal, wie wenige oder viele „Fehler" die Person dann macht – sie hat es immer gut gemacht.

Das Systembrett ist eine Vorstufe zur Aufstellungsarbeit als ausgeprägter Form von Erleben in der Beratung. Wie die vorherige und die folgenden Methoden sollte auch diese nur von Beraterinnen angewendet werden, die sie gelernt und geübt haben. Es gibt im Handel Sets für diese Methode, bestehend aus einem Grundbrett und Holzfiguren in verschiedenen Größen und Formen, manchmal auch mit aufgemalten stilisierten Gesichtern:

Die Klientin wählt einzelne Figuren aus und benennt, für wen aus ihrem Umfeld sie stehen und wählt auch eine, die sie selbst repräsentiert. Danach stellt sie die Figuren nacheinander auf dem Systembrett auf, meist beginnend mit sich selbst. Durch die aufgemalten Gesichter lassen sich Zuwendungen und Abwendungen gut sichtbar machen. Die Klientin erlebt so ihre Situation aus einem neuen Blickwinkel. In einem weiteren Prozess kann eine Situation erarbeitet werden, die für die Klientin angenehmer und erstrebenswert erscheint. Danach geht es um die Abschätzung, wie die realen Personen in ihrem Umfeld auf die Veränderungen reagieren würden. Wenn auch danach die Lösung erstrebenswert erscheint kann die Umsetzung geplant werden. Schließlich wird der erste konkrete Schritt genau besprochen und geplant.

Das Wesentliche an der Methode Systembrett ist nicht die Ausrüstung. Man kann auf einem gewöhnlichen Tisch arbeiten, statt der Figuren Steine, Münzen und sonstige Gegenstände verwenden.

Ich musste eine Krisenberatung zu einer beruflichen Kontroverse aus verschiedenen Gründen in einem Café durchführen. Im Laufe des Gespräches schien es angebracht, die Situation erlebbar zu machen. Dazu dienten Gläser und eine Karaffe, ein Salzstreuer und ein Aschenbecher. Die Klientin war fasziniert, erkannte wichtige Zusammenhänge und nannte in späteren Sitzungen die Personen Karaffe, Aschenbecher und Salzstreuer. Der Konflikt hatte seinen Schrecken verloren.

Die folgende Anmerkung bezieht sich auf die Arbeit mit dem Systembrett ebenso wie auf die Aufstellungsarbeit. Ich weiß, dass viele sehr angesehene Kolleginnen und Kollegen ein Vorgehen praktizieren und unterrichten, von dem ich mich – obwohl auch ich es so gelernt habe – inzwischen distanziere. Die Klientin erklärt zunächst ihr Anliegen, wählt für die in diesem Zusammenhang relevanten Personen oder Personengruppen Repräsentantinnen – Figuren, Münzen, Steine oder Menschen – aus und stellt sie auf dem Systembrett oder im Raum auf. Dann wird sie von der Beraterin – die im Zusammenhang mit der Aufstellungsarbeit auch Gastgeberin genannt wird – eingeladen, sich einen Platz zu suchen, von welchem sie das weitere Geschehen gut verfolgen kann. Und dann beginnt die Gastgeberin, das System zu bearbeiten und zu verändern, bis sie ein Lösungsbild gefunden hat, das passend zu sein scheint.

Mein Vorbehalt bezieht sich auf die Rolle der Klientin als Zuschauerin bei der Veränderung ihres Lebens. Diese Rolle fördert und bestärkt eine passive Haltung und ein defizitäres Selbstbild. Während die Gastgeberin großartig werkt ist sie zur Untätigkeit verdammt.

Ich sehe es als eine Frage des Respekts, jeden Eingriff in das System und somit die Lebenssituation meiner Klientin zu vermeiden. Bei den von mir begleiteten Aufstellungen – ob Systembrett oder mit Repräsentantinnen – ist die einzige Person, die Änderungen tatsächlich vornimmt, nur die Klientin. Es kann schon vorkommen, dass wir im Gespräch zu einer Variante kommen und ich sie frage, ob sie diese Veränderung ausprobieren möchte, doch die Entscheidung und Durchführung liegt bei ihr. Sie ist auch diejenige, die das Zielbild als für sie stimmig erklärt.

Aufstellungen allein sind eine Zwischenstufe zwischen der Arbeit mit dem Systembrett und der Aufstellung mit Repräsentantinnen. Alle drei Methoden folgen den gleichen Grundprinzipien, sie unterscheiden sich lediglich im Aufwand. Auch bei der Aufstellung allein wird die aktuelle Lebenssituation der Klientin für diese erlebbar gemacht. Man braucht etwas Platz und je nach Verfügbarkeit mehrere Stühle oder Kissen, doch es genügen auch Moderationskärtchen oder Briefpapier.

Eine Kollegin hatte eine geniale Idee: sie zeichnete ein Paar Schuhsohlen auf ein Blatt Papier und vervielfältigte es nach Bedarf. Zur besseren Verdeutlichung ließ sie auch noch den 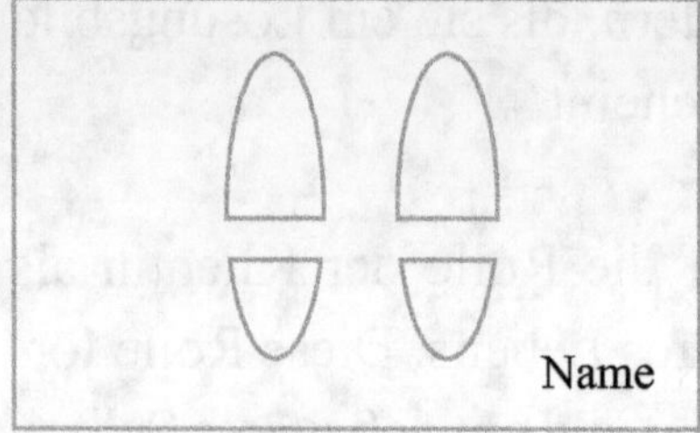 Namen der Person, die gemeint war auf das Blatt schreiben. Statt Figuren oder Personen legte die Klientin diese Blätter auf dem Fußboden auf und so konnte sie sich einerseits einen Überblick verschaffen und dann im Lauf der Arbeit eine Position nach der anderen einnehmen.

Eine Variante der Aufstellung allein eignet sich besonders gut für Entscheidungssituationen. Die Beraterin erarbeitet zunächst im „normalen" Beratungssetting die unterschiedlichen Optionen. Danach lädt sie die Klientin ein, mit ihr zum Eingang des Beratungsraumes zu gehen. Sie deutet auf den Platz, wo die Klientin gesessen ist und sagt: „Das ist Ihre heutige Position. Wo werden Sie in diesem Raum sein, wenn Sie sich für Option A entscheiden und erfolgreich sind?" Die Klientin sucht sich einen Platz, die Beraterin begleitet sie dorthin und erkundet ihr Befinden an diesem Platz. Danach begleitet sie die Klientin zurück zum Eingang und wiederholt das Vorgehen mit den weiteren Optionen, wobei sie die einzelnen Zielorte mit Fußblättern markieren kann. Am Ende geht sie nochmals zum Eingang, lässt die Klientin alle gefundenen Orte betrachten und jenen auswählen, der der Klientin am stimmigsten erscheint.

Danach geht es an die konkrete Planung der Umsetzung. In einer eleganten Variante davon lädt die Beraterin die Klientin ein, diesen gewählten Ort nochmals aufzusuchen, zu überprüfen, ob er wirklich optimal ist und fragt sie dann, was denn ihr erster Schritt vom Eingang dorthin gewesen sei. Die meisten Klientinnen verstehen die Metapher und können sie nutzbringend umsetzen.

Aufstellung mit Repräsentantinnen hat sich in den letzten Jahrzehnten zu einem großen Boom aufgeschwungen. Großartige Lehrerinnen wie Insa Sparrer und Lehrer wie Matthias Varga von Kibed haben dieses Verfahren wissenschaftlich erforscht und beschrieben und viele Praktizierende ausgebildet. Dass es dennoch auch hier Zauberlehrlinge und Scharlatane gibt tut der Methode keinen Abbruch, sondern bestätigt nur ihre Popularität und Wirksamkeit. Ich kann nicht oft genug betonen, wie wichtig gerade hier neben einer profunden Ausbildung die regelmäßige Überprüfung des eigenen Könnens und der respektvolle Umgang mit den Klientinnen und auch der Methode selbst ist. Aufstellungen haben durch ihr Ritual und die Intensität des Erlebens oft sehr starke Wirksamkeit für das Leben der Klientinnen. Ich empfehle daher, Aufstellungen immer in den größeren Rahmen einer individuellen Beratung zu stellen, um so ein Sicherheitsnetz und die Möglichkeit zur ausführlichen Vorbesprechung und Nachbearbeitung zu haben.

Man kann sowohl Beziehungsthemen als auch alle anderen Fragestellungen mit der Methode Aufstellung erlebbar machen. Insa Sparrer und Matthias Varga von Kibed sprechen dann von Strukturaufstellungen. Ein anderes Spezialgebiet, das sich aus der Familienaufstellung entwickelt hat ist die Organisationsaufstellung.

Bei Aufstellungen geht es um die Darstellung der erlebten Zusammenhänge der Akteurinnen innerhalb eines Systems. Die

Fallbringerin entscheidet dabei über die Grenzen des zu betrachtenden Systems ebenso wie über die Relevanz der Beteiligten Personen oder Personengruppen oder auch abstrakten Aspekte für die jeweilige Fragestellung.

In der Regel beginnt die Fallarbeit damit, dass die Fallbringerin in Anwesenheit ihr mehr oder weniger unbekannter Personen, die sich als Repräsentantinnen zur Verfügung gestellt haben und meist in einem möglichst großen Kreis sitzen, der Gastgeberin ihre Situation beschreibt, ihren Leidensdruck definiert und ein Ziel oder eine Fragestellung für die folgende Aufstellung formuliert. Danach erstellt sie gemeinsam mit der Gastgeberin eine Liste der Personen, die innerhalb des Systems der Fallbringerin dieser für die Erreichung des Ziels oder die Beantwortung der Frage als wichtig erscheinen, meist für alle Anwesenden sichtbar auf Flipchart aufgeschrieben. An erster Stelle steht die Person der Fallbringerin. Nunmehr sucht diese aus der Gruppe der Anwesenden für jede Person auf der Liste eine Person aus, die diese repräsentieren soll. Da die Repräsentantinnen nicht schauspielern, sondern wahrnehmen sollen, wie es ihnen im weiteren Verlauf geht, benötigen sie sehr wenig konkrete Information über die Person, die sie repräsentieren. Es gibt sogar verdeckte Aufstellungen, wo die Repräsentantinnen überhaupt keine Information bekommen, wen oder was sie repräsentieren werden.

Im nächsten Schritt positioniert die Fallbringerin, beginnend mit der Repräsentantin für sich selbst (meist Fokus genannt), die ausgewählten Personen im Raum. Sie stellt sich dazu hinter diese, legt ihnen beide Hände auf die Schultern und beginnt sie so langsam zu dem Platz im Raum zu führen, der ihr passend scheint. Dieses Vorgehen wiederholt sich, bis alle Repräsentantinnen im Raum verteilt sind.

An diesem Punkt gibt es – wie schon erwähnt – zwei übliche Vorgehensweisen. Oft lädt die Gastgeberin die Fallbringerin ein, sich einen Platz zu suchen, von welchem sie alles Weitere gut sehen kann und dort Platz zu nehmen. Anschließend verändert die Gastgeberin das Bild, wobei manche die Repräsentantinnen nach ihrem Erleben und ihren Gefühlen in der jeweiligen Position befragen, manche auch nach ihren Veränderungswünschen und Bewegungsimpulsen, die manchmal nur zur Kenntnis genommen und manchmal auch zugelassen werden. Bisweilen holen sie auch zusätzliche Repräsentantinnen ins Bild, wenn es ihnen sinnvoll erscheint. Sie verändern das Bild so lange, bis es ihnen stimmig erscheint.

Matthias Varga von Kibed hat mich als erster mit dieser Methode beeindruckt, als in einer Aufstellung eine Repräsentantin für eine Person XY so positioniert worden war, dass sie mit keiner anderen Repräsentantin Blickkontakt hatte und aus dem aufgestellten System hinausschaute. Er holte eine Hilfsperson ins Bild, stellte sie am Rand in das Blickfeld besagter Repräsentantin und nannte sie „jene, zu der XY schaut". Die Fallbringerin bestätigte nach Beendigung der Arbeit, dass diese Intervention für sie sehr hilfreich gewesen sei.

Andere Gastgeberinnen begleiten die Fallbringerin durch den gesamten Prozess und lassen nur sie Veränderungen vornehmen. Die Fallbringerin geht von Repräsentantin zu Repräsentantin, fragt nach Befinden, Emotionen und Bewegungsimpulsen und wird nach dem ersten Durchgang von der Gastgeberin eingeladen, falls sie den Wunsch habe, Veränderungen vorzunehmen. Besonders respektvolle Gastgeberinnen bleiben während dieses gesamten Prozesses außerhalb des Aufstellungsbildes. Dieser Prozess der Befragungen und eventuellen Veränderungen wird so oft wiederholt, bis die Fallbringerin mit dem Ergebnis und den Rückmeldungen zufrieden ist.

Der Vorteil der zweiten Herangehensweise liegt aus meiner Sicht in der Annahme, dass es keine objektiv ideale Lösung gibt, die aber Gastgeberinnen als nicht direkt betroffene oft suchen, nämlich eine Aufstellung, in der es allen möglichst gut geht. In der zweiten Variante ist es viel leichter möglich, dass es im Schlussbild einer Position ziemlich schlecht geht, weil es vielleicht der Fallbringerin ein Anliegen ist, das Leid der Situation nicht länger alleine tragen zu müssen. Dahingegen sind Aufstellungen nach der ersten Herangehensweise oft eleganter und geben der Gastgeberin viel Gelegenheit zu glänzen.

An dieser Stelle tritt in beiden Varianten die Fallbringerin hinter ihre Fokus und schaut sich über deren Schultern hinweg das Lösungsbild an. Wenn es für sie passend erscheint tauscht sie mit ihrer Fokus Platz, nimmt noch einmal die gesamte Situation wahr, und damit endet die Aufstellung. Manche Gastgeberinnen führen noch ein Abschlussgespräch, in welchem es um die gewonnenen Einsichten und die Möglichkeiten zu deren Umsetzung geht.

Ganz wichtig ist danach das Entrollen der Repräsentantinnen, deren Rückkehr in den eigentlichen Raum und ihre persönliche Normalität. Meist sind das ein paar tiefe Atemzüge, ein Abschütteln und Abstreifen, vielleicht auch andere Bewegungen wie Schritte oder Sprünge oder Dehnübungen.

Die eigentliche Umsetzung der Erkenntnisse obliegt der Fallbringerin, die idealer Weise möglichst bald nach dem Erlebnis der Aufstellung diese Frage mit ihrer Beraterin im Gespräch zu zweit erörtern sollte.

Man nimmt an, dass die Wirksamkeit von Aufstellungen auf repräsentativer Wahrnehmung basiert. Die Repräsentantinnen fühlen sich nicht in andere Personen ein, was Empathie wäre, sondern werden nur nach ihren individuellen Wahrnehmungen, Gefühlen und Bewegungsimpulsen gefragt, die durch ihre spezielle Positionierung im Raum und im Verhältnis zu den anderen Repräsentantinnen hervorgerufen werden. Die genaue Wirkung ist nicht restlos wissenschaftlich erklärt, und auch das Erklärungsmodell des morphischen Feldes als Ursache ist in der Wissenschaft umstritten. Unbestritten ist die Wirksamkeit von Aufstellungen, die auch ein wichtiger Ansatzpunkt ist, mit ihnen sorgsam und behutsam umzugehen.

In einem Lehrgang für Sexualberatung und Sexualpädagogik leitete ich ein dreitägiges Seminar, und die 27 Teilnehmerinnen wollten eine Aufstellung erleben. Ich erklärte mich bereit, die Familiensituation einer Teilnehmerin aufzustellen, jedoch ohne daran dann auch zu arbeiten. Eine Teilnehmerin erklärte sich bereit, ihre Familie zur Verfügung zu stellen, wählte Repräsentantinnen für sich, ihren Ehemann und ihre drei Kinder und stellte diese im Raum auf. Als ich sie fragte, ob das Bild so für sie stimme meinte sie, sie habe zwei Fehlgeburten erlitten und diese ungeborenen Kinder wären in ihrer Familie wichtig. Ich lud sie ein, zwei weitere Repräsentantinnen auszuwählen und sie in der bereits erprobten Weise aufzustellen. Zur allgemeinen Überraschung führte sie diese Repräsentantinnen direkt zu ihrem Fokus und legte sie dieser zu Füßen.

Diesen beiden Repräsentantinnen war am Ende der Aufstellung das Aufstehen zunächst unmöglich - sie repräsentierten ja Tote. In der Nachbesprechung stellte sich heraus, dass diese zwei Repräsentantinnen die einzigen Teilnehmerinnen in der Gruppe waren, die ebenfalls Fehlgeburten erlitten hatten. Es bleibt noch zu erwähnen, dass beide intensive Nachbetreuung brauchten.

Systemaufstellungen sind nicht automatisch systemisch. Während dabei fast immer ein System betrachtet wird ist die Grundhaltung der Gastgeberinnen nicht unbedingt systemisch. Systemisch als Zugang basiert auf gewissen Grundkonzepten wie Konstruktivismus, Systemtheorie, Kybernetik zweiter Ordnung und Autopoiese, um nur einige zu nennen. Zudem wird dabei von der Kompetenz der Fallbringerin auf Augenhöhe mit der Gastgeberin ausgegangen. Dies lässt sich mit dem Anspruch mancher Gastgeberinnen auf die Deutungshoheit für die Bewertung, Interpretation und Bedeutung erlebter Phänomene nicht vereinbaren. In diesem Zusammenhang ist die Erwähnung des Namens Bert Hellinger unausweichlich. Er stellt Familien und Systeme auf, beansprucht jedoch im Gegensatz zu einem systemischen Zugang, am besten zu wissen, wie das System richtig auszusehen hat und stellt in der Regel, ausgehend von seinem Grundberuf als Missionar eine als göttlich zu akzeptierende Ordnung her und hat es in der Fachwelt wie in der Gesellschaft zu einer gespaltenen Aufnahme gebracht. Es gibt fast fanatische Verehrerinnen und ebenso glühende Gegnerinnen. Besonders kontrovers gesehen wird sein patriarchal-hierarchisches Konzept der „Ordnungen der Liebe" und sein Bestreben, alle aus der Familiengeschichte nach seiner Sicht ausgeschlossenen Mitglieder – die veritablen wie die metaphorischen „Leichen im Keller der Familie" – wieder ins Bild zu holen. Dies basiert auf seiner Annahme einer „Familienseele", die solche Ausschlüsse mit Krankheit bestrafe. Ebenso kritisch wird seine Gleichstellung von Opfern und Tätern gesehen, was ihm besonders im Zusammenhang mit Vergewaltigung von feministischer Seite als unzulässig und zynisch vorgeworfen wird. (Es gibt Berichte, wonach er in einer Familienaufstellung die Fallbringerin, die von ihrem Vater vergewaltigt worden war aufgefordert haben soll, vor dem Repräsentanten des Vaters niederzuknien und „Danka, Papa." zu sagen). Die Berichte über Suizide in der Folge von Hellinger'schen Aufstellungen kann ich weder verifizieren noch falsifizieren.

Prozessgestaltung mit Geschichten und Metaphern

Die meisten Menschen lieben Geschichten. Sie sind ein wesentlicher Teil von persönlichen und kulturellen Entwicklungsprozessen. Geschichten malen Bilder, die auf einer tieferen Ebene wirken und zu Erkenntnis führen können. Gleichzeitig bekommt der Verstand durch die Beschreibung von Situationen und Abläufen Nahrung, da er den Sinn der Geschichte begreifen möchte. Geschichten in der Beratung eröffnen der Klientin neue Aspekte und ergänzen oder korrigieren das innere Bild-Repertoire. Sie wirken sich, vom Geist beginnend, auf das ganze menschliche System aus.

Wenn man das weiß, lässt sich auch leicht nachvollziehen, dass sich Gedanken und Phantasien, die intensiv und lang anhaltend gedacht werden, auf die geistige Verfassung und auf den körperlichen Zustand auswirken.

Probleme und Lösungen haben sehr viel mit unserer eigenen inneren Bilderwelt zu tun. Meist sind es Bilder von Ereignissen, und oft erleben Menschen in Phantasien mögliche alternative Situationen und Verhaltensweisen. Geschichten waren über Generationen hinweg die Methode der Wahl, um Wissen und Lebensweisheit weiterzugeben.

Der Begründer der provokativen Therapie, Frank Farrelly spricht in diesem Zusammenhang von „Stammesweisheiten" (tribal wisdom), die seit Jahrhunderten bestehen und empfiehlt deren Nutzung in der Beratung. Das Provokative dabei ist sein Vorschlag, falls der Beraterin keine solche tradierte Weisheit einfällt, eine zu erfinden.

> In einer Beratung äußerte die Klientin den Wunsch, ihr Ehemann möge sie doch verstehen. Von Farrelly inspiriert antwortete der Berater, das sei unmöglich, weil ein Mann eine Frau nie verstehen könne. Als die Klientin darauf hinwies, dass doch er – der Berater – sie verstehe antwortete er, er sei ja auch kein Mann, sondern Berater.

Für Beraterinnen kann es nutzbringend sein, einen Fundus an Geschichten zu kennen, die in bestimmten Situationen ihren Klientinnen hilfreiche Gedanken in einer nachvollziehbaren und niederschwelligen Form nahebringen können. Dazu gibt es viele Sammlungen, angefangen bei den Fabeln von Äsop und La Fontaine über die Brüder Grimm bis Wilhelm Busch zu Milton Erickson und Nossrat Peseschkian, doch sind auch alle anderen Sammlungen geeignet.

Ähnlich verhält es sich mit der Wirksamkeit von Metaphern. Eine Metapher – aus dem Griechischen für „Übertragung“ bezeichnet die Verwendung eines Begriffes aus einem ganz fremden Kontext in einem Diskurs, um so bestimmte Assoziationen zu wecken. Bekannt ist etwa die Bezeichnung „Wüstenschiff“ für das Kamel. Einerseits wird dadurch der schaukelnden Bewegungsform Rechnung getragen, und andererseits die Weite des Meeres mit der Weite der Wüste assoziiert. Bei Beratungen kann es für Klientinnen erleichternd wirken, das

„Licht am Ende des Tunnels" zu erblicken oder mit einer Idee „den Nagel auf den Kopf" zu treffen. So hilfreich es in der Beratung sein kann, wenn die Beraterin eine für die Klientin passende Metapher findet, so ist das in der Regel gar nicht notwendig. Meist genügt es, den Klientinnen aufmerksam zuzuhören und auf deren eigene Metaphern zu achten und diese für die weitere Beratung zu nutzen.

Hinweise auf Metaphern finden sich meist nach Formulierungen wie: „Das ist wie …" oder ich fühle mich wie …" Dementsprechend könnte die Beraterin die Klientin in geeigneter Form fragen, womit sie ihre Situation vergleichen würde. Metaphern haben ihre eigene Logik und ermöglichen damit einen anderen Blickwinkel auf die als belastend erlebten Umstände.

Eine Klientin klagte, dass die Beziehung mit Ihrem Mann einfach nicht funktioniere, speziell im Bereich der Sexualität. Im Lauf des Gesprächs fragte die Beraterin, nach welchen Kriterien die Klientin denn ihren Mann ausgewählt habe. Diese sagte, sie habe schon mit 14 die jungen Männer daraufhin abgecheckt, ob sie gute Väter für ihre Kinder sein würden. Und was für Vater sei ihr Mann? Ein perfekter! Darauf meinte die Beraterin: „Sie suchten also die Waschmaschine, die weißer als weiß und bunter als bunt wäscht, jetzt haben sie genau so eine und beklagen sich, dass sie nicht Kaffee kochen kann!?" Die Klientin lachte.

Prozessgestaltung mit Aufgaben

Beratung ist ein Prozess, der nicht nur während der Sitzungen stattfindet. Die Klientin nützt die Zeit dazwischen, um an sich selbst und an Lösungen weiterzuarbeiten. Um diesen Prozess zu unterstützen können Beraterinnen ihren Klientinnen Aufgaben mitgeben.

FSFT steht für „First Session Formula Task" und geht auf Steve de Shazer zurück. Er empfiehlt, diese Aufgabe nach der ersten Sitzung und wie eine Formel mitzugeben: „Sie sind in Beratung gekommen, weil sie etwas verändern möchten. Bitte überlegen Sie bis zur nächsten Sitzung, was in Ihrem Leben bleiben soll wie es ist, weil es gut ist wie es ist." Wichtig ist hier die affirmative Formulierung, die außer Frage stellt, dass es etwas im Leben der Klientin gibt, das gut ist. Sie braucht es nur zu finden. Mit dieser Aufgabenstellung wird einerseits die Ausgangssituation der Klientin relativiert und zugleich die selektive Wahrnehmung von Problemen auf Positives neu kalibriert.

Beobachtung: ein ganz breites Spektrum von Aufgaben lädt die Klientin ein, bestimmten Aspekten ihres Lebens gezielt Aufmerksamkeit zu schenken. Wenn es etwa um unangenehme Gefühle geht könnte man beobachten, wann genau sie auftreten, wie sie in ihrer Intensität ablaufen, wie lange sie anhalten und wie sie enden. Je nach Präferenz der Klientin kann sie sich Notizen machen oder auch nicht. Die Wirkung der Beobachtung ist in der Regel eine gewisse innere Distanzierung von diesen Gefühlen.

Experimente: ein weiterer Schritt könnte darin bestehen, in den beobachteten Situationen verschiedene Verhaltensweisen zu erproben und deren Auswirkungen zu beobachten. Es wird sich mit großer Sicherheit zeigen, dass einige Verhaltensweisen erfreulichere Effekte zeigen als andere. Diese Verhaltensweisen könnte die Klientin vermehrt einsetzen. Die positive Nebenwirkung dieser Art von Aufgaben liegt in der Aktivierung der Gestaltungskompetenz der Klientin. Indem sie erlebt, dass sie durch eigenes Handeln den Verlauf unangenehmer Erlebnisse beeinflussen kann wirkt sie selbst gegen die oft vorhandenen Gefühle von Hilflosigkeit in diesen Situationen. Allerdings sollte die Beraterin darauf achten, dass dies nicht zu Selbstvorwürfen im Sinne von: „Ich bin also selbst schuld, wenn es mir so schlecht geht!" kommt. Eine Möglichkeit zur Vermeidung solcher Reaktionen liegt in der Ermächtigung der Klientin, selbst zu entscheiden, wann sie dieses neue Verhalten anwenden möchte und wann nicht und sie so von dem Druck, ab jetzt immer so vorgehen zu müssen, zu befreien.

Sammlung/Recherche: Auch diese Art von Aufgaben dient der Distanzierung vom eigenen Problemerleben. Sie werden besonders gerne und mit Erfolg angewendet, wenn die Klientin nach Optionen für ihre Aus- und Weiterbildung, ihren Beruf oder ihre Freizeitgestaltung sucht. Das Ziel ist die Erweiterung des Spektrums der Möglichkeiten, in der Folge die Klärung der Rahmenbedingungen und notwendigen Schritte, um dann in einem weiteren Beratungsprozess auf dieser Basis eine Auswahl und Entscheidung treffen zu können.

Ich selbst war in einer solchen Situation, als ich mit 40 erkannte, dass mein damaliger Beruf nicht jener war, in dem ich alt werden wollte. Innen an meiner Wohnungstür hing ein Zettel, auf dem ich Ideen notierte. Diese kamen aus der Zeitung, dem Fernsehen oder aus Gesprächen mit Freundinnen. Von Zeit zu Zeit nahm ich die Liste zur Hand und recherchierte – damals noch ohne Google! – die Möglichkeiten zur Umsetzung. Ich probierte verschiedene Dinge aus bis ich nach zwei Jahren gefunden hatte, welcher Weg für mich der stimmige schien. Diese Entscheidung passt für mich bis zum heutigen Tag.

Erfolgstagebuch: eine spezielle Form der Sammlung ist das Erfolgstagebuch. In diesem soll die Klientin festhalten, was ihr alles am jeweiligen Tag gelungen ist. Mit der Zeit entsteht auf diese Weise eine beachtliche Sammlung, die geeignet ist, das Selbstwertgefühl der Klientin zu stärken. Meist ist zu Beginn die Unterstützung der Beraterin notwendig, um mit der Klientin deren Tage zu analysieren und herauszuarbeiten, was alles als Erfolg gewertet werden könnte. Viele Klientinnen sehen diese Dinge anfangs als selbstverständlich oder wertlos an.

Morgenfrage: diese Aufgabe geht zurück auf die Bettkantenfrage von Jens Corssen. „Die meisten Menschen schlafen im Liegen und in einem Bett. Wenn sie aufwachen gibt es einen kurzen Moment, wo sie auf der Bettkante sitzen, bevor sie aufstehen. Halten Sie in diesem Moment kurz inne und stellen Sie sich die folgende Frage: > Was werde ich heute für mich selbst tun – nicht für meine Arbeit, nicht für meine Familie, sondern für mich selbst? < und wenn Sie die Antwort gefunden haben gehen Sie fröhlich in den Tag und freuen Sie sich auf das, was Sie für sich tun werden!" Diese Übung ist eine gute Methode, um jedem Tag einen kleinen persönlichen Höhepunkt zu geben und sich dabei daran zu gewöhnen, Dinge für sich selbst zu tun. Als Nebeneffekt steigert diese Aktivität mit der Zeit das Selbstwertgefühl.

Abendfrage: diese Frage ist die Ergänzung zur Morgenfrage. „Wenn Sie abends im Bett liegen, TV und Licht schon ausgeschaltet sind, Sie sich von allen anderen verabschiedet haben und dieses bekannte Gefühl erleben, dass Ihr Körper ein wenig in die Matratze einsinkt und warm wird, während Ihr Kopf kühl bleibt, stellen Sie sich noch diese eine Frage: > Was habe ich heute für mich selbst getan – nicht für meine Arbeit, nicht für meine Familie, sondern für mich selbst? < und wenn Sie etwas für sich getan haben können Sie zufrieden einschlafen. Sollten Sie jedoch nichts für sich selbst getan haben führt das nur zu einer anderen Frage: > Was werde ich morgen für mich selbst tun – nicht für meine Arbeit, nicht für meine Familie, sondern für mich selbst? < Wenn Sie auf diese Frage die Antwort gefunden haben können Sie doppelt gut schlafen, weil Sie sich schon auf den persönlichen Höhepunkt des kommenden Tages freuen können und weil Sie schon jetzt die Antwort auf die Morgenfrage wissen!" Geübte Beraterinnen haben sicher schon erkannt, dass es sich bei Morgenfrage und Abendfrage um Tranceinduktionen mit eingebetteten Suggestionen handelt – sie müssen also in der angegebenen Ausführlichkeit und Intensität gestellt werden.

Paradoxe Aufgaben gehen auf Viktor Frankl und die von ihm entwickelte Logotherapie oder Existenzanalyse zurück. In anderen Methoden heißen sie auch Symptomverschreibung. Das klassische Beispiel, wie ich es von Viktor Frankl gehört habe, geht so:

> Eine Klientin hat Angst, mit der U-Bahn zu fahren. Sie fürchtet, in der Enge einzunässen. Frankl verordnet ihr, täglich sechsmal mit der U-Bahn fünf Stationen zu fahren und dabei dreimal einzunässen. Es ist leicht nachvollziehbar, dass dies der Klientin nicht gelingt. Implizit wird ihr nahegebracht, dass sie die Kontrolle hat. Zugleich ist diese Aufgabe ein schönes Beispiel für positive Doppelbindung: egal, was die Klientin macht: sie ist erfolgreich.

Prozessgestaltung mit Humor

Humor ist ein wichtiger Faktor in der Beratung. Die alte Weisheit, dass Lachen gesund ist bewahrheitet sich immer wieder. Allerdings sollte es die Klientin sein, die lacht und die Beraterin erst mit ihr mitlachen.

Aus biologischer Sicht hat das Lachen für den Menschen eine wichtige Funktion. Bei Erleben von Bedrohung schaltet der Körper auf den Überlebensmodus. Dabei werden die Körperteile, die dafür stammesgeschichtlich notwendig waren, mit zusätzlicher Energie versorgt: die Beine für die Flucht und die Arme für den Kampf. Diese Energie, die mit dem Blut transportiert wird, muss dazu von anderen Körperteilen abgezogen werden. Betroffen sind dabei vor allem Verdauung und Gehirn. Diese Umverteilung erfolgt reflexbedingt und unabhängig von der Art der erlebten Bedrohung, auch gleich ob diese real oder imaginiert ist.

Zusätzlich benötigt der Körper bestimmte Stoffe, um aus dem Blut Energie für die Muskulatur zu gewinnen und schüttet diese blitzschnell in großen Mengen in die Blutbahn. Die bekanntesten sind Adrenalin, Noradrenalin und Cortisol. Diese haben – wie alle Substanzen, die wir unserem Körper zuführen – auch weniger erwünschte Nebenwirkungen. Unter anderem blockieren sie die Weitergabe von Information von einer Nervenzelle zur nächsten an deren Verbindungsstellen, den Synapsen. Einerseits hat das den Vorteil, dass man dadurch Schmerzen im Moment ihres Auftretens nicht so spürt, andererseits wird damit auch das Denken unterbunden, das auf dem Austausch von Information zwischen Millionen von Einzelzellen basiert. Das Ergebnis heißt psychischer Nebel. (Falls Sie schon einmal erlebt haben, dass Ihnen wichtige Antworten oder Repliken oder Verhaltensweisen erst im Nachhinein, also zu spät eingefallen sind, dann können Sie davon ausgehen, dass Sie in der fraglichen Situation im psychischen Nebel waren: es konnte Ihnen nicht einfallen!).

Nach Stresserlebnissen sind die oben genannten Substanzen noch bis zu 40 Minuten lang im Blut nachweisbar. Erst allmählich normalisiert sich der Körper in seinen Funktionen. Die besondere Wirkung des Lachens besteht nun darin, dass es vom Körper als Signal verstanden wird, dass wieder Normalität angesagt wird, das Leben also weitergeht und die auf Langfristigkeit und Nachhaltigkeit ausgerichteten Funktionen wieder aktiviert werden können, als wichtigstes davon: das Immunsystem.

Untersuchungen haben gezeigt, dass es im Wesentlichen drei Grundarten von Bedrohungen gibt, die die gleiche Reaktion auslösen:

- Gefahr für das Leben
- Gefahr für die körperliche Unversehrtheit
- Gefahr für den Selbstwert

Das heißt, dass Situationen, in welchen man sich in irgendeiner Form blamieren könnte genauso furchtbar erlebt werden wie Situationen mit Lebensgefahr. Das könnte Phänomene wie Prüfungsangst, Schreibblockaden und dergleichen erklären.

Laut University of Ohio ist bei den jährlichen Umfragen seit einem halben Jahrhundert die größte Angst der Menschen: öffentlich reden müssen. Das wusste auch schon Mark Twain: „Das menschliche Gehirn ist ein wunderbares Organ. Es funktioniert perfekt vom Augenblick der Geburt bis zu dem Moment, wo du aufstehst, um eine Rede zu halten."

Auch hier eine kleine Geschichte zur Illustration. Ein ungefähr 7-jähriger Junge hatte den Schrank seiner Eltern angezündet, wobei er fachgerecht vorgegangen war, wie er es als junger Pfadfinder gelernt hatte. Er war ein lieber, braver Junge und niemand verstand, warum er das getan hatte. Erst nach einer längeren Phase des Vertrauensaufbaus erfuhr es die Therapeutin. Der Junge hatte seiner Mutter zu ihrem Geburtstag ein Gedicht geschrieben. Das hatte zwar kein anerkanntes Versmaß, doch die Zeilen reimten sich. Die Eltern waren stolz auf dieses Geschenk und lasen das Gedicht allen Bekannten und Besucherinnen vor, die alle herzlich lachten. Dieses Lachen interpretierte der Junge jedoch als „Ausgelacht Werden" und da er nicht in den versperrten Schrank konnte, um sein Gedicht zu zerstören musste er eben den ganzen Schrank anzünden. Glücklicher Weise war der Schaden relativ gering.

Einige Besonderheiten analytisch orientierter Beratungen

Analytisch orientierte Beratungen zielen meist auf das Erkennen von Hintergründen und tieferen Ursachen bestimmter Verhaltensweisen und befassen sich daher vorwiegend mit der frühen Kindheit. Sie operieren mit den Konzepten von ES – ICH – ÜBER-ICH und bewusst – unterbewusst – unbewusst nach der von Sigmund Freud formulierten Zielvorgabe: „Wo ES ist soll ICH werden."

Während der Zugang zu frühen Erfahrungen in der klassischen Psychoanalyse durch Liegen auf dem Rücken ohne Sichtkontakt mit der Analytikerin Unterstützung erhält – diese Position ähnelt sehr der Körpersituation des Kleinkindes und verstärkt so die Rückkehr oder Regression in die Erfahrungswelt dieser Lebensphase – wird in Beratungen ohne Therapieanspruch auch die analytische Beratung im Sitzen durchgeführt.

Eine der wichtigsten spezifisch analytischen Methoden ist die freie Assoziation. Die Klientin soll berichten, was ihr gerade in den Sinn kommt, ohne Anspruch auf logische Zusammenhänge oder ausgefeilten Redefluss. Es kann manchmal auch zu längeren Pausen kommen. Die Beratung ist eher ein Monolog der Klientin als ein Dialog, die Beraterin gibt lediglich Denkanstöße wie: „Woher kennen Sie das?" oder „Woran erinnert Sie das?" oder „Was fällt Ihnen dazu ein?"

Die hierarchische Beziehung zwischen Beraterin und Klientin zeigt sich besonders in zwei Aspekten. Zum einen liegt die Festlegung einer Diagnose in der Kompetenz der Beraterin. Diese Zuschreibung orientiert sich in der Regel an Schwächen, Mängeln und Unzukömmlichkeiten der Klientin. Zum anderen liegt bei der Beraterin die Deutungshoheit über die Bedeutung von Aussagen und insbesondere Träumen der Klientin. Diesen Träumen wird in der Regel große Bedeutung beigemessen, weil in ihnen vorgeblich die Kontrolle der Vernunft über die Inhalte reduziert ist und so unterdrückte und verdrängte Gedanken, Wünsche und Ängste, wenn auch in „verkleideter" Form, an die Oberfläche und damit ins Bewusstsein gelangen können.

Analytische Beratungen erfolgen oft in hoher Frequenz der Sitzungen. In der klassischen Psychoanalyse finden mindestens drei, idealer Weise fünf Sitzungen pro Woche statt, Beratungen meist wöchentlich.

Ein weiteres zentrales Konzept analytisch orientierter Beratungen ist das Zusammenspiel von Übertragung und Gegenübertragung. Der Begriff der Übertragung bezeichnet den Vorgang, dass ein Mensch alte – oftmals verdrängte – Gefühle, Affekte, Erwartungen (insbesondere Rollenerwartungen), Wünsche und Befürchtungen aus der Kindheit unbewusst auf neue soziale Beziehungen überträgt und reaktiviert. Ursprünglich können diese Gefühle auf die Eltern oder Geschwister bezogen gewesen sein, bleiben aber auch nach der Ablösung aus dem Elternhaus in der Psyche präsent und wirken dort weiter. Dieser Vorgang ist zunächst weitestgehend normal und weit verbreitet, kann aber, wenn die übertragenen Gefühle sich gegenüber tatsächlichen gegenwärtigen Beziehungen als nicht angemessen erweisen, zu erheblichen Problemen und Spannungen führen. In der Beratung richtet die Klientin bestimmte Gefühle, Erwartungen oder Wünsche an ihre Beraterin, die nicht so sehr der Beraterin als Person gelten, sondern als Gefühle eigentlich aus früheren Beziehungserfahrungen der Klientin herrühren und von dieser auf die Beraterin projiziert, also übertragen werden. Umgekehrt kann auch die Beraterin Gefühle auf ihre Klientin übertragen, die mit dieser als Person nichts zu tun haben. Dieser Vorgang wird Gegenübertragung genannt.

Einige Besonderheiten humanistisch orientierter Beratungen

Die Humanistische Psychologie stellt das psychische Wachstum im Sinne persönlicher Weiterentwicklung und Ausdifferenzierung in sozialen Kontexten durch Aktivierung und Entfaltung spezifisch menschlicher Potentiale auf ein von Sinn getragenes, selbstverwirklichendes, authentisches Leben hin in den Mittelpunkt. Humanistische Beratungsmethoden orientieren sich auf das Hier und Jetzt des Erlebens und Empfindens der Klientin. Diese wird als gleichberechtigte Partnerin zur kooperativen Gestaltung des Beratungsprozesses eingeladen.

Weiter oben wurden bereits die drei Hauptkriterien humanistischer Beratung erwähnt und erklärt, die von Carl Rogers explizit formuliert wurden und in die meisten anderen Beratungsansätze übernommen wurden: **Empathie**, **Wertschätzung** und **Authentizität**. Diese Grundhaltungen der Beraterin sollen die Eigenentwicklung der Klientin fördern und ihr dazu ein nährendes Umfeld bieten.

Dazu kommt als besondere Methode die **Paraphrase**. Die Beraterin wiederholt die Aussagen der Klientin in zusammengefasster Form, wobei sie in ihrer Wortwahl eng an jener der Klientin bleibt. Dies dient als Zeichen der Empathie und der Wertschätzung mit der impliziten Botschaft: „Ich höre Dir zu, fühle mit Dir und verstehe Dich."

Von Viktor Frankl stammt die paradoxe Intention. Das befürchtete Geschehen soll durch die Klientin bewusst herbeigeführt werden, was in der Regel misslingt. Dies kann zur Reduktion von Ängsten und Erhöhung des Gefühls von Kontrolle und Selbstbestimmtheit führen.

Nach Jakob Moreno wiederum können konflikthafte Situationen szenisch dargestellt und variiert werden, bis die Klientin ein Verhalten gefunden hat, mit dem sie sich besser identifizieren kann als mit dem bisherigen.

Manchmal werden in humanistischen Beratungen auch Fotos und Gegenstände von persönlicher Bedeutung verwendet, um der Klientin noch mehr Offenheit zu ermöglichen. Ebenso gibt es humanistische Verfahren, die auch mit Körperkontakt zwischen Beraterin und Klientin arbeiten.

Einige Besonderheiten verhaltensorientierter Beratungen

Sehr vereinfacht könnte man den Zugang verhaltensorientierter Beratung folgendermaßen umreißen: Psychischer Zustand und Verhalten sind mit einander eng verknüpft. Bestimmte Gemütslagen und Befindlichkeiten äußern sich in unterschiedlichen Verhaltensweisen, Körperhaltungen und Handlungen. Verhaltensorientierte Beratungen gehen den umgekehrten Weg: durch das Einüben neuer Verhaltensweisen soll sich allmählich das innere Geschehen und die Befindlichkeit der Klientin verändern. Der amerikanische Zeichner Charles M. Schulz hat das in einem Cartoon paradox dargestellt.

Wenn du deprimiert bist, ist es ganz wichtig, eine ganz bestimmte Haltung einzunehmen ...
Das Verkehrteste was du tun kannst, ist aufrecht und mit erhobenem Kopf dazustehen, weil du dich dann sofort besser fühlst.
Wenn du also wirklich etwas von Deiner Niedergeschlagenheit haben willst, dann musst du so dastehen!

Verhaltensorientierte Beratung zielt demnach im übertragenen Sinne danach, die Klientin zu lehren, eine neue Körperhaltung einzunehmen und diese so lange zu üben, bis diese selbstverständlich geworden ist und allmählich auch die innere Haltung der Klientin zu sich selbst und zu ihrer Umwelt in einer Art und Weise verändert, dass es ihr besser geht.

Es liegt auf der Hand, dass verhaltensorientierte Beratungen viele Methoden der Lernpsychologie und Lerntheorie verwenden.

Im Vordergrund steht daher das Üben mit vielen Wiederholungen. Das erwünschte Verhalten wird zuerst im Beratungsraum erarbeitet und geübt bevor es dann im realen Leben erprobt wird. Komplexe Verhaltensweisen werden dabei oft in kleinere Einzelschritte zerlegt, die jeder für sich isoliert erlernt und geübt und dann zu einem Ganzen zusammengesetzt werden.

Eine wichtige Rolle spielen dabei regelmäßige Belohnungen für erreichte Zwischenschritte, um die Durchhaltekraft zu stärken.

Einige Besonderheiten systemisch orientierter Beratungen

Die systemische Orientierung ist einer der am weitesten verbreiteten und praktizierte Beratungsansätze. Systemisch ist der Oberbegriff für eine Vielzahl von Ansätzen und Modellen, die sich aus der Paar- und Familientherapie heraus entwickelt haben. Das Ziel systemischer Beratung ist es, mit den Klientinnen gemeinsam Lösungen für deren Anliegen zu finden und sie bei deren Umsetzung zu begleiten.

Nach systemischem Verständnis liegen individuelle Probleme weniger in der Person der Klientin als in ihren zwischenmenschlichen Beziehungen begründet und werden grundsätzlich in kommunikativen Prozessen „hergestellt" („konstruiert") und aufrechterhalten. Beratung kann keine gezielten Verhaltensänderungen von außen herbeiführen, sondern stellt vielmehr ein Anregungspotential für die Selbstveränderung dynamischer, selbstorganisierter sozialer Systeme dar. Im Vordergrund steht die Suche nach Ressourcen und Lösungen.

Die systemische Beratung besitzt ein umfangreiches Instrumentarium, dessen Kernstück die Fragetechnik darstellt. Neben den im Kapitel „Technik Fragen" genannten Prinzipien gibt es einige Methoden, die große Bekanntheit erlangt haben und deren hilfreiche Anwendung tieferes Verständnis erfordert.

Zirkuläre Fragen ermöglichen der Klientin, sich als Teil ihres Systems zu betrachten und so den in Problemsituationen oft eingeengten Betrachtungswinkel und Aufmerksamkeitsfokus zu erweitern. („Wie würde die wichtige Person XY Ihr Verhalten in dieser Situation beschreiben?")

Fragen nach Ausnahmen und Unterschieden ermöglichen der Klientin, ihre Situation differenzierter wahrzunehmen und vielleicht Anlässe, die sie als weniger belastend erlebt gezielt öfter herbeizuführen.

Fragen nach einer detaillierten **Schilderung des Wunschzustandes** machen sich das psychologische Phänomen zu Nutze, dass das Gehirn überwiegend in Bildern „denkt" und mit dem jeweils präsenten Bild im Hier und Jetzt entsprechende Emotionen verknüpft. Zugleich wird das Ziel der Beratung konkret.

Die schon erwähnte Methode der **Paraphrase** wird oft mit **Reframing** verknüpft. Statt: „Habe ich Sie richtig verstanden, dass Sie die ständigen Unterbrechungen bei der Arbeit nerven?" hieße es dann: „Wenn ich Sie richtig verstanden habe sehnen Sie sich danach, in Ruhe arbeiten zu können?" Daran anschließend ginge es in der weiteren Beratung nicht mehr um Störungen, sondern um Arbeit in Ruhe. Hier findet auch oft das ideodynamische Prinzip anwendung (siehe dort).

Einige systemische Fragen sind mehr als das: sie sind Beratungssequenzen mit manchmal leicht suggestiver Wirkung.

Weit verbreitet ist die **Skalierung**: „Wenn auf einer Skala von eins bis zehn Ihr idealer Wunschzustand zehn ist: wo stehen

Sie jetzt?" Das Suggestive hier versteckt sich darin, dass die Skala bei eins beginnt, und nicht bei null. Schließlich hat es die Klientin ja geschafft, zur Beratung zu kommen! Im weiteren geht es auch nicht um die numerische Einschätzung, sondern um die Erarbeitung des Unterschiedes zwischen der genannten Zahl und der nächsten Halbstufe: „Wenn Sie jetzt bei sechs stehen: was wäre bei sechs komma fünf anders?" – „Was noch?" – „Wann ist es schon heute manchmal so?"

Ebenfalls sehr bekannt ist die **Wunderfrage**. Richtig eingesetzt sollte sie präzise formuliert und durchgearbeitet werden, weil dabei Klientinnen manchmal eine leichte Trance erleben. Eine mögliche Variante geht ungefähr so: „Stellen Sie sich vor, Sie gehen heute Abend schlafen, und sie schlafen gut und tief. Während Sie schlafen passiert ein Wunder und alles, was Sie bisher belastet hat verschwindet. – morgen früh wachen Sie gut erholt auf, denn Sie haben ja gut geschlafen. Doch, Sie wissen nicht, dass das Wunder passiert ist, weil Sie eben geschlafen haben. – Woran merken Sie, dass das Wunder passiert ist? – Woran noch? – Wer merkt es als nächste? – Woran? – Was können Sie jetzt endlich tun?" und so weiter. Achtung: die Verwendung der Wunderfrage ist nur dann sinnvoll, wenn die Klientin Hilfe bei der Beschreibung eines Wunschzustandes benötigt!

Etwas weniger bekannt ist die **Verschlimmerungsfrage**. Sie lautet in verallgemeinerter Form: „Ich weiß, Sie würden das nie tun, aber nur als Überlegung: was könnten Sie tun, damit Ihre Situation noch schlimmer wird?" Das zentrale Wort in dieser Fragestellung ist „TUN" und deshalb ist die Verwendung dieser Frage nur sinnvoll für Klientinnen, die sich ihrer momentanen

Situation hilflos ausgeliefert fühlen. Die Frage enthält nämlich die Vorannahme, dass die Klientin ja noch immer etwas tun könnte und durch Unterlassung dieser Aktivität dafür sorgt, dass ihre Situation nicht noch schlimmer wird.

Eine weitere Methode systemischer Beratung heißt **Externalisieren**. Hier wird das so genannte Problem gleichsam wie eine eigenständige Person betrachtet, mit der die Klientin in einen Dialog eintreten kann, dessen Ziel zunächst ein besseres Verständnis und in weiterer Folge ein Aushandlungsprozess über den zukünftigen Umgang ist.

In eine ähnliche Richtung geht die **Teilearbeit**, die auch als inneres Team bekannt ist. Unterschiedliche Emotionen und Herangehensweisen an eine bestimmte Herausforderung, die alle im Denken der Klientin präsent sind werden dabei erkannt und benannt. Sie alle werden als wichtige Mitglieder im inneren Team gewürdigt und auch gehört. Eine andere Metapher ist die innere Bühne. Jede Protagonistin hat ihren Auftritt, doch keine darf die Bühne für sich allein beanspruchen. Am Ende entscheidet immer die Regisseurin, also die Klientin, wer die Hauptrolle übernehmen darf.

Narrative Interventionen sind eine weitere spezielle Methode systemischer Beratung. Unser ganzes Leben besteht aus Erzählungen. Wir wissen auch, dass ein und dieselbe Geschichte unterschiedlich erzählt werden kann.

In einem Seminar zur Selbsterfahrung ließ ich die Studentinnen kleine Gruppen bilden und gab ihnen den Auftrag, einander ihre Lebensgeschichte zu erzählen. Jedoch nicht in der üblichen Form, sondern als Abfolge ihrer Lieblingsspiele, Lieblingsspeisen, Lieblingsgetränke, Lieblingspersonen, Lieblingsorte, Lieblingsgeschichten, Lieblingskleider etc. In der Rückmelderunde sagte eine Teilnehmerin: „Ich dachte immer, ich hätte eine furchtbare Kindheit gehabt. Aber heute fand ich einige sehr schöne Dinge darin!"

Eine weitere sehr wirksame Intervention ist der Einsatz eines reflektierenden Teams oder einer reflektierenden Person. Diese Personen beobachten die Sitzung und werden von der Beraterin nach einer entsprechenden Einleitung aufgefordert, ihre Beobachtungen den Klientinnen zur Verfügung zu stellen. Diese Rückmeldungen sind positiv konnotiert und fokussiert auf Ressourcen der Klientinnen und bieten so eine unmittelbar verfügbare Außensicht an.

FSFT bezeichnet die von Steve de Shazer eingeführte „First Session Formula Task". Diese Frage bekommt die Klientin am Ende der ersten Sitzung (first session) in einer festgeschriebenen Form (formula) als Hausaufgabe (task) mit. „Bitte überlegen Sie bis zu unserer nächsten Sitzung: was in Ihrem Leben soll bleiben wie es ist, weil es gut ist wie es ist?" Diese einfach scheinende Aufgabenstellung hat eine einfache Implikation: es gibt Dinge im Leben der Klientin, die gut sind und deshalb erhalten bleiben sollen. Sie braucht sie nur zu suchen und dazu ihre Aufmerksamkeit von ihren Klagen abwenden.

Einige Besonderheiten körperorientierter Beratungen

Körperorientierte Beratungen nützen Behandlungsmethoden zur Verbesserung von Körperhaltungen und Bewegungsabläufen. Je nach Methode werden spezielle manuelle Techniken, ähnlich wie bei der Massage oder der Physiotherapie oder Anleitungen zur Einübung von Haltungen und Bewegungen sowie Mischformen von manuellen Techniken und Anleitungen angewendet. Fast alle körperorientierten Methoden betonen die Bedeutung psychosomatischer Wechselwirkungen und gehen davon aus, dass die Behandlung des Körpers positive psychische Veränderungen bewirkt.

Einige der verbreiteteren Methoden sind:

- Akupressur – eine ganzheitliche Methode der traditionellen chinesischen Medizin. Diese tiefe Körperarbeit wirkt sich auf alle Körperfunktionen aus. Das Qi wird zum harmonischen Fließen angeregt.

- Akupunkt-Massage nach Penzel – eine der chinesischen Akupunktur angelehnte Massagetechnik

- Akupunktur Massage ESB-APM-ORK nach Radloff

- Alexander-Technik von Frederick Matthias Alexander – eine Lehrmethode, mit welcher die Schülerin lernt, ihre Haltungs- und Bewegungsgewohnheiten zu beobachten und zu analysieren und körperlich dysfunktionale Gewohnheiten abzulegen. Die Methode hat Ähnlichkeit mit der Feldenkrais-Methode.

- Bartenieff Fundamentals von Irmgard Bartenieff – auf Laban-Bewegungsstudien begründet.

- Biodynamische Psychologie nach Gerda Boyesen

- Breema

- Budopädagogik – fernöstliche Verfahren traditioneller Bewegungs- und Budō-Kampfkünste in moderner Pädagogik nach Jörg-Michael Wolters

- Erfahrbarer Atem nach Ilse Middendorf

- Esalen-Massage – eine ganzheitliche Form von Körperarbeit, die am Esalen-Institut in Kalifornien entwickelt wurde.

- Eutonie von Gerda Alexander – eine Körperschulung mit dem Ziel, das Körperbewusstsein mittels Wahrnehmung in Ruhe und Bewegung zu verbessern. Körperliches und seelisches Wohlbefinden soll durch Spannungsausgleich hergestellt werden.

- Feldenkrais-Methode von Moshé Feldenkrais – eine körperorientierte Lernmethode, anhand derer man seines eigenen Körpers und seiner Bewegungsmuster bewusst werden kann. Die Methode hat Ähnlichkeit mit der Alexander-Technik.

- Franklin-Methode von Eric Franklin – eine körperorientierte Lernmethode, die Imagination, wahrnehmungssteigernde Übungen, erlebte Anatomie und Verkörperung einsetzt. Ziel ist, die Motorik über die Optimierung der neurosensorischen Funktionen zu verbessern.

- Funktionelle Entspannung nach Marianne Fuchs – Entspannungsmethode, bei der spezielle minimale Bewegungen einzelner Gelenke und bewusstes Atmen im Vordergrund stehen

- Gindler-Arbeit nach Elsa Gindler

- Jin Shin Jyutsu – eine esoterische Form der Körperenergiearbeit.

- Kinästhetik nach Frank Hatch und Lenny Maietta

- Rebalancing – Eine Behandlung, die mittels tiefer Bindegewebsmassage zu einem neuen „Körper-Bewusstsein" verhelfen soll. Die Methode hat Ähnlichkeit mit Rolfing.

- Rolfing von Ida Rolf – Eine komplementärmedizinische manuelle Behandlungsmethode, die auch Strukturelle Integration genannt wird. Es handelt sich um eine Verbindung von Bindegewebsmassage und Körperarbeit. Die Methode hat Ähnlichkeit mit Rebalancing.

- Rosenmethode nach Marion Rosen – Durch Kombination von sanfter Berührung verspannter Muskeln und Bereiche, die nicht vom Atem bewegt werden, können chronische Verspannungen aufgelöst werden. Marion Rosen ging davon aus, dass chronische Muskelverspannungen auch einen emotionalen Grund haben können. Sanfte Berührung unterstützt die Muskeln dabei, zu entspannen und ihre eigentliche Größe anzunehmen. Hier liegt auch die Wechselwirkung zwischen Seele und Körper.

- Polarity

- Posturale Integration von Jack Painter vereinigt, ähnlich wie Rolfing, Bindegewebsarbeit mit Atemarbeit, reichianische Körperarbeit, Energiearbeit und Elemente aus der Gestalt-Psychologie. Es wird der Zusammenhang zwischen äußeren Haltungen (Posture) und inneren Haltungen erforscht.

- Qi Gong – eine chinesische Heilgymnastik verbunden mit mentalen Übungen unter Nutzung der Vorstellungskraft

- Shiatsu

- Tai Chi – eine meditative Bewegungsform zum körperlichen Verwirklichen und Üben philosophischer Leitsätze des Taoismus

- Terlusollogie – ein alternativmedizinisches Konzept mit Körperübungsprogramm zur Verbesserung von Aufrichtung und Beweglichkeit

- Trager-Methode von Milton Trager – eine sanfte Körperarbeit mit „mentaler Gymnastik".

- TRE-Übungen (Tension and Trauma Releasing Exercises), ein insbesondere in Katastrophengebieten evaluiertes Verfahren zum eigeninduzierten Muskelzittern gegen Belastungen durch Stress oder Traumata.

- Zero Balancing von Fritz Frederick Smith

Einige Besonderheiten esoterisch orientierter Beratungen

Die Bezeichnung „esoterisch" wurzelt im alten Griechenland und bedeutet wörtlich übersetzt „innerlich" oder „dem inneren Bereich zugehörig". Sie meinte in der ursprünglichen Bedeutung des Begriffs eine philosophische Lehre, die nur für einen begrenzten, eben „inneren" Personenkreis zugänglich ist. Um in diesen Personenkreis aufgenommen zu werden und damit den Zugang zu dessen höherem Wissen zu erlangen, war meist die Bewältigung eines inneren spirituellen Erkenntnisweges erforderlich. Heute gibt es weder im wissenschaftlichen noch im populären Sprachgebrauch eine allgemein anerkannte Definition des Begriffes „esoterisch".

Gemeinsam ist vielen dieser Beratungsformen, dass sich ihre Repräsentantinnen vehement gegen die Einstufung als esoterisch verwehren und sich und ihre Methoden als wissenschaftlich verstehen.

Einige weit verbreitete Methoden:

- Astrologie, Horoskop, chinesische Astrologie
- Kartenlegen (Lenormandkarten, Tarotkarten, Zigeunerkarten, Kipperkarten, Skatkarten, Engelkarten, Feenkarten, Krafttierkarten, …)
- Hellsehen
- Wahrsagen

- Medium
- Jenseitskontakte
- Rückführungen in frühere Leben
- Reinkarnationsberatung
- Channeln
- Pendeln
- Numerologieberatung
- Kristallkugelberatung
- Runenberatung
- Weiße Magie und magische Ritualberatung
- Liebesritualberatung
- Kräutermagieberatung
- Vollmond/Neumondritualberatung
- Edelsteinberatung
- Traumdeutung
- Kaffeesatzlesen
- Spiegelberatung
- Hexenbrettberatung
- Reikiberatung
- Energiearbeit
- Lichtarbeit
- Auralesen und Aurareinigung
- Blockadenauflösung
- Karmaauflösung und Karmareinigung

Einige Besonderheiten religiös orientierter Beratungen

Religion ist der Glaube an bestimmte transzendente, überirdische, übernatürliche, übersinnliche Kräfte, die als heilig und/oder göttlich angesehen werden. In unserem Umfeld sind die drei monotheistischen Religionen die verbreitetsten: Christentum, Judentum und Islam.

Die Gläubigen dieser Religionen sind in Glaubensgemeinschaften organisiert, die von ihren Mitgliedern die Einhaltung spezieller Regeln (Gebote) für die Gestaltung des alltäglichen Lebens fordern. In jeder dieser Glaubensgemeinschaften gibt es Gruppen, die sich streng an diese Regeln halten während andere damit eher locker umgehen. Daneben gibt es noch in jeder Religion jene, die für die Pflege, Lehre und Auslegung der religiösen Traditionen zuständig sind und als Bindeglieder zwischen der profanen Welt und der Gottheit fungieren. Diese zelebrieren die rituellen Gottesdienste und sonstigen religiösen Handlungen, die für das Leben und Sterben ihrer jeweiligen Gläubigen von Bedeutung sind.

Die Einhaltung der Gebote wird nach dem Tod durch die Aufnahme in das Paradies belohnt, ihre Verletzung durch Verdammnis in die Hölle bestraft. Diese Regelverletzung wird auch Sünde genannt.

Psychische Leidenszustände werden als Folge von sündigem Lebenswandel gesehen. Der Weg zu einem befriedigenderen Leben führt demnach über die Vergebung dieser Sünden, die in der Regel durch ein Gespräch mit einem Priester erreicht werden kann. In diesem Gespräch, das im Christentum auch Beichte genannt wird, muss die Gläubige zunächst einbekennen, falsch gehandelt zu haben. Auf dieser Grundlage bestimmt der Priester das Ausmaß der Busse, die zu leisten ist, um aus der Sünde gelöst zu werden. Diese besteht zum Teil aus Gebeten und bisweilen aus Auflagen zur Wiedergutmachung anderen zugefügten Schadens, manchmal auch der Erbringung von wohltätigen Werken. Für schwerwiegende Vergehen kann auch eine Wallfahrt zu einem heiligen Ort verordnet werden.

Im Islam ist die Haddsch, die Reise nach Mekka zur Kaaba für jeden Moslem einmal im Leben, sofern möglich vorgeschrieben.

In allen Lebensfragen sind die jeweiligen Priester, Pfarrer, Rabbiner, Imame, Meister oder Swamis für Beratungen ansprechbar.

Beraten lernen

Beraten zu lernen ist eine ganz besondere Art der Ausbildung. Während viele Berufe vor allem durch eine Ansammlung von Wissen erlernt werden, kann der Wissensteil der Beratung in relativ kurzer Zeit angeeignet werden. Allerdings weiß man dann viel über Beratung, besitzt jedoch noch nicht die essentiellen Voraussetzungen zur Ausübung dieses Berufes. Der eigentliche Inhalt einer Ausbildung zum Beraten ist die Entwicklung der eigenen Person in eine Richtung, die für die zukünftigen Klientinnen einen starken Nährboden für deren Entwicklung darstellen kann. Zudem ist Beratung ein Beziehungsgeschehen. Daher liegt es nahe, diese Kompetenz in Beziehung und Bezogenheit zu erlernen und nicht im Selbststudium. Wesentliche Elemente einer solchen Ausbildung sind daher – zusätzlich zum natürlich notwendigen theoretischen Hintergrund:

Selbsterfahrung: Die Inschrift am Apollo-Tempel in Delphi ist hier ein hilfreiches Motto: Erkenne dich selbst! Es geht um Fragen wie:

- Wer bin ich?
- Welche Werte sind mir wichtig?
- Welche Lebenserfahrungen könnten meine Tätigkeit beeinflussen?
- Wie komme ich mit den unterschiedlichen Lebensthemen zurecht?
- Wie fühle ich mich in Gruppen?
- Was ist meine wahre Motivation, diesen Beruf auszuüben?

Ein einfaches Modell dafür ist das JoHari-Fenster. Es wurde 1955 von Joseph Luft und Harry Ingham entwickelt. Das gesamte Feld steht für die Summe dessen, was es über mich zu wissen gibt. Die Unterteilung entsteht aus den zwei unterschiedlichen Betrachtungswinkeln:

- was weiß ich über mich?
- was wissen andere über mich?

Da es bei beiden Betrachtungsweisen sowohl Bekanntes wie unbekanntes gibt entsteht das Bild eines Fensters mit vier Teilflächen. Zur klareren Darstellung sind diese im Modell gleich groß, was jedoch real nie wirklich zutrifft.

Das JoHari-Fenster

	Ich weiß	Ich weiß nicht
Andere wissen	Öffentliche Person	Blinder Fleck
Andere wissen nicht	Private Person	Unbewusstes

Das Ziel der Selbsterfahrung ist die Erweiterung des Bereiches, den eine Person über sich selbst kennt, also die Grenzen des Wissens über sich selbst ein Stück zu verschieben.

Für den Blinden Fleck gilt es als probates Mittel, sich von einer Vertrauensperson Feedback einzuholen. Dieses sollte man sich einfach anhören und der großen Versuchung, sich zu erklären oder zu rechtfertigen oder über das Gesagte zu diskutieren oder gar beleidigt zu sein widerstehen. Feedback ist immer subjektiv, weil es die Frage beantwortet: „Wie hast Du mich in einer bestimmten Situation erlebt?" Diese Frage stellen sie sinnvoller Weise nur Personen, die Sie kennen und mögen. Eine ehrliche Antwort ist ein Geschenk, weshalb es passend ist, sich dafür zu bedanken.

Bei Teamentwicklungsseminaren und Klausuren von Führungskräften verwende ich gerne die „Goldene Übung". Jede Teilnehmerin führt mit jeder anderen Teilnehmerin ein Gespräch unter vier Augen zur Aufgabe:

- Zwei Dinge, die ich an Dir schätze:
- Zwei Dinge, die ich mir von Dir wünsche:
- Bitte einfach kommentarlos anhören und nicht diskutieren!

Nach vier Minuten ertönt ein Klingelzeichen und jede Teilnehmerin sucht sich eine neue Gesprächspartnerin, bis alle mit allen gesprochen haben. Der Reiz dieser Übung liegt darin, dass man jede Menge Gutes über sich hört, was im Alltag nur sehr selten vorkommt. Zudem sind Wünsche unverbindlich, weil man sie anhören kann ohne sofort verpflichtet zu sein, sie zu erfüllen. Sollte ein bestimmter Wunsch mehrmals kommen könnte man ihn vielleicht ernsthaft erwägen. Manchmal werde ich gefragt, warum nicht auch thematisiert wird, was an der anderen Person als störend empfunden wird. Jedoch bei genauerer Betrachtung ist diese Frage implizit vorhanden. Es wird lediglich die Denkleistung verlangt, sich eine Lösung für irritierendes Verhalten zu überlegen. Der Denkschritt lautet: an Deinem Verhalten irritiert mich das, und deshalb sage ich Dir, wie ich mir wünsche, dass Du Dich in Zukunft verhältst. Nur dieses Resultat der Überlegung wird als Wunsch mitgeteilt. Damit werden die Verteidigungsreflexe minimiert.

Eine weitere Methode zur Selbsterprobung und Reduktion des Blinden Flecks sind Gruppendynamikseminare. Diese dauern in der Regel eine Woche und bieten unter Anleitung erfahrener Trainerinnen viel Gelegenheit, sich selbst in Gruppensituationen zu erproben und Rückmeldung über die Wahrnehmung des eigenen Verhaltens zu erhalten. Während hier die Trainerinnen selbst mit ihren Feedbacks eher sparsam umgehen sind sie in den Encountergruppen, die auf den Harvard-Professor Willi Schutz zurückgehen, wesentlich direkter. Nach einander rücken die Teilnehmenden in den Mittelpunkt und werden, manchmal auf einem „heißen Stuhl", manchmal in Rollenspielen oder auch körperlichen Aktivitäten hinterfragt und konfrontiert. Dabei wird eine wertschätzende Zugangsweise postuliert.

Um dem eigenen Unbewussten etwas näher zu kommen verlangen die meisten seriösen Ausbildungsinstitute von ihren Studierenden Einzelselbsterfahrung in einem vorgeschriebenen Ausmaß. Manchmal gibt es dafür auch gesetzliche Vorgaben. Das österreichische Psychotherapiegesetz schreibt für angehende Therapeutinnen mindestens 80 Einheiten vor. Inhalt dieser Arbeit ist die Betrachtung der eigenen Biographie, Einstellungen, Werthaltungen zu wesentlichen Themen des Lebens, Überzeugungen und Vorurteile mit dem Ziel, in der späteren Arbeit mit Klientinnen klar erkennen zu können, wo und weshalb man von gewissen Themen besonders berührt wird und damit professionell umzugehen. In der Einzelselbsterfahrung können auch belastende Erlebnisse aufgearbeitet werden, weshalb man auch bisweilen von Lehrtherapie spricht.

Psychotherapie ist ebenfalls gut geeignet zur Erhellung unbewusster Teile der eigenen Persönlichkeit. Schon Sigmund Freud forderte: „Wo ES ist soll ICH werden." Entgegen einer weit verbreiteten Meinung ist ein psychischer Leidenszustand keine notwendige Voraussetzung für eine Psychotherapie. Es ist zwar so, dass die Mehrzahl der Klientinnen erst zur Therapie gehen, wenn ihr psychischer Leidensdruck groß geworden ist, wie sie ja auch – einige Hypochonder und Medizinjunkies ausgenommen – erst zum Arzt gehen, wenn ihre körperlichen Beschwerden ein gewisses Maß erreicht haben. So wie ganzheitlich denkende Medizin neben der Heilung von Krankheiten auch die Erhaltung der Gesundheit im Fokus hat, ist in der Psychotherapie die Förderung der Persönlichkeitsentwicklung ein zweites großes Arbeitsgebiet. Damit ist sie gut geeignet für die Suche nach Antworten auf Fragen des Lebens und der Lebensgestaltung und der eigenen Zukunftsplanung als Person, wie auch zum Erlernen eines befriedigenderen Umgangs mit bestimmten Situationen und Emotionen.

Eine weitere Methode zur Selbsterkenntnis ist die Supervision. Diese hat sich vor allem im Bereich der sozialen Arbeit einen festen Platz errungen. Sie wurde bereits im Kapitel „Beratung zweiter Ordnung" beschrieben.

„Erkenne dich selbst!" ist auch das erste Gebot des Humanismus, gefolgt von „Beherrsche dich selbst!" und „Veredle dich selbst!".

Das JoHari-Fenster nach der Beratung/Therapie

	Ich weiß	Ich weiß nicht
Andere wissen	**Öffentliche Person** Feedback Gruppendynamik Encountergruppe	Blinder Fleck
Andere wissen nicht	**Private Person** Selbsterfahrung Psychotherapie Supervision	Unbewusstes

Kommunikation: Beratung findet in der Regel im Gespräch statt. Deshalb müssen Beraterinnen eine hohe Kompetenz auf diesem Gebiet entwickeln. Wegen ihrer großen Bedeutung wurde sie hier in einem eigenen Kapitel behandelt.

Beziehungsgestaltung: Beratung findet immer in einer mehr oder weniger intensiven Form von Beziehung statt. Diese Interaktion soll die Beraterin in einer Weise gestalten, die hilfreich für die Klientin ist. Dabei handelt es sich immer um eine professionelle Beziehung, die ganz klar auf den Rahmen der Beratung beschränkt ist und sich bei aller Zugewandtheit und Nähe wesentlich von einer privaten Beziehung unterscheidet. Es sollte selbstverständlich sein, dass es in einer Beratung niemals zu sexueller Intimität kommt. Ebenso sollte es selbstverständlich sein, dass Beraterinnen ihre Klientinnen in ihrer Autonomie respektieren und daher keine Abhängigkeiten konstruieren, wie etwa Anstellungsverhältnisse oder andere Dienstleistungsbeziehungen. Ebenso ist es unzulässig, Klientinnen das Honorar für ihre Beratung in irgendeiner Form abarbeiten zu lassen. Diese Dinge sollten selbstverständlich sein, doch leider zeigt die Erfahrung, dass immer wieder gegen diese Grundregeln redlichen Beratens verstoßen wird. Beraterinnen sollen deshalb im Rahmen ihrer Ausbildung einerseits über ihre eigenen bisherigen Beziehungen reflektieren und andererseits auch das Beziehungsgeschehen in der Ausbildungsgruppe bewusst wahrnehmen und gestalten.

Emotionale Stabilität: Die Mehrzahl der Klientinnen kommt erst zu einer Beratung, wenn sie mit ihrer Situation nicht mehr allein fertig wird. Allein dieser Aspekt ist mit starken Emotionen behaftet. Die Beraterin muss stabil genug sein, diese Emotionen auszuhalten. Sie sollte auch genug über sich selbst wissen, um zu erkennen, ob in der Beratung auftauchende Emotionen von ihr ausgehen oder rein von der Klientin kommen.

Emotionale Intelligenz: Emotionale Intelligenz ist die Fähigkeit, Emotionen in Bezug auf sich selbst und andere Menschen wahrzunehmen, auszudrücken, zu verstehen und sinnvoll zu handhaben. Das Konzept wurde von dem Harvard-Psychologen Daniel Goleman Mitte der 90-er eingeführt. Seither wurde Emotionale Intelligenz zu einem Standardbegriff und einer der wichtigsten Anforderungen im Personalbereich. Claude Steiner entwickelte dazu ein fünfstufiges Modell:

5 **Charisma:** die emotionale Befindlichkeit einer Gruppe erkennen und positiv beeinflussen

4 Auf die emotionale Befindlichkeit einer anderen Person angemessen antworten

3 Eigene emotionale Befindlichkeit in angemessener Form äußern

2 Emotionale Befindlichkeit der anderen Person wahrnehmen und verstehen wollen

1 Eigene emotionale Befindlichkeiten wahrnehmen und den entsprechenden Auslösern zuordnen

Empathie: Darunter versteht man die Fähigkeit, mit Klientinnen mitzufühlen. Gemeint ist allerdings zugleich, eine gewisse Distanz zu wahren, auch aus Respekt für die Klientin und für sich selbst. Nur aus dieser Position ist es möglich, hilfreich zu sein.

Mit einer Metapher gesagt: Sie gehen am Ufer eines Flusses entlang, der Hochwasser führt, und Sie bemerken plötzlich, dass mitten im Strom eine Person treibt, die ab und zu untertaucht und dann wieder mit den Armen winkt und „Hilfe!" ruft. Es wäre kaum hilfreich, selbst in den Fluss zu springen und dann gemeinsam mit der Person „Hilfe!" zu schreien. Sie können viel mehr bewirken, indem Sie vom Ufer oder von der nächsten Brücke ein Seil werfen, an dem sich die Person festhalten und in Sicherheit bringen kann. In der Regel sind Beraterinnen nicht als Rettungsschwimmerinnen ausgebildet – und es ist nicht ihr Beruf!

Authentizität: Die Beraterin soll als Mensch erkennbar sein. Sie spielt keine Rolle und braucht sich nicht hinter Floskeln zu verstecken. Sie wirkt durch Ihre Persönlichkeit und ihre Haltung. Generell sollte sie wenig bis nichts über sich selbst erzählen, weil im Fokus der Beratung immer die Klientin und ihr Leben steht.

Es kommt hin und wieder vor, dass Klientinnen nach bestimmten Aspekten des Lebens der Beraterinnen fragen. Erfahrene Beraterinnen antworten meist mit der Gegenfrage, welche Bedeutung die Antwort auf diese Frage für den Erfolg der Beratung haben könnte und erfahren so mehr über die Gedankenwelt ihrer Klientinnen. Manchmal geben sie dann kurz Auskunft, manchmal ist es danach nicht mehr notwendig.

Ich habe es mir zur Angewohnheit gemacht, im Rahmen des Erstgesprächs meine Klientinnen zu fragen, was sie über mich wissen müssen, um sich für die Beratung bei mir entscheiden zu können. Meist kommen Fragen nach der Methodik oder meiner Erfahrung mit bestimmten Fragestellungen.

Generell empfehle ich die Wahrheitsdefinition von Ruth Cohn: „Alles, was du sagst, sei wahr, aber sage nicht alles, was wahr ist." Gerade hier ist weniger oft mehr.

Wertschätzung: Damit ist ein respektvoller Umgang mit der Klientin gemeint. Es gelten die Grundregeln der Höflichkeit. Dazu gehört aber auch, auf jegliche Wertung und Bewertung der Person und der Geschichte der Klientin zu verzichten. Gute Beraterinnen nehmen ihre Klientinnen an wie sie sind und sind hilfreich für deren gewünschte Veränderungen.

Es ist eine Grundsehnsucht aller Menschen, bedingungslos angenommen zu werden und sich Zuwendung nicht erst erkämpfen oder erarbeiten zu müssen. Die Beratung ist zwar eine kommerzielle Angelegenheit, doch bei günstiger Entwicklung tritt dieser Aspekt rasch in den Hintergrund. Klientinnen kaufen Zeit, die Wertschätzung wird mitgeliefert.

Teil dieser Wertschätzung ist auch die Kommunikation der Beraterin mit der Klientin auf Augenhöhe als mit einer gleichrangigen Partnerin. Im Idealfall kommt es zu einem Gespräch zwischen Expertinnen, wobei die Klientin Expertin für ihre Situation und die Auswahl der passenden Lösung ist während die Expertise der Beraterin in der Gestaltung von Setting und Methodik liegt.

Der Lernzyklus: David Kolb hat ein didaktisches Modell für erfahrungsbasiertes Lernen entwickelt. Dieses erfolgt in vier Phasen.

Wir befinden uns immer **in** einer bestimmten Situation. Im Alltag gehen wir von einer Situation in die nächste, weil der Zeitdruck zu groß ist. Zwar bewältigen wir diese Situationen mehr oder weniger gut, doch es gelingt uns nicht, daraus etwas zu lernen.

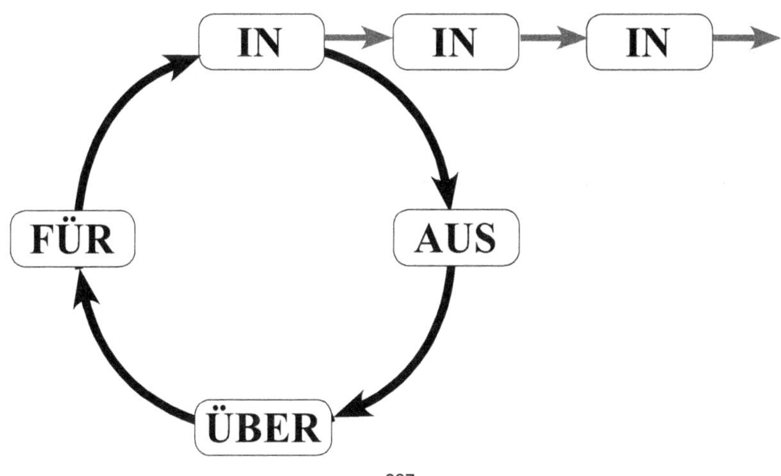

Dazu müssen wir zunächst **aus** der Situation heraustreten und unser Erleben reflektieren: was haben wir erlebt, wie haben wir uns gefühlt, wie zufrieden sind wir mit unserem Verhalten und dem Resultat.

Im nächsten Schritt denken wir **über** solche Situationen im Allgemeinen nach und bilden Theorien. Hier entstehen unsere Überzeugungen und auch unsere positiven Vorannahmen und negativen Vorurteile.

Zum Abschluss bereiten wir uns **für** die nächste solche Situation vor: wir planen und experimentieren und üben unterschiedliche Verhaltensweisen und Zugänge. Danach können wir wieder in die nächste solche Situation gehen und den Lernkreis von vorne beginnen.

Karin Lackner hat das Erlernen von Beratung wie folgt zusammengefasst: „Eine Beratungsausbildung braucht vier Lernebenen:

1. Lernen aufgrund von Erfahrung und Reflexion: Teilnehmerinnen einer Ausbildung sind selbst Gegenstand des Lernens im jeweiligen Hier und Jetzt. Das betrifft nicht nur Individuen, sondern auch Gruppen, Teams und Organisationen.

2. Lernen durch Anwendung von Methoden und Instrumenten der Beratung: Teilnehmerinnen eignen sich ein bestimmtes Methodenrepertoire an. In der Arbeit mit Fallbeispielen lernen sie darüber hinaus den Umgang mit Methoden und Instrumenten der Beratung.

3. Lernen aus der Theorie: Modelle und theoretische Abhandlungen geben den Erfahrungen im Hier und Jetzt und im Dort und Dann einen Rahmen und schaffen Orientierung. Teilnehmerinnen lernen verschiedene theoretische Schulen und Fundierungen kennen.

4. Lernen in der Praxis: Nach dem „Aufgeklärten Meisterinnenprinzip" arbeiten Teilnehmerinnen in der Praxis und werden dabei von Lehrsupervisorinnen und Lehrberaterinnen begleitet."

Leider gibt es auf dem Markt viele Kursangebote, wo den Teilnehmerinnen lediglich in relativ kurzer Zeit die wichtigsten Techniken beigebracht werden, und dann strömen – aus meiner Sicht halbgebildete – Beraterinnen in die Beratungsszene und richten oft mehr Schaden als Nutzen an. In meiner Praxis und auch in den Supervisionsgruppen gibt es viele Berichte von Personen, die in anderen „Beratungen" erst so richtig traumatisiert worden sind. Denn es gilt: „A fool with a tool is still a fool!"

Üben, üben, üben!

In Wien gibt es eine Anekdote: ein junger Mann mit einem Geigenkasten blickt nahe der Staatsoper etwas ratlos um sich und fragt schließlich einen älteren Herrn: „Entschuldigen Sie, wie komme ich zu den Philharmonikern?" Der ältere Herr blickt auf das Instrument und dann auf den jungen Mann und antwortet: „Üben, üben, üben!"

Dieser Grundsatz gilt auch für die Qualifizierung als Beraterin. Auch die erfahrensten Beraterinnen lernen immer wieder dazu, denn auch für sie gilt die Maxime: „Wer aufhört, besser zu werden hört auf, gut zu sein!" Dabei haben wir jedoch das große Glück, dass nach einiger Zeit unsere besten Lehrmeisterinnen freiwillig zu uns kommen und uns auch noch dafür bezahlen, dass wir etwas von ihnen lernen dürfen: unsere Klientinnen! Bevor wir jedoch mit realen Klientinnen arbeiten, sollten wir das Beraten in der Ausbildung mit Kolleginnen üben. Gute Ausbildungen beinhalten daher ausgiebige Übungssequenzen unter Anleitung mit Feedback und Reflexion. Zusätzlich empfiehlt es sich, gemeinsam mit zwei oder drei Kolleginnen eine Kleingruppe zu bilden, die sich zusätzlich zu den vorgesehenen Lehrveranstaltungen regelmäßig trifft. Ziel dieser Peer-Groups (Gruppen von Kolleginnen) ist die Wiederholung der Theorien aus dem Unterricht, die Diskussion über Fachliteratur, aber vor allem das Einüben der gelernten Techniken, in erster Linie der Fragetechnik (siehe Gesprächsrad und Schichten der Kommunikation).

Für das Üben hat sich ein Standardsetting bewährt.

Zu Beginn wird die Aufgabenstellung und der Rahmen vereinbart:

- welche Technik soll geübt werden?
- wie lange soll die Übung dauern?

Die Kollegin, die als erste die Rolle der Klientin übernimmt wählt für die Übung ein Beratungsthema, das eine eigene oder eine gehörte oder eine erdachte Situation zur Grundlage hat. Da viele Ausbildungsverantwortliche beobachtet haben, dass besonders zu Beginn der Ausbildung Lernende dazu neigen, allzu schwerwiegende und komplexe Themen zu wählen und damit ihre Kolleginnen zu überfordern und oft auch zu frustrieren, hat sich eine Skala als nützlich für die Auswahl des Beratungsthemas bewährt. Sie heißt Titanic-Skala und hat zehn

Stufen, wobei Stufe 1 ein Miniproblem darstellt wie: „Mein kleines Papierboot wird nass!" und Stufe 10 für die absolute Katastrophe steht: „Wir sind auf der Titanic und haben gerade den Eisberg gerammt! Wir sinken!" Für das Üben eignen sich Fragestellungen der Grade drei bis fünf.

Auf diesen Schwierigkeitsgrad wie auch die Einhaltung der vereinbarten Regeln und Rahmenbedingungen sowie Zeit achtet die Beobachterin. Diese moderiert auch im Anschluss an die Übung die Reflexion. Zuerst sollte die Beraterin Gelegenheit bekommen, ihre persönlichen Erfahrungen und Eindrücke mitzuteilen. Anschließend bekommt sie Rückmeldung von der Klientin und zum Abschluss von der Beobachterin. Beide sollen unbedingt darauf achten, hilfreiches Feedback zu geben, also zu erwähnen, was ihnen gefallen hat und was ihnen gefallen hätte. In letzterem ist implizit enthalten, was ihnen nicht so gut gefallen hat, jedoch in einer hilfreichen Form.

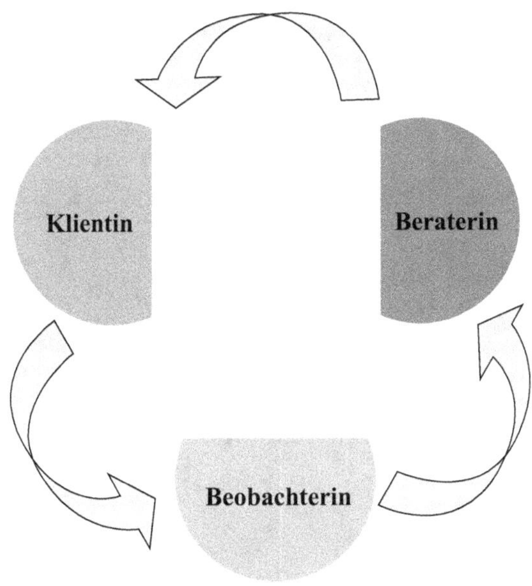

Fairer Weise sollten alle Gruppenmitglieder Gelegenheit bekommen, jede der Positionen in gleichem Ausmaß einzunehmen. Sinnvoll ist dabei, den Wechsel so zu machen, dass die Beobachterin die nächste Beraterin wird, also in der obigen Grafik gegen den Uhrzeigersinn.

Die spezielle Übungsform „Tempobremse" wurde schon im Kapitel Kommunikation ausführlich beschrieben.

Die Stufen der Kompetenz sind ein weiteres Modell für die Entwicklung beim Erlernen des Berufes der Beraterin:

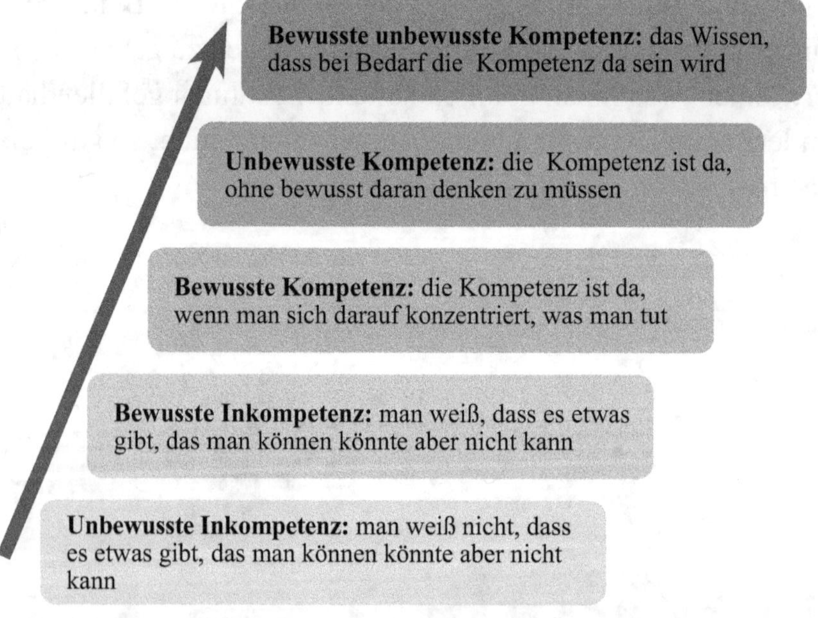

Das Modell ist selbsterklärend, vielleicht bis auf die Stufe der bewussten unbewussten Kompetenz. Diese verdanke ich der

Psychoanalytikerin Vera Ligeti. Sie arbeitet an fünf Tagen der Woche von acht bis zwanzig Uhr mit einer Stunde Pause zu Mittag. Das sind pro Tag elf Sitzungen mit elf Klientinnen und elf unterschiedlichen Lebensgeschichten. Auf meine Frage, ob sie da immer alles in voller Konzentration anhören könne meinte sie, dass das unmöglich sei. Sie könne sich jedoch darauf verlassen, dass sie die wirklich wichtigen Aussagen immer höre. Das verstehe ich unter bewusster unbewusster Kompetenz.

In der Ausbildung lernen zukünftige Beraterinnen Methoden kennen, von welchen sie vielleicht davor noch nie gehört haben und treten damit von der unbewussten in die bewusste Inkompetenz, weil sie jetzt zwar wissen, dass es diese Methode gibt, diese aber noch nicht beherrschen. Im weiteren Verlauf der Ausbildung lernen und üben sie, diese anzuwenden. Erst mit längerer Übung können sie diese Methoden nutzen, ohne nachzudenken, wie genau sie gehen und worauf sie dabei achten müssen. Die bewusste unbewusste Kompetenz ist dann erst nach längerer Praxis zu erreichen.

Eine große Herausforderung in der Ausbildung besteht darin, diesen Weg beharrlich und geduldig zu gehen.

Thema Konflikte

Manchmal erweist es sich als hilfreich, wenn Beraterinnen zu einigen Themen über grundlegendes Wissen verfügen. In den folgenden Kapiteln habe ich zu einigen Themen Herangehensweisen zusammengefasst, die für mich in meiner Arbeit hilfreich waren. Diese Kurzübersichten sind natürlich kein Ersatz für tiefere Beschäftigung mit diesen Themen, doch sind sie vielleicht Anregung für eine intensive Auseinandersetzung oder auch Ergänzung zu bereits vorhandenem Wissen.

Sehr oft geht es in Beratungen und Therapien um Konflikte. Dabei hat es sich als hilfreich erwiesen, mit den Klientinnen klar herauszuarbeiten, um welche Interessen und Bedürfnisse es den Beteiligten dabei einerseits geht und andererseits um die angewendeten Methoden des Umgangs mit dem Konflikt. Diese Unterscheidung macht die Betrachtung und Analyse schon einfacher.

Eine zweite hilfreiche Betrachtungsweise ist die Analyse des Konflikts unter einem anderen Gesichtspunkt: wo liegt der Widerspruch der Bedürfnisse der Beteiligten einerseits und worin besteht andererseits ihre Abhängigkeit von einander. Anders gefragt: Warum bekommt, wenn das Bedürfnis der einen Beteiligten erfüllt wird die andere das ihre nicht erfüllt?

Wenn es „nur" um Meinungen zu gehen scheint, dann gibt es keinen Konflikt. Wenn trotzdem eine hohe Emotionalität zu Tage tritt lohnt es sich, nach den verborgenen Interessen oder Bedürfnissen zu suchen.

Das folgende Schema gibt einen kurzen Überblick über die gängigen Strategien, die Menschen im Umgang mit Konflikten verwenden:

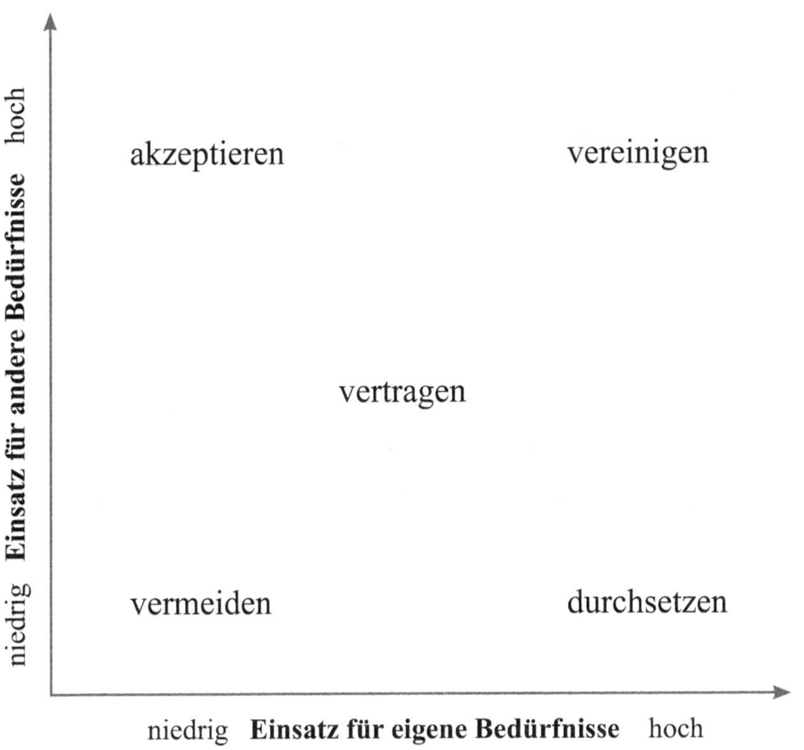

Ein anderer hilfreicher Zugang ist das Gesetz der zwei Gifte. Es gibt zwei Gifte, die jede Beziehung – beruflich wie privat – zerstören können. Sie verbergen sich hinter zwei scheinbar harmlosen, weil scheinbar offenen Fragen. Die erste lautet: „Wer hat recht?" Der giftige Stachel darin ist der Umstand, dass immer alle Beteiligten felsenfest überzeugt sind, dass selbstverständlich sie recht haben. Das zweite Gift lautet: „Wer ist schuld?" Auch hier steht die unumstößliche Überzeugtheit aller Beteiligten dahinter, dass sie es in jedem Fall nicht sind. Solche

Diskussionen sind folglich sinnlos, weil sie in der Regel nicht entscheidbar sind, und selbst in Fällen der Entscheidbarkeit nur selten auch zu Einsicht und Harmonie führen.

Es gibt auch ein Heilserum für Beziehungen, und auch dieses hat die Form einer Frage: „Was können wir jetzt tun, damit es uns besser geht?" Wenn es gelingt, darauf eine Antwort zu finden ist die weitere Aufgabe der Beratung oder Therapie, zunächst die Umsetzung des Ergebnisses zu planen und danach diese Denkweise dauerhaft sicherzustellen.

Nicht zuletzt sei noch die große Scheu vieler Menschen vor der Austragung von Konflikten erwähnt. Manchmal gibt hier der Grundsatz Mut, den ich von Günther Siegl übernommen habe: **Klarheit geht vor Harmonie!**

Thema Beziehung

Viele Klientinnen kommen in Beratung und Therapie wegen Problemen in ihren Beziehungen. Manchmal kommen sie allein, manchmal auch gleich gemeinsam. Die Unzufriedenheit mit der Beziehung strahlt dann aus in eine Unzufriedenheit mit der Partnerin, weshalb auch das meistgeäußerte Anliegen darin besteht, dass sich diese doch ändern möge.

Karl Farkas, der österreichische Kabarettist mit ungarischen Wurzeln, definierte das so: „Die Ehe ist die Gemeinschaft zweier Menschen zur Lösung all jener Probleme, die sie nicht hätten, wenn sie nicht mit einander verheiratet wären."

Was für die Ehe gilt, stimmt auch für ihre moderne Form, die NELG = nichteheliche Lebensgemeinschaft mit einer LAP = Lebensabschnittspartnerin. Meist liegt die Wurzel des Übels darin, dass sich die Partnerinnen nicht die Zeit nehmen und auch nicht bereit sind, die Beziehung zu pflegen und die Beziehungsarbeit zu leisten. Wie der Begriff es schon sagt: es handelt sich um Arbeit. Wenn dann noch die zwei Gifte aus dem Kapitel über Konflikte vermehrt in Umlauf kommen und nicht genug Heilserum konsumiert wird werden die Probleme immer größer.

Je nach dem Hintergrund der Beraterin ist deren Herangehen ergebnisoffen in dem Sinn, dass es auch eine gute Beratung sein kann, dem Paar bei einer zivilisierten und respektvollen Trennung zur Seite zu stehen, oder à priori auf die Erhaltung der Ehe ausgerichtet. Dieser Zugang ist besonders bei religiös getragenen Beraterinnen stark verbreitet.

Herausfordernder wird die Situation, wenn von den gefundenen Lösungen welcher Art auch immer auch Kinder des Paares betroffen sind. Diese sind in der Regel bei der Beratung oder Therapie nicht anwesend, spüren jedoch sehr wohl die Spannung zwischen Ihren Eltern.

Während meiner Ausbildungszeit konnte ich eine sehr lehrreiche Therapiesitzung durch den Einwegspiegel beobachten. Ein Paar kam mit der ca. 8-jährigen Tochter zur Therapie, weil diese so aggressiv und ungehorsam sei. Das Mädchen saß ruhig auf dem Stuhl und hörte dem Gespräch Ihrer Eltern mit der Therapeutin aufmerksam zu. Nach etwa fünf Minuten fragte sie, ob sie auf dem Flipchart etwas zeichnen dürfe, was ihr von der Therapeutin erlaubt wurde. Während sie nun zeichnete sah sie immer wieder zu ihren Eltern und der Therapeutin hinüber, bis sie nach weiteren fünf Minuten fragte, ob sie nicht im Vorraum weiterzeichnen dürfe. Auch das wurde ihr erlaubt. Fast genau zum Ende der Sitzung kam sie mit einer sehr schön abgemalten Diddle-Maus herein und schenkte sie der Therapeutin. In der Nachbesprechung kamen wir zu dem Schluss, dass sich dieses Mädchen zu Hause so schlimm benommen hatte, um ihre Eltern in Therapie zu bringen, für welche sie dann mit einem Kunstwerk zahlte.

Viele Beraterinnen kündigen Paaren mit Kindern schon zu Beginn an, dass sie bisweilen auch die Interessen der Kinder vertreten würden. Die meisten Eltern wissen das zu schätzen.

Eine bewährte Methode in der Paarberatung ist die Frage, wie sich die beiden kennengelernt hätten, was ihnen an einander besonders gefallen habe und was davon noch da sei. Im nächsten Schritt könnte dann die Suche nach Möglichkeiten stehen, verminderte oder gar verlorengegangene Attraktionsmerkmale wiederzufinden und neu zu beleben. Dazu gehört auch die Einladung, fix im Kalender regelmäßige Dates einzutragen.

Bei Paaren mit Kindern stellt sich da oft die Frage, wer in dieser Zeit bei den Kindern sein könne. Oft liegt den Verwerfungen auch die Entwicklung zur Familie zu Grunde, in welcher die Eltern aufgehört haben, ein Paar zu sein. Manchmal ist es dann hilfreich, diese Paarbeziehung wieder hervorzuheben.

Ein Paar erklärte der dreijährigen Tochter, dass die Eltern jetzt eine Elternzeit brauchen, eine Viertelstunde, in der sie ungestört miteinander reden könnten. Sie setzten sich in ein Zimmer und erklärten ihr, dass mit jeder Störung, sei es durch ihr Hineinkommen oder Rufen oder sonstiges Tun die Viertelstunde von vorne beginnen würde, Nach zwei Wochen hatte es die Kleine verstanden, nach einem Monat konnten die Eltern die Tür schließen.

Oft sind Paare ganz erschüttert, dass sie jetzt solche Probleme haben. Da ist manchmal die Bergmetapher hilfreich. Wenn man die Beziehung als einen Berg betrachtet, dann gewinnt er seine Höhe durch die gemeinsam erlebten schönen Zeiten. Sein Fundament jedoch bekommt er von den gemeinsam bewältigten Schwierigkeiten. Es ist einleuchtend, dass ein stabiler Berg beides braucht.

Eine Gefahr in Beziehungen liegt darin, dass die Individuen hinter der Beziehung verschwinden. Daraus können Abhängigkeiten entstehen, die auf die Dauer seelisch und in der Folge auch körperlich krank machen. Solche Muster zu erkennen und sichtbar zu machen gehört zu den schwierigeren Aufgaben in der Beratung, weil die Beteiligten diese Muster oft nicht sehen wollen. Daher ist hier Vorsicht und Geduld geboten.

Ein sehr häufiges Anliegen von Klientinnen ist die Sehnsucht nach einer Beziehung. Manche hatten schon eine oder mehrere Beziehungen, doch momentan sind sie gerade allein. Andere hatten noch nie eine Beziehung und stellen sich das Leben in der Gemeinsamkeit leicht und schön und beglückend vor. Abgesehen davon, dass erfahrene Paare hier sofort einwenden, dass der Begriff Beziehungsarbeit nicht durch Zufall den Wortteil „Arbeit" inkludiert, weil die Aufrechterhaltung und Pflege einer Beziehung viel Achtsamkeit, Aufmerksamkeit, Kommunikation und Zeit erfordert, ist auch die Annahme, man könne einfach die richtige Partnerin suchen und finden in das Reich der Mythen einzuordnen.

Als Antwort auf die Frage vieler Klientinnen, wie und wo sie die richtige Partnerin finden könnten habe ich diesen Prozess in mehrere Schritte und Phasen unterteilt.

Phase 1 – Bereitschaft: die Klientin fühlt sich innerlich bereit, auf andere Menschen aktiv zuzugehen, wobei die Betonung auf dem Wort „aktiv" liegt. Die Zeiten sind vorbei, wo man als Schneewittchen oder Dornröschen im Schlaf auf den Prinzen warten durfte, der nur zum Wachküssen durch die Welt reiste und punktgenau ankam.

Phase 2 – Kontakt: die Klientin geht zunächst allein an jene Orte, wo Menschen beiderlei Geschlechts jene Dinge tun, die ihr auch Freude bereiten. Wenn sie diese Orte regelmäßig aufsucht und die freudvollen Dinge tut wird sie zwanglose Kontakte mit anderen Menschen knüpfen, die aus diesen Aktivitäten auch Freude gewinnen. Es können bei gegenseitiger Sympathie einfache Verabredungen resultieren, diese Dinge öfter gemeinsam zu zweit oder mit anderen an verschiedenen Orten zu tun.

Phase 3 – Bekanntschaft: mit ein oder mehr Personen ergeben sich zwanglos Gespräche über Themen, die über die gemeinsamen Aktivitäten hinausgehen. Es kommt zu neuen gemeinsamen Unternehmungen, wobei alle Beteiligten Initiativen setzen.

Phase 4 – Freundschaft: es zeigt sich, dass mit einer dieser Personen die Gespräche allmählich an Tiefe und Vertraulichkeit gewinnen, dass auch persönliche Sorgen und Probleme angesprochen werden können und auf Resonanz treffen. Man kommt einander näher, lädt einander in die jeweiligen Wohnungen ein und erhöht die Frequenz der Begegnungen. In dieser Phase könnte man sich in einander verlieben, was zur nächsten Phase führen könnte, ohne dafür unbedingt nötig zu sein.

Phase 5 – Freundschaft mit Benefits: die Chemie passt so gut, dass es auch auf der körperlichen Seite zu mehr Nähe kommt und über Umarmungen und Kuscheln auch Sexualität möglich ist. Es besteht jedoch noch keine Verbindlichkeit und auch kein Anspruch auf Exklusivität, die auch nicht erwartet wird. Auch die Sexualität ist nicht selbstverständlich. Hier Druck zu machen oder sich unter Druck setzen zu lassen könnte den gesamten weiteren Aufbau einer konsensualen und tragfähigen Beziehung erschweren bis verhindern. Darüber zu reden könnte in dieser Phase hingegen notwendig werden. In manchen Kulturen ist Sexualität erst nach der Eheschließung akzeptabel. In dieser Phase ist meist schon Liebe im Spiel.

Phase 6 – Beziehung: zwei Menschen definieren sich als Paar und gestalten sich ihre Beziehung nach den gemeinsamen Vorstellungen. Sie benötigen Vereinbarungen zu Fragen wie Wohnen (zusammen oder getrennt), Freizeitgestaltung, Urlaube, Sexualität (ja oder nein, exklusiv oder lose), Treue, Verlässlichkeit, Aufgabenteilung (Halbe-Halbe?), kulturelle und rechtliche Rahmenbedingungen, Finanzen, Kommunikation, Freundinnen, und viele mehr. Spätestens in dieser Phase ist Liebe ein wichtiges Thema.

Phase 7 – Lebenspartnerschaft: das Paar beschließt, wenn möglich bis an das Ende seiner Tage zusammenzubleiben. Zu den Themen der Phase 6 kommen neue Fragen hinzu: Ehe? Kinder? Haus? Rolle in der Gemeinschaft? Gemeinsam etwas aufbauen?

Gesunde Beziehungen sind freiwillige Zusammenschlüsse von Menschen, die auch allein das Leben meistern könnten, sich jedoch zusammengetan haben, weil geteiltes Leid halbes Leid und geteilte Freude doppelte Freude sind. Und dann gibt es da noch etwas: Liebe. Diese ist ein freiwilliges Geschenk, das täglich erneuert wird.

Thema Lebenskrise

Klientinnen kommen, wie schon mehrfach erwähnt, zu Beratung und Therapie, weil sie etwas in ihrem Leben als belastend erleben. Neben den plötzlich und unvorhersehbar eintretenden Belastungen gibt es Phasen im Leben, die von den meisten Menschen als krisenhaft erlebt werden.

Geburt: Das Leben beginnt bereits mit einer extremen Belastung für jeden Menschen. Bei der „natürlichen" Geburt muss sich das kleine Wesen aus der gemütlichen Umgebung der Gebärmutter durch den engen Geburtskanal hindurchzwängen. Noch immer über die Nabelschnur mit der Mutter verbunden bekommt es dabei die volle Ladung der Stresshormone mit. Wenn es das endlich geschafft hat wird es umfangen von gleißendem Licht. Es muss anfangen, selbst zu atmen. Beim Kaiserschnitt fällt nur das Durchzwängen durch den Geburtskanal weg, die anderen Stressoren bleiben. Mit dem Geburtstrauma befassen sich mehrere Ansätze der Beratung und Therapie, von der Psychoanalyse bis zur Urschreitherapie von Janov.

Kindheit: Es gibt nur wenige Kinder, die im Rückblick mit ihrer Kindheit rundum zufrieden sind. Umgekehrt suchen viele Klientinnen die Wurzeln ihres derzeitigen Leidens in ihrer Kindheit, und hier im Speziellen in Fehlern und Versäumnissen ihrer Eltern. Die Väter waren oft abwesend oder streng, die Mütter manchmal zu behütend oder überfordert und deshalb nicht ausreichend zugewandt. Sehr oft wurde das Bedürfnis des Kindes nach bedingungsloser Liebe, also geliebt werden ohne dafür etwas tun oder irgendwie sein zu müssen, nicht oder nicht ausreichend erfüllt. Dieser Mangel begleitet viele dieser Klientinnen ein Leben lang. Hier kann es Ziel der Beratung und Therapie sein, die Klientinnen dabei zu begleiten, wie sie sich diese Liebe in der Gegenwart selbst geben können. Zugleich sollte man darauf achten, keine Traumatisierungen zu konstruieren, die vielleicht nicht real waren.

Pubertät und Adoleszenz: Diese zwei Begriffe werden oft synonym verwendet, weil die zwei Entwicklungen ungefähr gleichzeitig stattfinden. Pubertät bezeichnet die Entwicklung des Kindes zur Geschlechtsreife, während Adoleszenz weiter greift und auch die soziale Entwicklung mit umfasst. Eine 15-jährige Klientin hat das sehr einfach definiert: „Pubertät ist, wenn die Erwachsenen schwierig werden." Ohne hier darauf im Detail einzugehen ist offensichtlich, dass diese Lebensphase für alle Beteiligten schwierig sein kann. Beratung und Therapie können hier allen Beteiligten einen schützenden Rahmen bieten, um möglichst offen Wünsche und Sorgen auszusprechen.

Ablösung: Die Trennung von den Eltern ist für viele Mädchen eine schwere Zeit, und für ihre Eltern auch. Mädchen wollen frei sein, Eltern machen sich Sorgen, die Konflikte werden oft lautstark oder stumm ausgetragen. Beide Formen sind belastend. Hier können Beratung und Therapie helfen, wie ein Klima für offene Gespräche zu schaffen, das die Klientinnen dann mit nach Hause nehmen können.

Für die Entwicklung der Beziehung zwischen Kindern und Eltern hat Ruth Cohn das Dependenzmodell entwickelt:

Dependenz: das Kind ist für sein Überleben und Leben von der Mutter vollkommen abhängig.

Konterdependenz: mit ungefähr zwei Jahren tritt diese Phase, die oft auch als Trotzphase bezeichnet wird, erstmals ein, wo das Kind auf alles, was die Mutter sagt und will, mit Nein antwortet. Es hat allerdings noch keinen eigenen Willen, es kann nur dagegen sein. (Einige Psychologinnen vermuten hinter diesem Verhalten die Suche nach der bedingungslosen Liebe: Hast du mich auch lieb, wenn ich schlimm bin?)

Interdependenz: Die Eltern werden unwichtig, das Mädchen orientiert sich an den anderen Mädchen, den Peers. Was die haben muss sie auch haben, wie die sind muss sie auch sein, was die tun muss sie auch tun. Die Eltern sind in dieser Phase nur peinlich.

Independenz: Unabhängigkeit. Die junge Frau gestaltet ihr eigenes Leben nach ihren eigenen Werten. Eine Definition für Erwachsensein sagt, dass man als wirklich Erwachsene auch etwas tut, obwohl es die Eltern für richtig halten.

Berufswahl: Die Wahl des passenden Berufswegs ist oft ein wichtiges Thema in der Beratung. Die Methoden für die Prozessbegleitung sind vielfältig, einige davon sind in diesem Buch beschrieben.

Partnerinnenwahl: Auch mit diesem Thema werden Beraterinnen und Therapeutinnen oft konfrontiert, wobei diese Fragestellung weiter zu fassen ist: Wie finde ich eine Partnerin? Wie finde ich die richtige Partnerin? Wie werde ich die offenbar falsche Partnerin wieder los? Was mache ich, wenn meine große Liebe und meine Eltern nicht miteinander können?

Beziehung: wird in einem eigenen Kapitel behandelt

Trennung: wird in einem eigenen Kapitel behandelt

Alter: Die meisten Menschen Erleben den Übergang vom Berufsleben in den so genannten Ruhestand als einen großen Einschnitt in ihrem Leben. Viele kämpfen mit dem Gefühl, nutzlos und wertlos geworden zu sein, vielleicht sogar ihren Lebenssinn und Lebensinhalt verloren zu haben. Ziel von Beratung und Therapie kann hier sein, neue Interessen zu finden, für die es sich lohnt, Energie aufzubringen. Oft ist es auch notwendig, mit den Klientinnen klare Tagesstrukturen zu erarbeiten, damit ihnen die Zeit nicht zwischen den Fingern zerrinnt. Eine Klientin beschrieb das so: „Was ich früher in einer halben Stunde erledigt habe dauert heute einen halben Tag."

In allen Phasen des Lebens können Ereignisse eintreten, die als Belastungen erlebt werden: Unfälle, Verluste aller Art, Verbrechen, Katastrophen. Im Chinesischen wird Krise mit zwei übereinander angeordneten Schriftzeichen dargestellt. Das untere bedeutet Gefahr, das obere Chance. Beratung und Therapie sollten sich, im Sinne von Steve de Shazer, überwiegend auf die Chance konzentrieren.

Thema Trennung

Das Thema Trennung tritt in Beratung und Therapie bezogen auf zwei unterschiedliche Kontexte auf: Beziehung und Beruf. Während die psychische Belastung und der Leidensdruck in beiden Kontexten sehr ähnlich ist, wird in der Gesellschaft ein unterschiedlicher Umgang erwartet. Nach dem Ende einer Beziehung hat man allgemein Verständnis für die Notwendigkeit einer Auszeit, nach Beendigung eines Arbeitsverhältnisses sollte man jedoch möglichst nahtlos in das nächste eintreten, denn beim kommenden Bewerbungsgespräch kommt man in Erklärungsnotstand für die Lücken im Curriculum Vitae. Doch psychisch und emotional gesehen wäre eine solche Auszeit dringend notwendig.

Elisabeth Kübler-Ross beschreibt fünf Phasen nach einer Trennung:

1. **Verleugnung:** es ist nicht wahr, es kann doch nicht wahr sein. Meist wird die Trennung vor Familie, Freundinnen und Bekannten verschwiegen.

2. **Wut:** die Trennung wird zwar bewusst, aber an allem ist die Exfirma beziehungsweise die Expartnerin Schuld. Alle vorwerfbaren Fehler der Vergangenheit werden aufsummiert (und alles Positive ausgeblendet) und es werden Rachepläne geschmiedet. Wichtig für die Zukunft wäre es, die Pläne nicht auszuführen.

3. **Verhandeln:** es werden Versuche unternommen, die Trennung ungeschehen zu machen, mit Versprechungen und Drohungen.

4. **Deprimiertheit:** die letzte Hoffnung ist durch das Scheitern der Verhandlungen verloren gegangen. Tiefe Trauer macht sich breit, auch die Sorge, nie wieder jemanden oder einen Job zu finden. Man hat auf nichts Lust und zieht sich zurück.

5. **Akzeptanz:** es folgt Ernüchterung gepaart mit Erleichterung. Der Weg in eine neue Zukunft ist frei.

Generell sind Trennungen mit Verunsicherung bis zum Zusammenbrechen der Strukturen, die Stabilität und Sicherheit gegeben haben verbunden. Daher ist ein sinnvoller erster Schritt nach der „Erlaubnis", dass die Emotionen der Klientin ok und normal sind, der gemeinsame Aufbau neuer Strukturen und die Planung eines Gesundheitsprogramms. Eine Möglichkeit dazu finden Sie in Form meiner „Psychotherapeutischen Verordnung" im Kapitel Burnout".

Nach dem Ende einer Beziehung hängen viele Klientinnen mit ihren Gedanken an der Expartnerin fest. Sie malen sich aus, wie gut es ihr jetzt geht und wie glücklich sie jetzt mit einer neuen Partnerin ist, die alles bekommt, was man selbst so gerne hätte. Auch Schuldgefühle sind hier häufig und damit verbunden die Überlegungen, was man alles tun könnte, um besser zu werden. Ein Aspekt hilfreicher Beratung und Therapie kann sein, diese Überlegungen in das Reich der Fantasie zu verabschieden und die Aufmerksamkeit der Klientin zu sich selbst und ihrem Wohlbefinden zurückzuholen.

Wenn es um das Ende einer Beziehung geht ist die Angst vor Einsamkeit oft groß. Manche Beraterinnen und Therapeutinnen arbeiten dann in Richtung Finden einer neuen Partnerin, andere in Richtung Aufbau des Selbstwertgefühls auch ohne Beziehung im Sinne von Alice Schwarzer: „Eine Frau ohne Mann ist wie ein Fisch ohne … Fahrrad!"

In jedem Fall kann es hilfreich sein, der Klientin zu helfen, sich auf die schönen Dinge des Lebens zu konzentrieren.

Thema Aggression - Ärger - Wut

Aggression und Ärger sind zwei unterschiedliche Auswirkungen von Wut. In der Aggression wird sie nach außen gerichtet, im Ärger nach innen. Die deutsche Sprache ist hier besonders hilfreich, indem sie ärgern mit einem Reflexivpronomen versieht: ich ärgere mich. Niemand kann das von außen, weil ärgern nur meine persönliche Reaktion ist.

Wut ist im Grunde ungerichtete Energie. Wir entscheiden, meist sehr spontan, was wir mit ihr machen. Wir können sie nach außen richten und aggressiv sein. Wir können sie nach innen richten und uns ärgern. Allerdings sind das nur zwei von vier Möglichkeiten, nämlich die zwei negativen. Es gäbe aber auch zwei positive Möglichkeiten, nach innen etwa etwas lernen oder planen, nach außen endlich aufräumen, den Garten umgraben, Sport machen, um nur spontan einige zu nennen. Die positiven Nutzungen sind jedoch sehr individuell und deshalb Thema der Beratung oder Therapie. Da unsere Klientinnen diese vier Möglichkeiten oft nicht kennen, kann die erste Aufgabe der Beraterin oder Therapeutin darin bestehen, die Klientin darüber zu informieren und sie vielleicht als erste Hausaufgabe auf die Suche nach solchen positiven Möglichkeiten zu schicken.

In meiner Tätigkeit fand ich zwei Geschichten sehr hilfreich. Nelson Mandela verbrachte 29 Jahre im Gefängnis bevor er befreit und bald darauf zum Präsidenten von Südafrika gewählt wurde. Auf die Frage eines Reporters, ob er sich nicht darüber geärgert habe, eingesperrt zu sein, war seine Antwort: „Nein. Wenn ich mich ärgere, dann ist das so, als würde ich Gift trinken damit mein Feind stirbt."

Die zweite Geschichte betrifft den Dalai-Lama. Anlässlich eines runden Geburtstages brachte die BBC eine einstündige Sendung zu seinen Ehren mit kleinen Filmeinspielungen aus seinem Leben, darunter auch von der Flucht nach Indien und den Gräueln der chinesischen Armee in Tibet. Am Ende fragte der Interviewer, ob er nach allem, was sie ihm, seinem Volk und seinem Land angetan hätten, die Chinesen nicht hasse. Seine Antwort: „Wem würde das etwas nützen? Wenn ich die Chinesen hasse ist nur mein Herz erfüllt von Hass und ich kann niemandem mehr Liebe geben. Und den Chinesen ist es gleich, ob ich sie liebe oder hasse."

Das Ziel jeder Beratung und Therapie zu diesem Thema liegt in der Begleitung der Klientinnen zu einer positiven Nutzung dieser wunderbaren Energie.

Thema Depression

Depression gilt in unserer Zeit als eine der Volkskrankheiten. Aus meiner Sicht wird sie in vielen Fällen viel zu rasch diagnostiziert. Ein extremes Beispiel erlebte ich während meines Praktikums in der Kummernummer 1995.

Eine Frau ruft an. Sie macht sich solche Sorgen um ihren Sohn. Er ist 17 Jahre alt und hat eine Depression. Er sperrt sich in seinem Zimmer ein, das er total abdunkelt und will nichts essen und mit niemand reden. Woher sie weiß, dass er eine Depression hat? Sie war mit ihm bei einem Psychiater, der hat ihm diese Diagnose gegeben und auch Medikamente verschrieben. Ob es denn ein Ereignis gegeben habe, das diese Depression ausgelöst haben könnte? Ja natürlich! Seine Freundin habe mit ihm Schluss gemacht! Wann das gewesen wäre? Vor vier Tagen.

Mein Respekt vor der Kompetenz der Fachärztinnen für Psychiatrie legt mir die Annahme nahe, dass es sich bei den verschriebenen Medikamenten um Placebos handelte und dass die Diagnose hauptsächlich zur Beruhigung der Mutter diente. Die Frage ist, ob ein junger Mensch nach einer Trennung traurig sein und diese Emotion ausleben darf oder nicht.

Zu jedem Leben gehören Phasen der Freude und Phasen der Traurigkeit, die Hochs und die Tiefs. Daher besteht die Aufgabe von Beraterinnen und Therapeutinnen darin, die „Depression" als Phase der Traurigkeit ein Stück weit zu normalisieren und die Klientinnen dabei zu unterstützen, wieder Freude in ihr Leben zu holen.

Bei Klientinnen mit Depression hat es sich auch als nützlich erwiesen, Humor in die Beratung zu bringen. Spätestens nach dem ersten Lachen, das die Klientin zeigt, könnte die Beraterin, in Anlehnung an Gunther Schmidt, sagen: „Ich habe jetzt eine Zwickmühle. Einerseits sagen Sie mir, dass Sie eine Depression haben, und ich habe keinen Grund, an Ihren Worten zu zweifeln. Andererseits haben Sie gerade etwas getan, was ein Mensch mit einer Depression absolut nicht kann: Sie haben gelacht. Was nun?"

Thema Angst

Angst ist ein Thema, mit dem sehr viele Klientinnen in Beratung und Therapie kommen. Oft schämen sie sich dieses Themas, weil sie es für kindlich halten. Einige Kolleginnen definieren deshalb schon sehr früh Angst als ein Symptom für Intelligenz, indem sie sagen, dass nur kluge Menschen Angst kennen.

Angst als Wort kommt vom lateinischen angustia für Enge, Einengung. Das beschreibt sehr gut, wie sich viele Menschen fühlen, wenn sie Angst haben. Sie fühlen sich eingeengt, bekommen kaum Luft und haben auch eine eingeengte Wahrnehmung. Leider blendet diese bevorzugt Ressourcen aus. Oft kommt das Gefühl, keine Luft zu bekommen daher, dass die Lunge schon zu voll ist. Hier hilft zunächst bewusstes Ausatmen.

Dem vorherrschenden Impuls der Klientinnen, die Angst am liebsten loswerden zu wollen, wirkt die erste Definition meiner Kolleginnen schon recht wirksam entgegen. Hilfreich sind auch einfache körperbezogene Tipps wie das Öffnen des Brustkorbs durch Ausbreiten der Arme und Aufrichten der Haltung. Sehr nützlich finde ich auch die Metapher Ampel. Hier wird die Angst verglichen mit einer gelb blinkenden Ampel an einer nächtlichen Kreuzung. Deren Botschaft ist klar: schau genau rundum, ob es gefährlich ist, und wenn nicht kannst du beruhigt vorwärts gehen. Wie geht es unserer Klientin mit ihrer Angst, wenn sie dieser die gleiche Warnung „in den Mund legt"? Ist sie dann noch immer bedrohlich? Kann sie bei diesem genauen Schauen rundum auch ihre Ressourcen sehen?

Beraterinnen und Therapeutinnen können ihren Klientinnen helfen, ihre Angst anzunehmen und für sich zu nützen. Eine besonders effektive Methode für den Umgang mit Angst bietet der systemisch-narrative Ansatz. Sie heißt Externalisieren. Die Klientin stellt ihre Angst aus sich heraus, gleichsam als eine eigene Person und tritt mit ihr in freundlichen Kontakt durch einen wertschätzenden Dialog.

Beim Externalisieren können Fragen nach dem Aussehen, dem Geschlecht, vielleicht einem Namen, weiters Vorlieben und auch Befürchtungen dessen, was die Klientin als „Angst" bezeichnet, hilfreich sein. In einem weiteren Schritt könnte diesem Wesen außerhalb eine positive Absicht für das Wohl der Klientin unterstellt werden, was einen Dialog über deren Sinnhaftigkeit einerseits, aber auch die Sinnhaftigkeit der angewandten Methoden andererseits ermöglicht. Abschlie0end könnte die Klientin mit ihrer „Angst" Vereinbarungen treffen.

> Meine sehr erfolgreiche Kollegin Carla Dupré berichtete mir unlängst voll Freude über eine ihrer Klientinnen, die erzählte, sie habe ihre Angst um die Ecke kommen sehen und ihr gesagt: „Nicht jetzt!"

So ungefähr kann man sich einen gelungenen Umgang mit der eigenen Angst vorstellen, besonders, wenn man akzeptiert hat, dass das Ziel niemals sein sollte, die Angst loszuwerden.

Thema Panikattacken

Manche Klientinnen klagen über Panikattacken. Diese überfallen sie plötzlich und ohne ersichtlichen äußeren Anlass. In der Regel halten sie nicht lange an, doch können sie sehr heftig sein, bis hin zur Panik, sterben zu müssen. Oft haben Klientinnen in der Panikattacke das Gefühl, in einem Teufelskreis zu sein. Gerald Stiehler hat diesen grafisch dargestellt:

Innerhalb des Kreises sind die wesentlichen Symptome der Panikattacke aufgelistet. Der Vorteil eines Kreises liegt darin, dass es egal ist, wo man ihn durchbricht. Danach ist er durchbrochen.

Ein oft gewählter Zugang besteht darin, die Klientin zu fragen, wie alt sie sich während der Panikattacke fühlt. In vielen Fällen kommt eine Angabe aus der Kindheit. Die nächste Frage ist: „Was hätte sich dieses Kind von einer Person ihres heutigen Alters, wenn diese dabei gewesen wäre, gewünscht?" Wenn hier eine konkrete Antwort kommt kann die Beratung oder Therapie in die Richtung weitergehen, wie sich die Klientin das Gewünschte in der Paniksituation selbst geben könnte.

Eine Klientin, die diese Methode sehr erfolgreich für sich umgesetzt hatte, berichtet von einem Vorfall, wo sie ihr Baby im Kinderwagen über eine Brücke schob und das Herankommen einer Panikattacke merkte. Sie fixierte den Kinderwagen, blieb mitten auf der Brücke stehen, schlang beide Arme um sich und murmelte: „Es ist alles gut, kleine Susi! Ich hab' dich lieb!" Danach breitete sie ihre Arme aus, atmete zunächst tief aus und dann ein und die Panikattacke war vorbei.

Dieses tiefe Ausatmen hat mit der Erkenntnis zu tun, dass Klientinnen während einer Panikattacke oft das Gefühl haben, keine Luft zu bekommen, was jedoch daran liegt, dass ihre Lungen schon voll sind. Deshalb sollten solche Atemübungen mit dem Ausatmen beginnen. Das Ausbreiten der Arme ist die Gegenbewegung zur Einengung durch die Angst.

Thema Sexualität

Das Thema Sexualität gehört trotz der sexuellen Revolution des vergangenen Jahrhunderts noch immer zu den Tabuthemen unserer Gesellschaft. Das zeigt sich schon darin, dass es für Genitalien und sexuelle Aktivitäten in keiner der gängigen Kultursprachen positiv besetzte Begriffe gibt. Man kann über diese Dinge medizinisch sprechen (Vagina, Vulva, Penis, …), oder juristisch (Beischlaf, Nötigung, Vergewaltigung, unsittliche Berührung, „die Scham", …), vulgär (Fotze, Pimmel, Ficken, …), kindlich (Mumu, Luli, Spatzi, …), mit Blümchen und Tierchen (Muschi, Schwanz, Schnecke …), verniedlichend und scheinerwachsen (Kuscheln, Schniedel, Liebe machen, …) oder auch in Fremdsprachen (dick, cunt, fuck, coucher, baiser, fare l'amore, ..) bis zu esoterisch besetzten Begriffen (Yoni, Lingam, Bashra, …).

Der erste Schritt einer Sexualberatung sollte daher darin bestehen, die Sprache der Klientinnen kennenzulernen und respektvoll anzunehmen. Das ist ein wichtiger Schritt. Zum einen ist er ein Zeichen der Wertschätzung für die Klientinnen, zum anderen ist er die Basis, das Vokabular für die weitere Arbeit, weil Sprache das Medium der Beratung ist.

Vielen Klientinnen und Paaren fällt es jedoch überhaupt schwer, über Sexualität und ganz besonders über Aspekte davon, die als problematisch erlebt werden, zu reden. Dahinter stehen einerseits die Scham, mit der diese Themen in unserer Gesellschaft nach wie vor besetzt sind, und andererseits die durch die Medien und die inzwischen leicht zugängliche Pornographie verbreiteten vorgeblichen Normen, welchen die wenigsten Menschen entsprechen können, worauf sie oft mit der Annahme, unzulänglich oder nicht normal zu sein reagieren, was ihre Scham weiter verstärkt. Dazu kommt als weiterer Stolperstein, dass es gerade im Bereich der Sexualität noch immer viele Mythen gibt.

Ein solches Mythenpaar ist besonders verbreitet, nämlich die Vorstellung, dass ein Paar dann guten Sex haben kann, wenn die Beziehung gut ist gegenüber der Denkweise, dass ein Paar eine gute Beziehung haben kann, wenn der Sex gut ist. Oft finden sich diese zwei Mythen innerhalb eines Paares unterschiedlich verteilt, woraus sich schon grundlegende Konflikte ergeben. Umgekehrt ist Sexualität auch eine Spielfläche für die Austragung anderer Konflikte in der Beziehung.

Der Innsbrucker Sexualmediziner Kurt Loewit betrachtet als Grundlage jedes Gesprächs über Sexualität eine „lustvolle Komplizenschaft". Diese herzustellen ist eine Aufgabe der Beraterin.

Während Klientinnen oft darüber klagen, dass Geschlechtsorgane nicht so funktionieren, wie sie es gerne hätten, kann dahinter meist ein Mangel an Lust auf sexuelle Aktivität oder eine bestimmte Form sexueller Aktivität stehen. Mit diesem Thema der Appetenz hat sich die Wiener Forscherin Helen Singer Kaplan ausführlich beschäftigt, nachdem sie beobachtete, dass vielen ihrer Klientinnen die rein auf Funktionalität ausgerichteten Interventionen von Masters und Johnson nicht halfen. In jedem Fall bewährt es sich, bei als schwerwiegend erlebten Unzufriedenheiten den Klientinnen auch eine medizinische Abklärung zu empfehlen.

Manchmal genügt jedoch auch die Kreativität der Beraterin: ein Paar klagte darüber, dass der Sexualakt beim Mann schon zu einem Höhepunkt in Form eines Samenergusses gelangt war als die Frau von ihrem Höhepunkt noch weit entfernt war. Der medizinische Fachbegriff dafür lautet ejaculatio praecox und gilt als sexuelle Störung, für die es auch spezielle Medikamente gibt. Der Mann war ganz bedrückt ob seiner sexuellen „Krankheit". Die Beraterin fragte, ob das denn bei ihm immer so schnell gehe, worauf er meinte: „Nein, nur beim ersten Mal." Ich überlasse es der Leserin, sich die Vielfalt der sich daraus ergebenden Möglichkeiten für das Paar für ein erfülltes und beiderseits beglückendes Sexualleben vorzustellen und auszumalen. Das Paar jedenfalls hat seine Lösungen gefunden, und als kleiner Nebeneffekt war der Mann plötzlich wieder gesund.

Es gibt Beraterinnen und Therapeutinnen, die sich auf das Thema Sexualität spezialisieren.

Thema sexuelle Gewalt

Bei diesem Thema kommen zwei Tabus unserer Gesellschaft zusammen, nämlich Sexualität und Gewalt. Die häufigste Form sexueller Gewalt, die der Öffentlichkeit bekannt wird, ist die Vergewaltigung. In den Medien werden die Geschichten genüsslich für das breite Publikum auf- und ausgebreitet, möglichst mit recht vielen intimen Details. Das Opfer soll gefälligst Auskunft geben und die Neugier der Leserschaft befriedigen. So findet mit den Worten von Rotraud Perner in einem Parallelprozess eine zweite Vergewaltigung statt. Der Täter befriedigte an der Frau seine sexuelle Gier, die Medien befriedigen an ihr ihre Neugier.

Wenn eine Beraterin oder Therapeutin rechtzeitig involviert ist, kann es als ihre erste Aufgabe gelten, ihre Klientin vor dieser Wiederholung von Gewalt zu schützen.

Sobald wie möglich sollte dann die Umbenennung der Klientin vom Opfer zur Überlebenden erfolgen, und zwar sowohl öffentlich als auch intern. Sie musste in der Situation der Gewalt auch um ihr Leben fürchten und hat somit eine lebensgefährliche Situation überlebt. Im gesellschaftlichen Umgang ist es üblich, Opfern auch Vorwürfe zu machen und aus der Sicherheit des Hinterher zu fragen, warum es das oder das und nicht das oder das gemacht hat.

Aus Südamerika ist ein Fall überliefert, wo der Verteidiger in einem Vergewaltigungsprozess das Opfer im Zeugenstand freundlich aufforderte, in die Nadel, die er in einer

Hand hielt und wild hin und her bewegte, einen Faden einzuführen, als Metapher für das Eindringen des Angeklagten in das Opfer. Die Zeugin nahm freundlich seine Hand, zog plötzlich die Waffe des Gerichtsdieners, richtete sie auf den Anwalt und forderte nunmehr freundlich ihn auf, selbst den Faden einzufädeln. Sie bekam zwar eine Ordnungsstrafe wegen der Waffe, doch der Angeklagte wurde verurteilt. Den Wahrheitsgehalt dieser Geschichte konnte ich leider nicht überprüfen.

Überlebende hingegen sind Heldinnen. Ihr gesamtes Verhalten ist legitimiert durch den Umstand, dass sie überlebt haben. Diese Legitimation ist für unsere Klientinnen von großer Wichtigkeit. Sie haben eine Situation erlebt, in der sie hilflos der Willkür einer anderen Person ausgeliefert waren. Ihr Gefühl von Sicherheit und Selbstsicherheit bedarf des Neuaufbaus, und sie benötigen Strategien für den Umgang mit den Flashbacks, in welchen sie wieder in der furchtbaren Situation zu sein glauben. Dazu kann die Einordnung des Erlebnisses in die Biografie als ein Puzzlestein unter vielen hilfreich sein, mit dem Vermerk darauf: Vergangenheit, überlebt.

In diesem Sinne geht es auch darum, dass sich die Klientin bewusst anders definiert als über diese Episode in Ihrem Leben. Wer ist sie wirklich? Wo liegen Ihre Stärken und Interessen? Wie wird sie diese nunmehr intensiver denn je verfolgen?

Erst in weiterer Folge kommt ein weiteres Thema: die Entwicklung eines neuen Zugangs zur Sexualität. Wie überall gibt besonders hier die Klientin das Tempo und die Inhalte vor. Manchmal geht es dabei auch um eine Versöhnung mit dem eigenen Körper. Klientinnen berichten über die große Scham und Wut, die sie darüber empfinden, dass sie in der Situation der Gewalt das Gefühl hatten, als hätte sich ihr eigener Körper mit dem Täter und damit gegen sie verbündet. Als solche Körperreaktionen nennen sie das Feuchtwerden ihrer Scheide und Schauer der Erregung bis sogar bisweilen zum Orgasmus. Oft gelingt es in einer Therapie – dieser Bereich geht meines Erachtens über den Bereich der Beratung hinaus – diese Reaktionen des Körpers als Schutzreaktionen für das Überleben der Klientin zu verstehen, den Körper so besser zu würdigen und ihm schließlich vielleicht sogar dafür zu danken. Doch das ist ein längerer Prozess, bis dem rationalen Verstehen auch eine emotionale Integration entspricht.

Manche Klientinnen reagieren auf solche Erlebnisse auch mit extremer Promiskuität bis hin zur Prostitution. Oft steht dahinter ein Gefühl der Entwertung des Körpers und damit ihrer selbst durch das Erlebte. Hier neuen Selbstwert aufzubauen ist ein langwieriger Prozess und erfordert vor allem die Verlagerung des Schwerpunktes der Betrachtung auf die anderen Aspekte der Person als ihre Sexualität.

Laut letzten statistischen Untersuchungen erholt sich nach dem Erleben sexueller Gewalt lediglich ein Viertel der Betroffenen ohne therapeutische Hilfe.

Ein besonderes Kapitel der sexuellen Gewalt betrifft Kinder und Jugendliche. Hier spricht man von Missbrauch. Dieser Begriff impliziert jedoch, dass es auch einen legitimen Gebrauch von Kindern und Jugendlichen gibt, doch existiert nichts in der Art. Damit ist der Begriff Missbrauch entlarvt als ein beschönigendes Wort, um zu vermeiden, von sexueller Gewalt gegen Kinder und Jugendliche zu reden und zu schreiben. Beraterinnen und Therapeutinnen sollten deshalb diesen Begriff ablehnen.

Es liegt auf der Hand, dass Beratung und Therapie in diesem Bereich viele Parallelen zum Thema Trauma haben.

Ich finde es besonders wichtig, dass Personen im Umfeld von Kindern, die sexuelle Gewalt erlitten haben, mit ihrer Sprache bewusst umgehen. Anlässlich des Jubiläums einer Institution, die sich auf diesem Gebiet sehr große Verdienste erworben hat hielt ein prominenter Psychiater einen Vortrag. Er betonte die Wichtigkeit der Aufmerksamkeit von Kindergartenpädagoginnen in diesem Bereich und sprach dabei - in bester Absicht - von „verdächtigen Kindern".

Thema Trauma

Das Wort Trauma bezeichnet auf Griechisch eine Wunde, in unserem Sinn eine seelische Wunde, die meist durch eine psychische Verletzung, ein traumatisierendes Ereignis, hervorgerufen wird.

Traumatisierend wirken drei Arten von Bedrohungen, die als gleichermaßen bedrohlich erlebt werden:

Bedrohung des Lebens: Naturkatastrophen, Krieg, Kampfeinsatz, Folter, Vertreibung, terroristischer Anschlag, sexuelle Gewalt, Raubüberfall, Einbruch in Anwesenheit.

Bedrohung der körperlichen Unversehrtheit: Unfall mit drohenden ernsthaften Verletzungen, schwerwiegende medizinische Eingriffe, sexueller Angriff, sexualisierte Gewalt, lebensbedrohliche Krankheiten (auch in der Kindheit), ausgeprägte körperliche Vernachlässigung in der Kindheit.

Bedrohung des Selbstwerts: schwere persönliche Angriffe, Spott, Schmähungen, lang andauernde Manipulation, Mobbing, emotionale Täuschung, Verrat von Freundinnen, Ausgrenzung, Vernachlässigung, körperliche Züchtigung, Verlusterlebnisse (Scheidung, Trennung, Verlust einer geliebten Person, Tod der Partnerin, der Eltern, der Großeltern, Verlust der eigenen Kinder, Tod eines geliebten Tieres), Einbruch in Abwesenheit.

Des Weiteren können auch indirekte Erlebnisse traumatisierend wirken: Konfrontation mit Traumafolgen als Helferin, Beobachtung des (gewaltsamen) Todes anderer, Szenen in Filmen.

Nach Folter erholt sich fast niemand von allein. Auch bei den anderen Traumata ist meist Begleitung, Beratung und Therapie zu empfehlen.

Ähnlich wie bei Personen, die sexuelle Gewalt überlebt haben ist auch bei traumatisierten Personen der Übergang von der Bezeichnung als Opfer zum Selbstverständnis als Überlebende hilfreich. Die Bedeutung dieser Unterscheidung ist im Kapitel über sexuelle Gewalt beschrieben.

Der nächste Schritt sollte die Integration in die Biografie sein. Das traumatisierende Erlebnis ist eines von vielen Erlebnissen, und zwar wichtig, doch nicht so viel wichtiger als viele andere Erlebnisse. Und gemeinsam mit diesen liegt es in der Vergangenheit. Dorthin gehören auch die Gefühle, die hochkommen.

Auch hier geht es in Beratung und Therapie um die Selbstdefinition der Klientin unabhängig vom Trauma. Schließlich definiert man sich ja auch nicht als Blinddarmoperierte oder Hüftimplantierte.

Thema Sucht

Es gibt zwei gängige etymologische Erklärungen des Wortes Sucht. Die eine sieht die mitteldeutschen Wurzeln in siech für krank, die andere in sucht für suchen. Wenn man die zweite Deutung zugrunde legt kommt man zu dem Schluss, dass die Klientinnen etwas suchten, um tief liegende und würdigenswerte Bedürfnisse zu erfüllen, und auf dieser Suche auch etwas gefunden haben, was ihnen zumindest zum Teil oder auch nur zum Schein einen Teil dieser Bedürfnisse erfüllt, jedoch mit sehr belastenden Nebenwirkungen für die Klientin selbst und für ihre Umwelt.

Daher zielt eine sinnvolle Therapie auf die Aufdeckung dieser zugrundeliegenden Bedürfnisse ab, um dann nach gesunden Wegen für deren Erfüllung zu suchen. Eine Entwöhnung von den Substanzen, die ja selbst schon Ersatzcharakter haben, ist im Lichte dieser Betrachtungen eher zwecklos. Das tiefliegende Bedürfnis bleibt unbefriedigt.

Die Beratung und Therapie in diesem Themenbereich gestalten sich oft schwierig, weil man nie weiß, ob einem die Person oder die Droge gegenübersitzt. Zudem gewinnen oft die Drogen und das Bedürfnis nach ihnen so starke Kontrolle über die Klientinnen, dass die Sorge, wo und wann sie die nächste Ration bekommt ihre Gedanken beherrschen (Craving) und rationale Gespräche verhindern.

Im Umfeld der Sucht gibt es auch das Phänomen der Ko-Abhängigkeit. Verwandte und Freundinnen sind im Strudel der Sucht der Klientin gefangen. Sie versuchen ihr zu helfen und stützen dabei unbewusst deren Sucht.

Wenn es gelingt, mit den Klientinnen in eine tragfähige Beziehung zu kommen, gilt es zunächst, gemeinsam mit der Klientin lohnende Ziele für die Beratung oder Therapie zu entwickeln, die mit dem Thema des Suchtverhaltens in keinem Zusammenhang stehen, weil beispielsweise Nicht-Trinken im psychischen Wahrnehmungssinn ja doch Trinken bedeutet. Es geht ferner auch um die Suche nach einer Neudefinition der Identität der Klientin, ebenfalls fernab vom Suchtthema.

Thema Burn Out

Eine der häufigsten Ursachen für Beratung und Psychotherapie für Klientinnen aus dem Arbeitsleben ist Burn Out. Einige sind dabei schon in ein Stadium geraten, in welchem sie stationär in psychiatrische Krankenhäuser aufgenommen worden sind und auf Grund ihrer Symptome die Diagnose „Depression" bekommen haben.

Burn Out ist die umgangssprachliche Bezeichnung für ein Syndrom, also ein Zusammentreffen bestimmter psychischer und körperlicher Phänomene. Die Bezeichnung stammt von dem amerikanischen Psychoanalytiker Herbert Freudenberger, der die Symptome 1974 beschrieb.

Ein zentrales Problem mit Burn Out besteht darin, dass dieser Begriff doppelsinnig verwendet wird. Einerseits wird mit diesem Wort ein Zustand beschrieben und andererseits der Weg dorthin. Inzwischen ist bekannt, dass es auch andere Wege gibt, die zu dem gleichen Zustandsbild führen. Dieser Zustand heißt „Voidness", wörtlich übersetzt „Leere" oder „Leersein".

Voidness wird beschrieben als Zustand völliger Antriebslosigkeit, Apathie und Lustlosigkeit. Diese Kombination legt die Diagnose „Depression" nahe, doch gibt es zusätzliche Komponenten. Ein Abgleiten in diesen Zustand wird nämlich oft als eigenes Versagen und eigene Schwäche interpretiert. Klientinnen klagen oft über gedrückte Stimmung, Interesselosigkeit, Freudlosigkeit, auch bei sonst angenehmen Ereignissen,

Schwunglosigkeit, bleierne Müdigkeit, innere Unruhe, Humor-
losigkeit, Fehlen des Selbstvertrauens und des Selbstwertgefühls, verminderte Konzentrationsfähigkeit, starke Neigung
zum Grübeln, Unsicherheit beim Treffen von Entscheidungen,
starke Schuldgefühle, vermehrte Selbstkritik, negative
Zukunftsgedanken, Hoffnungslosigkeit, Schlafstörungen, ver-
minderten Appetit, tiefe Verzweiflung und Todesgedanken.

Der Burn Out Prozess

Herbert Freudenberger hat eine Entwicklung von Burn Out in
12 Stadien beschrieben. Diese werden heute allgemein verwendet und oft in Form einer Uhr dargestellt.

Stadium 1

Sie haben einen Beruf, dem Sie sehr gerne und mit großem
Engagement nachgehen.

Stadium 2

Sie lesen viel Berufsspezifisches, Sie besuchen Workshops
und Seminare am Wochenende und tun alles, um erfolgreich
zu sein. Ihre Vorgesetzten honorieren diese Leistungen und Sie
bekommen mehr und auch verantwortungsvollere Aufgaben
übertragen.

Stadium 3

Die Arbeit nimmt Sie gedanklich und zeitlich immer mehr in
Anspruch, der Kontakt zur Familie und zu Freunden wird parallel dazu immer weniger. Ihre Umwelt versteht und akzeptiert
dieses Verhalten jedoch, weil es mit den Erfordernissen und
Anforderungen Ihres Berufs zusammenhängt.

Stadium 4

Sie verlieren allmählich an Energie. Konflikten gehen Sie aus dem Weg und Sie werden sanft. Langsam verändert sich Ihr soziales Umfeld. Am wichtigsten ist Ihnen die Anerkennung aus dem beruflichen Umfeld. Wenn diese ausbleibt strengen Sie sich noch mehr an. Sie verzichten auf Freizeit und Urlaub, nehmen immer öfter Arbeit mit nach Hause.

Stadium 5

Ihr eigenes Wertesystem verändert sich. Das höchste Ziel ist, Leistung zu erbringen – und das tun Sie nun auch in der Freizeit. Die Wochenenden werden zu ganz normalen Arbeitstagen. Offenbar sind die anderen unfähig, den „Ernst der Lage" zu erkennen. Sie fühlen sich zunehmend für das Wohlergehen der Organisation verantwortlich. Aufforderungen, es doch langsamer anzugehen interpretieren Sie als Drohung oder Sie lächeln milde über diesen „naiven" Gedanken.

Stadium 6

Ihr Körper beginnt sich zu regen und sendet erste starke Warnsignale. Das sind etwa ständige Müdigkeit oder Migräne. Sie behalten Ihr Leistungsniveau und den Anspruch dennoch bei und verdrängen körperliche Probleme. Viele dieser Symptome lassen sich mit Tabletten besänftigen und vorübergehend in den Hintergrund drängen. Sie sind überzeugt, dass alle anderen unfähig und Sie unersetzbar sind.

Stadium 7

Sie spüren, dass Sie nicht mehr so intensiv arbeiten können, wie Sie es wünschen. Sie bemerken den Leistungsabfall und das löst für Sie eine Krise aus. Ein Nervenzusammenbruch ist möglich.

Sie ziehen sich immer noch weiter zurück. Es beginnt sich eine gewisse Apathie aufzubauen.

Stadium 8

Sie versuchen, sich Alternativen aufzubauen, Sie vermeiden die soziale Nähe zu anderen Menschen. Ein Merkmal ist, dass Sie zu Zeiten arbeiten, in denen Sie anderen Menschen möglichst selten begegnen. Von Ihrer beruflichen Tätigkeit sind Sie regelrecht besessen.

Stadium 9

In dieser Phase sind Sie eigentlich nicht mehr arbeitsfähig. Sie haben bereits ein schweres Burn-Out-Syndrom, das sich in depressivem Verhalten zeigt. Ein Privatleben existiert nicht mehr. Das Syndrom ist bereits sehr bedrohlich und ein Auffangnetz ist dringend nötig.

Stadium 10

Sie werden wach und sind nicht mehr in der Lage aufzustehen. Sie wirken teilnahmslos. Die Situation ist heikel und es wären dringend Menschen vonnöten, die anwesend sind und sich um Sie kümmern

Stadium 11

Die verschiedenen Anzeichen einer depressiven Phase sind – für Außenstehende – unübersehbar. Dazu kommt eine negative Einstellung zum Leben und Hoffnungslosigkeit. Der Wunsch nach Dauerschlaf und existenzielle Verzweiflung bis hin zu Selbstmordgedanken treten vermehrt auf.

Stadium 12

Diese Phase erreichen nur wenige. Kennzeichen dafür sind lebensgefährliche geistige, körperliche und emotionale Erschöpfung. Das Immunsystem ist angegriffen und es besteht Selbstmordgefahr.

Der beste Weg aus dem Burn Out ist, gar nicht erst hineinzukommen. Dazu hilft eine regelmäßige Standortbestimmung mittels Supervision oder Coaching, ein geregelter Lebensstil mit ausgewogener Freizeit und körperlicher Aktivität.

Burn Out wird meist erst in Phase 10 erkannt. Ein totaler Ausstieg aus dem Berufsleben ist dann unumgänglich. Die Rekonvaleszenz dauert im Durchschnitt 6 bis 9 Monate.

Der Drain Out Prozess

Drain Out ist ein anderer Weg zur Voidness. Während am Beginn von Burn Out die Begeisterung für eine Arbeit, eine Aufgabe, eine Sache steht, ist Drain Out durch den permanenten Kampf ums Überleben gekennzeichnet.

Das ist unabhängig von der Attraktivität der Arbeitsaufgaben. Es ist die Menge und die Existenzangst, die den Unterschied ausmachen. Das beginnt bei Menschen, die aus Angst, gekündigt zu werden auch als Kranke zur Arbeit gehen, und geht bis zu Kleinunternehmerinnen, die alle Aufträge annehmen, um ihr Auslangen zu finden. In der Mitte steht die Frau an der Kasse im Supermarkt, die nebenher noch putzen geht, um ihre Kinder und den arbeitslosen Mann (und vielleicht auch noch dessen Alkoholismus oder Spielsucht) zu erhalten, Lebensmittel zu besorgen und die Miete zu zahlen.

Die Symptome treten allmählich auf und werden immer stärker. Sie werden mit allen möglichen Mitteln unterdrückt, wobei die meisten dieser Mittel eher das Problem verstärken als lindern. Wenn zwar gute Medikamente genommen werden, der Körper aber nicht geschont, sondern zusätzlich belastet wird ist das eher schädlich als nützlich. Wenn dann noch zu viel gegessen, getrunken und geraucht wird („man gönnt sich ja sonst nichts!") verstärkt dieses Verhalten die Symptome weiter.

Natürlich wäre auch hier der ideale Ausweg eine längere Auszeit mit Erholung und Neuorientierung, doch wird dieser Weg in den seltensten Fällen gangbar sein. Ziel einer Beratung in diesen Fällen ist eher die Hilfe zur Schaffung kleiner Energieinseln und zur Entwicklung einer weniger belastenden Lebensweise. Manchmal hilft auch die Fähigkeit, sich gegen überbordende Anforderungen der Umwelt abzugrenzen. Es geht also um kleine Schritte.

Der Burn Off Prozess

Auch am Beginn von Burn Off steht wie beim Burn Out die Begeisterung für eine Arbeit, eine Aufgabe, eine Sache, doch wirkt hier absoluter Leistungsdruck gepaart mit brutalem Wettbewerb als treibende Kraft.

Unter den Maximen: „Was uns nicht umbringt macht uns hart!" und „Nur die Härtesten kommen durch!" werden Mitarbeiterinnen psychisch unter Druck gesetzt und über deren Grenzen hinaus angetrieben, oft bis zum Zusammenbruch.

Dahinter steckt Methode. Die Unternehmen versorgen sich auf einem überbordenden Markt mit neuen Arbeitskräften, pressen sie aus und werfen sie dann wieder hinaus. Das Ganze läuft dann noch unter der Devise des offenen Wettbewerbs und mit dem Versprechen toller Dauerjobs, wenn man erst mal die Phase der Bewährung erfolgreich bewältigt hat. Wenn man es dann nicht schafft (weil es nicht zu schaffen ist) bekommt man einen freundlichen Händedruck und darf als Verliererin das Weite suchen.

Burn Off ist das – meist bewusste und beabsichtigte – Abfackeln von Mitarbeiterinnen. Sie werden gepusht bis sie kaputt sind und dann wie Asche auf den Müll geworfen. Man erkennt solche Firmen unter anderem daran, dass sie permanent auf der Suche nach einem ganz speziellen Typus von Mitarbeiterinnen sind. Beispielsweise suchen einige dieser Firmen Studentinnen, die ihr Studium unter oder in der Mindestdauer mit Bestnoten absolviert und keine Praxiserfahrung haben.

Die Auserwählten werden in unternehmenseigenen Ausbildungen für ihre speziellen Aufgaben ausgebildet und indoktriniert, bevor sie in kleinen Gruppen losgeschickt werden. Die Ausbildung ist eine Art Gehirnwäsche. Die Absolventinnen sind meist identisch gekleidet und sehen aus wie Klone. Der Vergleich zu Sekten drängt sich auf.

Am besten wäre es, rechtzeitig vor solchen Firmen zu warnen und gar nicht erst hinzugehen. Danach braucht man eine längere Auszeit zur Neuorientierung unter psychologischer Betreuung. Meist gelingt es den Betroffenen nicht, die Methode hinter dem Geschehen zu durchschauen. Wenn sie die Diktion der Firma übernehmen interpretieren sie das Geschehen als persönliches Scheitern und Beweis für die eigene Inkompetenz.

Eine meiner Klientinnen formulierte es so: „Viel zu spät erkannte ich, dass die angebotene Karriereleiter lediglich ein Hamsterrad war."

Der Bore Out Prozess

Bore Out ist fast so bekannt wie Burn Out und ebenso tückisch in seinen Auswirkungen. Während am Beginn von Burn Out die Begeisterung für eine Arbeit, eine Aufgabe, eine Sache steht, die wächst und den Menschen verzehrt, ist Bore Out durch das „Erlöschen der Flamme" gekennzeichnet. Menschen im Bore Out langweilen sich „zu Tode".

Oft handelt es sich bei diesen Menschen um ursprünglich engagierte Mitarbeiterinnen, die im Laufe ihres Berufslebens demotiviert worden sind. Das kann auf verschiedene Arten geschehen sein: sie bekamen nicht die notwendigen Schulungen, sie wurden bei Beförderungen übergangen, sie wurden aus ihrer Sicht ungerecht behandelt, ihre Ideen und Arbeiten wurden niedergemacht. Irgendwann bekamen sie Aufgaben, die weit unter ihren intellektuellen Fähigkeiten lagen und deren Wichtigkeit fragwürdig war.

Meist dümpeln sie dahin und langweilen sich, viele ergehen sich in Selbstmitleid und Kritik an allem und jedem. Eigentlich könnten und wüssten sie alles besser, aber sie werden ja nicht gefragt.

Schleichend macht sich ein Nebeneffekt bemerkbar: ihre ehemaligen Fähigkeiten gehen durch Mangel an Nutzung verloren.

Selbst wenn sie wollten – sie könnten nicht mehr. In vielen Firmen und Verwaltungen klagt man über sie, besonders wenn man sie nicht kündigen kann, und vergisst dabei, dass man einen kräftigen Beitrag dazu geleistet hat, dass diese Menschen so geworden sind wie sie sind.

Unterforderung führt mit der Zeit zu den gleichen Symptomen wie Überforderung. Es zeigen sich immer mehr Krankheiten des Körpers und der Seele.

Hier kann man an mehreren Punkten ansetzen. Eine gute und wohlmeinende Vorgesetzte könnte solche Mitarbeiterinnen gezielt fördern und fordern. Eine Coach oder eine Psychotherapeutin könnte mit der Mitarbeiterin gemeinsam die verborgene Glut in ihr suchen und sie dabei unterstützen, diese wieder zu entflammen.

Der Drip Out Prozess

Drip Out ist das Resultat ständiger Verlangsamung und vieler Erlebnisse von Versagen und Hilflosigkeit. Wenn dann endlich die „große Chance" da ist, kann eine betroffene Person nicht mehr auf Tempo und „Betriebstemperatur" kommen.

Die meisten Betroffenen sind arbeitslos und haben oft zusätzlich Härten des Schicksals zu bewältigen. Viele pflegen bedürftige Personen aus ihrem näheren Umfeld oder sind anderweitig karitativ tätig. Ganz unbemerkt ist ihre Lebensenergie und Tatkraft aus ihnen „herausgetropft", bis sie eines Tages verwundert feststellen, dass keine Energie mehr da ist. Ihre Haltung ist gekennzeichnet durch: „… ich würde ja gerne, aber …"

Sie hoffen auf die „große Chance", dass ihnen endlich mal jemand vertraut, „etwas zutraut". Wenn dann eine Gelegenheit zu einer einfachen Aufgabe kommt können sie nicht zugreifen. Sie lehnen ab, weil sie keine Zeit haben oder das nicht mehr können. Oder sie nehmen an und verkomplizieren alles, bis dem Auftraggeber die Geduld reißt – worauf diese Personen sofort wieder in Selbstmitleid versinken.

Eine Variante der Verlangsamung ist der eigene Perfektionsanspruch. Aus einer simplen Aufgabestellung wird eine Dissertation. Das Gehalt wird mühevoll und kompliziert berechnet und verhandelt und verhandelt und berechnet und verhandelt …

Der Kontakt zum Wirtschaftsleben ist längst abgebrochen. Statt Leistung kommen Erklärungen und Entschuldigungen.

Diese Menschen brauchen intensive Begleitung im Sinne von Sozialarbeit. Sie brauchen äußere Kontrolle bis sie wieder die inneren Kontrollmechanismen aufgebaut haben.

Für meine Klientinnen mit Burn Out Syndrom habe ich eine „Psychotherapeutische Verordnung entwickelt, die viele als sehr hilfreich rückgemeldet haben. Manche hielten sich ganz daran, manche nur zwei Wochen lang. Selbst in diesen Fällen fand eine grundlegende Änderung der Haltung zu sich selbst statt. Manche haben die Verordnung auch gar nicht offiziell eingesetzt, doch das Gesundheitsprogramm so weit es ging in ihr Leben integriert.

Psychotherapeutische Verordnung

für Frau ....

Anamnese

Auf Grund der heutigen Anamnesesitzung stufe ich
Frau ....auf Stufe 9 - 10 der 12-stufigen
Burn-Out-Skala ein.

Verordnung

1. Absolute Distanz zum Arbeitsumfeld bis 31.5.2020
   (keine E-Mails, keine Telefonate, kein sonstiger Kontakt)
2. Täglich mindestens acht Stunden außer Haus mit
   Ortswechsel
3. Davon mindestens vier Stunden in der freien Natur
4. Sportliche Aktivitäten zum Auspowern
5. Wöchentlich mindestens zwei kulturelle Aktivitäten
   (Kino, Konzert, Kabarett, Theater, ...)
6. Aktivierung sozialer Kontakte, die als wohltuend erlebt
   werden (keine Gespräche über Berufliches/Trauriges!)
7. Regelmäßige professionelle Gespräche zur Entlastung,
   Verarbeitung und Vorbereitung auf den Wiedereinstieg
   in den Beruf.

Mit freundlichen Grüßen,

Univ. Lektor Mag. Dr. Imre Marton Remenyi, MAS MSc
Eingetragener Psychotherapeut und Lehrtherapeut SF
Wien, am 29.2.2020

Zur Vorlage bei der Hausärztin/beim Hausarzt:
Bitte auf der Krankmeldung die Ausgeherlaubnis ankreuzen!

Thema Tod

Einige Klientinnen kommen, weil sie der Tod einer nahen Person belastet und sie die Trauer kaum ertragen. Abgesehen davon, dass der Abschied von einem geliebten Menschen immer sehr individuell ist, sowohl was das Verhalten als auch was die Emotionen betrifft, fühlen viele auch noch einen großen sozialen Druck. Eine ältere Dame fragte nach dem Tod ihres Mannes ihre Tochter, wie lange sie jetzt immer schwarze Kleider tragen müsse und ab wann sie wieder lachen dürfe.

Ziel jeder Beratung und Therapie ist die Begleitung der Klientin zu ihrem individuellen Umgang mit dem Sterben der geliebten Person und dem damit verbundenen Gefühl von Verlust.

Hier ist eine Geschichte von Malidoma Some manchmal tröstend. Er beschreibt sein westafrikanisches Volk als eine Gruppe von Menschen, die in vielen Dingen eine kindliche Einstellung bewahrt haben. So betrachten sie die Geburt eines Kindes als die Ankunft einer Besucherin, und die einzige Frage von Kindern wenn Besuch kommt ist: Was hat sie uns mitgebracht? Ein Kleinkind bringt kein Geld oder Spielzeug, aber Charakter, Talente, Humor und sonstige persönliche Eigenheiten. Es ist aber auch klar, dass eine Besucherin auch irgendwann wieder geht. Da fragen sich die Kinder aber nicht, wohin sie wohl gegangen ist oder warum sie gegangen ist. Ihre einzige Frage ist: Was hat sie uns dagelassen?

Wenn es unseren Klientinnen gelingt, sich vom Verlustdenken zu verabschieden und sich stattdessen an all jenen Dingen zu erfreuen, die sie emotional und als Gedanken von dieser Person bekommen haben, geht es ihnen meist viel besser. Manchen gibt auch der Epitaph von Michelangelo Trost: Ich bin nicht tot, ich tausche nur die Räume, ich leb' in Euch und geh' durch Eure Träume.

Manchen Klientinnen hilft es auch, gemeinsam mit der Beraterin oder Therapeutin ein schönes Abschiedsritual zu entwickeln, das sie dann realisieren und als Quelle für inneren Frieden nützen.

Thema Suizid

Für viele Beraterinnen, aber auch Therapeutinnen ist der Umgang mit dem Thema Suizid eine große Herausforderung. Wie soll man mit einem Menschen Beratung oder Therapie machen, der beschlossen hat, seinem Leben ein Ende zu machen? Ist es ethisch und mit den eigenen Werten vereinbar, über Methoden zur Durchführung dieses Vorhabens zu reden? Ist man verpflichtet, alles zu tun, um die Klientin von ihrem Vorhaben abzubringen? Ist man verpflichtet, Anzeige zu erstatten, die Rettung oder die Polizei zu rufen?

Wie für alle Bereiche der Therapie und Beratung gibt es auch hier keine Patentrezepte. Im Sinne der Authentizität ist es wahrscheinlich sinnvoll, die eigene Einstellung zum Suizid in einfachen Worten klarzulegen. Ich zitiere dazu gerne Evi aus dem Burgenland. Diese Klarstellung sollte jedoch im Sinne der Wertschätzung wertfrei sein, das heißt die Klientin und ihre Absicht nicht verurteilen.

Die Annahme ist weit verbreitet, dass Menschen, die ihren Suizid ankündigen, nicht die ernsthafte Absicht haben, diesen auch durchzuführen. Oft kann es sich tatsächlich um Drohungen oder Erpressungsversuche handeln.

In unserer Praxis tun wir gut daran, solche Ankündigungen ernst zu nehmen, weil wir generell unsere Klientinnen ernst nehmen. Der erste Schritt ist hier wohl wie immer das Hinterfragen der Beweggründe und auslösenden Motive für diese Absicht.

Hier sollten wir unseren Klientinnen geduldig aktiv zuhören. Meist wird es uns nicht schwerfallen, Verständnis für die Einengung aufzubringen, in der sich unsere Klientinnen fühlen.

Eine mögliche Fortsetzung ergibt die Frage, was durch den Suizid anders werden soll. Wenn es hier konkrete Antworten gibt eröffnet sich das Feld für die Suche nach Möglichkeiten, dieses Ergebnis auch mit anderen Mitteln zu erreichen.

Ein anderer Zugang besteht darin, die zu erwartenden Auswirkungen des Suizids auf das System zu erörtern und zu hinterfragen, ob die Klientin dafür die Verantwortung übernehmen will.

Weiteres könnte man auch explorieren, welche Nachrede, welchen Nachruf und welche Bewertung durch ihre Umwelt sie sich wünscht.

Ich habe für mich ein Motto gefunden:
- Eine Möglichkeit ist eine Einbahn.
- Zwei Möglichkeiten sind ein Dilemma.
- Ab drei Möglichkeiten beginnt das LEBEN!

In der Arbeit mit Menschen, die Suizid verüben wollten, hatte ich oft den Eindruck, dass diese das Gefühl hatten, sehr schnell in einer Einbahn unterwegs zu sein, die sich plötzlich als Sackgasse herausstellte. Bevor sie am Ende gegen die Mauer prallten oder in den Abgrund stürzten wollten sie noch selbst etwas tun. Wenn es im Gespräch unter der Annahme, dass der Suizid eine Möglichkeit sei, darum ging, was denn eine Alternative wäre, kam zumeist mit ziemlicher Heftigkeit und Ablehnung der Weg zurück zur Sprache. Sobald es jedoch gelang, gemeinsam einen dritten Weg zu entdecken, hatte ich den Eindruck einer grundlegenden Veränderung in meinen Klientinnen: die Körperhaltung wurde lockerer, es kam Farbe in ihr Gesicht, die Augen funkelten, die Stimme klang weicher und doch lebhafter und um den Mund spielte ein Lächeln.

Wenn jemand fest entschlossen ist, ihrem Leben ein Ende zu setzen, kann sie niemand daran hindern. Als Beraterin oder Therapeutin sollten Sie daher niemals die Verantwortung für das Handeln ihrer Klientin übernehmen, sondern es vielmehr explizit bei ihr belassen.

Ein besonderer Fall liegt natürlich dann vor, wenn die Klientin beabsichtigt, jemanden in den Tod mitzunehmen. Hier sehe ich im Sinne der Güterabwägung die Bewahrung von Leben über der Pflicht zur Verschwiegenheit. Kolleginnen, die solche Situationen schon erlebt haben, berichten, dass sie die Klientin über ihre Entscheidung informierten und in deren Gegenwart die Polizei anriefen, welche die Klientin aus der Praxis abholte.

Abschluss

In den vorherigen Kapiteln habe ich zusammengefasst, was mir für die Arbeit guter Beraterinnen als notwendig und brauchbar erscheint. Bestimmt wird mir noch einiges einfallen und auch meinen werten Leserinnen. Doch habe ich nicht den Anspruch, ein umfassendes Kompendium oder gar ein Lexikon der Beratung zu erstellen.

In diesem Zusammenhang seien auch noch ein paar grundsätzliche Anmerkungen zu diesem Buch gestattet. Es ist nicht üblich, dass Autorinnen in diesem Sachbereich in der Ich-Form schreiben. Das hat wohl auch mit der Bemühung vieler Autorinnen um Wissenschaftlichkeit zu tun. Ich gestehe hier, dass mir das etwas weniger am Herzen liegt als die Lesbarkeit und der Informationsgehalt dieses Buches. Aus diesem Grund verzichte ich auch auf die korrekte gendergerechte Schreibweise (und das als Mitbegründer der Austrian Society for Diversity!). Vielmehr hoffe ich, Sie durch die weitgehende Verwendung der weiblichen Form überrascht zu haben. Alles was ich schreibe ist meine persönliche Sicht der Dinge. Ich stehe dazu, ich freue mich auf eine angeregte Diskussion mit meinen Leserinnen und Lesern. Ich behaupte nicht, dass ich „die Wahrheit verkünde". Ich schreibe hier über meine Erfahrungen und Einsichten aus meiner Tätigkeit als Coach, Trainer, Berater, Universitätslehrer und Psychotherapeut. Und als Mensch. Ein großer Teil der Gedanken in diesem Buch stammt nicht von mir. Ich habe aus verschiedensten Quellen gesammelt, sehr viel auch im Vorübergehen mitgenommen. Behalten habe ich das, was mir einleuchtete, mir zu einem höheren Gefühl des Verstehens verhalf. (In meinem Gedächtnis ist allerdings auch der Satz: „Verstehen ist unwahrscheinlich!")

Sollten Sie in diesem Buch nach Quellenangaben und korrekten Zitierungen gesucht haben wurden sie weitestgehend enttäuscht. Oft weiß ich nicht, woher ein Gedanke oder Ausspruch kommt. Wenn ich es weiß habe ich die Quelle angegeben, auch wenn ich hier gewisse Bedenken habe.

Ich habe vor gut 20 Jahren einen Ausspruch gehört: „Eine Möglichkeit ist eine Einbahn. Zwei Möglichkeiten sind ein Dilemma. Ab drei Möglichkeiten beginnt das Leben!" Er gefiel mir so gut, dass ich ihn zu meinem Motto machte und daraus mein Logo des Lebensbaumes mit den drei Möglichkeiten entwickelte. Als in Deutschland die großen Plagiatsdebatten begannen machte ich mich auf die Suche nach dem Ursprung dieses Ausspruches. Dabei fand ich nur eine einzige Quelle: mich selbst. Ich weiß aber mit Sicherheit, dass der Ursprung bei jemand anderem liegt.

Bestärkt fühle ich mich in meiner Betrachtungsweise durch einen Professor aus Amerika. In einem Vortrag meinte er, wir lebten noch immer in einer „Heldengesellschaft", einer „hero society". Es sei wichtiger, wer etwas gesagt habe als was er gesagt habe. Allein durch den Urheber bekomme das Gesagte Wert, Gewicht und Wahrheit. Der Inhalt werde dann nicht weiter hinterfragt. Er hielt es für besser, sich mit den Inhalten kritisch auseinander zu setzen, nicht zuletzt, weil sich auch große Denker schon geirrt haben, und propagierte die Entwicklung einer „content society". Das leuchtete mir ein und ich halte mich weitestgehend daran. Es ist allerdings bezeichnend für mich, dass ich den Namen dieses Professors nicht mehr weiß.

Dennoch – oder gerade deshalb – füge ich hier ein Zitat von Albert Einstein ein, das ich vor Jahren aus dem Vorwort seiner „Allgemeinen Relativitätstheorie" herauskopiert habe:

Verschiedene Menschen können mit Hilfe der Sprache Ihre Erlebnisse bis zu einem gewissen Grade miteinander vergleichen. Dabei zeigt sich, dass gewisse sinnliche Erlebnisse verschiedener Menschen einander entsprechen, während bei anderen ein solches Entsprechen nicht festgestellt werden kann. Jenen sinnlichen Erlebnissen verschiedener Individuen, welche einander entsprechen und demnach in gewissem Sinne überpersönlich sind, wird eine Realität gedanklich zugeordnet.

Wenn also die konkreteste Naturwissenschaft – die Physik – ihre Wissensgrundlagen einer menschlichen Übereinkunft zuordnet, erscheint es für mich logisch und konsequent, in der Behandlung menschlicher Themen den Anspruch auf den Besitz des „Richtigen Wissens" professionellen Rechthabern zu überlassen und mich auf meine persönlichen Sichtweisen zu beschränken. Mein Anspruch gilt vielmehr der Plausibilität meiner Gedanken und der Hoffnung auf deren Anwendbarkeit.

Die zentrale Botschaft dieses Buches ist wohl, dass die Haltung der Beraterin viel wichtiger ist als die Sammlung an Methoden, die sie hat. Es ist meine feste Überzeugung, dass rund 95 Prozent aller Beratungen mit einer soliden Fragetechnik zu einem für die Klientinnen befriedigenden Ergebnis geführt werden können. Ebenso bin ich überzeugt, dass in der Beratung die professionelle Gestaltung der Beratungsbeziehung eine hohe Wirkung entfaltet. Und schließlich meine ich auch, dass es nicht nur so viele unterschiedliche Arten der Beratung gibt wie Beraterinnen, weil jede ihre eigene Geschichte in ihre Arbeit mitbringt, sondern so viele wie es Klientinnen gibt. Dazu eine kleine Geschichte:

Ein Arzt im 15. Jahrhundert wurde eines Tages von einem Schmied aufgesucht. Dieser klagte über Schmerzen im Bereich des Brustkorbs und des Bauches. Der Arzt gab ihm eine Medizin. Am nächsten Tag kam die Frau des Schmieds und klagte, dass die Leiden ihres Mannes schlimmer geworden seien. Der Arzt gab ihr eine andere Medizin. Am nächsten Tag kam die Frau des Schmieds und klagte, dass die Leiden ihres Mannes noch schlimmer geworden seien. Als der Arzt meinte, keine bessere Medizin zu haben, sagte die Frau, sie wolle ein Hausrezept ihrer Großmutter ausprobieren: zwei Pfund weiße Bohnen gekocht in einem Liter Apfelessig möglichst heiß und in einem Gang gegessen. Nach einer Woche kam der Schmied vorbei und war gesund.

Der Arzt notierte in seinem großen Buch: „Zu mir kam ein Schmied. Ich konnte ihm nicht helfen, aber zwei Pfund weiße Bohnen gekocht in einem Liter Apfelessig möglichst heiß und in einem Gang gegessen haben ihn geheilt."

Jahre vergingen. Eines Tages kam zum selben Arzt ein Schneider. Dieser klagte über Schmerzen im Bereich des Brustkorbs und des Bauches von der gleichen Art wie vor

Jahren der Schmied. Der Arzt gab ihm die erste Medizin. Am nächsten Tag kam die Frau des Schneiders und klagte, dass die Leiden ihres Mannes schlimmer geworden seien. Der Arzt gab ihr seine zweite Medizin. Am nächsten Tag kam die Frau des Schmieds und klagte, dass die Leiden ihres Mannes noch schlimmer geworden seien. Da meinte der Arzt, keine bessere Medizin zu haben und sagte der Frau, sie solle ein Hausrezept ausprobieren, das schon einmal einem seiner Patienten geholfen habe: zwei Pfund weiße Bohnen gekocht in einem Liter Apfelessig möglichst heiß und in einem Gang gegessen. Nach einer Woche kam die Frau des Schneiders und sagte, ihr Mann sei tot.

Der Arzt notierte in seinem großen Buch: „Zu mir kam ein Schneider und klagte über die gleichen Leiden wie vor Jahren ein Schmied. Ich konnte ihm nicht helfen und verordnete ihm schließlich zwei Pfund weiße Bohnen gekocht in einem Liter Apfelessig möglichst heiß und in einem Gang gegessen. Der Schmied war danach geheilt, doch der Schneider starb. Offenbar braucht ein Schneider etwas anderes als ein Schmied!"

Ich wünsche Ihnen und Ihren Klientinnen viele hilfreiche Gespräche!

Imre Marton Remenyi   Wien, Februar 2020

Literatur

In der folgenden Liste finden Sie einige Bücher, die vertiefende Einblicke in verschiedene Aspekte der Beratung und Therapie bieten. Die Auswahl ist sehr subjektiv und alles andere als vollständig.

Abdul-Hussain, S./Baig, S. (Hrsg.): Diversity in Supervision, Coaching und Beratung. Facultas – 2009

Arnold, R.: Nichtwissende Beratung. Von der Intervention zur Übung. Schneider – 2019

Bernhard, H./Wermuth, J.: Stressprävention und Stressabbau.
Praxisbuch für Beratung, Coaching und Psychotherapie. Beltz – 2011

BMASGK: Patientinnen/Patienten-Information über die in Österreich anerkannten psychotherapeutischen Verfahren. online - 2020

Brüderlin, R./Käser, F. (Hrsg.): Wie Beratung wirken kann.
Neun Masterthesen zu einem komplexen Thema. Facultas – 2013

De Shazer, S.: Der Dreh. Überraschende Wendungen und Lösungen in der Kurzzeittherapie. Carl-Auer –2018

De Shazer, S.: Wrote waren ursprünglich Zauber.
Von der Problemsprache zur Lösungssprache. Carl-Auer – 2012

Ecker, G.: Die Bedeutung von Empathie in der psychologischen Beratung.
Die Bedeutung von Empathie in der psychologischen Beratung anhand des Personenzentrierten und des Systemischen Ansatzes. VDM – 2011

Finke, J.: Personenzentrierte Psychotherapie und Beratung.
Störungstheorie – Beziehungskonzepte – Therapietechnik. Reinhardt – 2019

Fischer, H.R./Borst, U./v. Schlippe, A.: Was tun?
Fragen und Antworten aus der systemischen Praxis. Klett-Cotta – 2015

Gasteiger, R.M.: Laufbahnentwicklung und -beratung. Hogrefe – 2013

Hoch, R.: 400 Fragen für Systemische Therapie und Beratung.
Von Auftragsklärung bis Möglichkeitskonstruktion. Beltz – 2016

Hofert, S.: meine 100 besten Tools für Coaching und Beratung.
Insider-Tipps aus der Coachingpraxis. Gabal – 2013

Keil de Ballón, S.: Hocheskalierte Elternkonflikte nach Trennung und Scheidung.
Einführung in die Beratung von Eltern bei Hochstrittigkeit. Gabler – 2017

Kindl-Beilfuß, C.: Fragen können wie Küsse schmecken. Systemische Fragetechniken für Anfänger und Fortgeschrittene. Carl-Auer – 2019

Kollbrunner, J.: Psychosoziale Beratung in Therapieberufen. Schulz-Kirchner – 2017

Kühl, W./Schäfer, E.: Coaching und Co. Ein Kompass für berufsbezogene Beratung. Springer – 2019

Leeb, W.A./Trenkle, B./Weckenmann, M.F. (Hrsg.): Der Realitätenkellner. Hypnosystemische Konzepte in Beratung, Coaching und Supervision. Carl-Auer – 2011

Lempart, H.: Ich habe es doch nur gut gemeint.
Die narzisstische Kränkung in Coaching und Beratung. Junfermann – 2015

Manke, T./Wilharm, T.: Grundwissen Psychotherapie und Beratung.
Arbeiten mit Psychologie. Books on Demand – 2011

Oetker-Funk, R./Maurer, A.: Interkulturelle psychologische Beratung. Entwicklung und Praxis eines migrantensensiblen Konzeptes. Books on Demand – 2009

Ommerle, M./Weinert, R.: Let's talk about … Elementare Grundannahmen für Beratung und Coaching. Books on Demand – 2018

Prior, M.: MiniMax-Interventionen. Minimale Interventionen mit maximaler Wirkung. Carl-Auer – 2019

Schmidt, G.: Einführung in die hypnosystemische Therapie und Beratung.
Carl-Auer – 2008

Schmidt, G.: Liebesaffären zwischen Problem und Lösung.
Hypnosystemisches Arbeiten in schwierigen Kontexten. Carl-Auer – 2019

Schubert-Golinski, B./wandhoff, H. (Hrsg.): Alles ausser Q.
Das ABC der systemischen Beratung. Corlin – 2018

Stavemann, H.H.: Lebensziele in Therapie und Beratung.
Sinn- und Wertefragen klären, Handlungsziele bestimmen. Beltz – 2017

Teufel, R.: Beratung und Begleitung Angehöriger in der Palliative Care.
Hospiz – 2015

Wandhoff, H.: Was soll ich tun? Eine GESCHICHTE der BERATUNG.
Corlin – 2016

Watzlawick, P.: Anleitung zum Umglücklichsein. Piper – 2005

Watzlawick, P.: Wie wirklich ist die Wirklichkeit? Wahn, Täuschung, Verstehen.
Piper – 2005

White, M./Epston, D.: Die Zähmung der Monster.
Der narrative Ansatz in der Familientherapie. Carl-Auer – 2013

Zeig, J.K.: Psychotherapie. Entwicklungslinien und Geschichte. Dgvt – 1991

Der Autor

Mag. Dr. Imre Márton Reményi, MAS MSC

Dr. Imre Márton Reményi ist in Budapest geboren und in Wien aufgewachsen. Er ist weltweit tätig als Coach für Verantwortungsträger aus Wirtschaft, Politik, Forschung und Lehre, Sozialbereich, Kultur und Kultus und arbeitet in sechs Sprachen.

Neben seiner Lehrtätigkeit an Universitäten, Fachhochschulen und in Lehrgängen universitären Charakters hält er Seminare und Workshops in Unternehmen und Organisationen. Zusätzlich ist er Psychotherapeut und Lehrtherapeut in eigener Praxis, leitet die Vienna International Management School und ist als Speaker tätig.

Der Schwerpunkt seiner Tätigkeit liegt auf den so genannten „soft skills", die gerade in Zeiten der Veränderung besonders zentrale Bedeutung für das Funktionieren organisationaler Strukturen haben.

Thema   Menschen im Umgang mit sich selbst und anderen
Menschen in innerer und äußerer Veränderung
Menschen auf der Suche nach Glück und Erfolg

Motto   Eine Möglichkeit ist eine Einbahn.
Zwei Möglichkeiten sind ein Dilemma.
Ab drei Möglichkeiten beginnt das LEBEN!

Kontakt   Dr. Imre Marton Remenyi
Systemisches Institut Wien
www.remenyi.at
www.viennamanagement.org
T. +43 676 382 92 98
office@remenyi.at

www.ingramcontent.com/pod-product-compliance
Lightning Source LLC
Chambersburg PA
CBHW071208240726
48654CB00009B/688